首发经济

中国消费变革新驱动

朱克力 刘典 _ 著

中信出版集团|北京

图书在版编目（CIP）数据

首发经济：中国消费变革新驱动/朱克力，刘典著.
北京：中信出版社，2025.3. -- ISBN 978-7-5217-7402-3

Ⅰ.F014.5

中国国家版本馆 CIP 数据核字第 20253WV120 号

首发经济：中国消费变革新驱动

著者： 朱克力　刘　典
出版发行：中信出版集团股份有限公司
（北京市朝阳区东三环北路 27 号嘉铭中心　邮编　100020）
承印者：　河北鹏润印刷有限公司

开本：787mm×1092mm　1/16　　印张：22　　字数：230 千字
版次：2025 年 3 月第 1 版　　　　印次：2025 年 3 月第 1 次印刷
书号：ISBN 978-7-5217-7402-3
定价：79.00 元

版权所有·侵权必究
如有印刷、装订问题，本公司负责调换。
服务热线：400-600-8099
投稿邮箱：author@citicpub.com

目录

推荐序一　首发经济　开启中国消费新纪元 / 01
推荐序二　以创新驱动消费变革　探索中国经济发展新范式 / 05
前　　言　让首发者无惧　让创新者有为 / 11

序　　章　首发经济：打开新时代消费密码 / 001

第一部分
背景与理论

第一章　首发经济的兴起 / 021
　　　　首发经济的定义与背景 / 022
　　　　全球视野下的首发经济趋势 / 030
　　　　从政策到市场：首发经济的时代意义 / 036

第二章　首发经济的核心要素 / 046
　　"首发"的创新逻辑与门槛 / 047
　　首发经济的模式解读 / 053
　　首发经济的产业链体系与价值链 / 056

第三章　"三破三立""四力整合""五新驱动"的首发经济理论体系 / 064
　　"三破三立"新经济法则：突破与重塑 / 065
　　"四力整合"新运行框架：凝聚新动能 / 070
　　"五新驱动"新动力机制：塑造新生态 / 075
　　促进产业升级和消费变革的重要力量 / 080

第二部分
战略与路径

第四章　政策与首发经济的共振 / 085
　　中央政策支持中的创新举措 / 086
　　地方政府的响应与实践 / 089
　　政策效果的监测与持续优化 / 096

第五章　构建因地制宜发展首发经济的政策体系 / 100
　　"创领潮品"内涵及其与"专精特新"的关联 / 101
　　梯度培育"创领潮品"城市的策略 / 106
　　梯度培育"创领潮品"城市的实施路径 / 116
　　梯度培育"创领潮品"城市的保障措施 / 128

第六章　首发经济的战略布局 / 134
　　首发经济与双循环新发展格局 / 135
　　首发经济与产业升级的联动路径 / 138
　　从标杆化到区域化的战略延展 / 142

第三部分
实践与案例

第七章　首发经济的整体市场情况 / 151
　　规模与增长：首发经济新势力 / 152
　　行业分布：多元领域创新融合 / 156
　　各具特色：不同城市的差异化表现 / 160

第八章　首发产品的市场动力 / 169
　　首发经济对市场的重要影响 / 170
　　营销方式与消费者行为的变革 / 177
　　典型案例中的"首发"逻辑 / 183

第九章　首发业态的变革与创新 / 190
　　新业态与服务方式的首发试验 / 191
　　消费体验的首发升级 / 195
　　塑造商业新业态：首发模式聚力新经济 / 199

第十章　首发经济的场景化构建 / 209
　　首发活动策划与社交传播 / 210
　　场景经济对首发价值的放大 / 220
　　提升品牌影响力的成功实践 / 224

第四部分
融合与未来

第十一章　拥抱"人工智能+消费" / 233
　　"人工智能+消费"：首发经济新引擎 / 234
　　"人工智能+消费"的多场景应用 / 241
　　"人工智能+消费"驱动首发经济的挑战 / 248
　　"人工智能+消费"推进首发经济的展望 / 252

第十二章　跨界融合与新经济生态 / 259
　　首发经济+低空经济：创造新的增长点 / 260
　　首发经济+平台经济：打造新经济生态 / 266
　　首发经济+银发经济：养老服务新纪元 / 274

第十三章　新空间与新业态的激荡 / 281
　　首发经济+县域经济：区域振兴 / 282
　　首发经济+湾区经济：创新驱动 / 287
　　首发经济+海洋经济：国际化布局 / 296

第十四章　首发经济的未来蓝图 / 302
　　首发经济的创新与技术升级 / 303
　　对消费市场的深远影响 / 307
　　未来的机遇与挑战 / 310

尾声　首发精神：创新不止，探索不息 / 317
附录 / 321
后记　供需协同　助推"换道超车" / 323

推荐序一

首发经济
开启中国消费新纪元

在当今变革和创新的年代，首发已不再是一个简单的商业概念，而是从最初的"首店经济"进化为涵盖新品首发、品牌首秀、区域首店、行业首牌、模式首测、技术首展、设计首创、艺术首演、服务首推、体验首试等全链条发展的新型综合消费模式，成为一种全新的经济形态。当我们站在数字时代的浪潮之巅，回望整个商业时代文明演进的历程，一个清晰的图景逐渐展开，并发现首发经济正在重塑商业世界的运行规则，重构价值创造的逻辑，重新布局产业竞争的版图。与过去不同的是，对消费者而言，首发经济提供了新鲜感和参与感。

首发经济在中国的崛起，标志着古老的商业文明进入了一个全新发展阶段。其中，速度与创新是制胜的关键，注意力成为最稀缺的资源，而体验价值超越了商品功能价值，成为消费者的核心诉求和"买"与"不买"的最后决断。可以说，每一次首发都是一次价值创造的革命、一次商业模式的创新、一次产业生态的重构。

要看到，首发经济正在重新构建中国产业竞争的格局。在传统经济中，企业的竞争优势主要来源于规模效应和成本降低，而在首发经济中，旧有的竞争优势让位于创新速度、用户体验和低碳生态，这种转变使得产业边界变得模糊、跨界竞争成为常态，而明显的是生态系统的构建能力成为企业竞争力的关键。

要看到，首发经济正在重塑商业世界的运行规则。传统的"生产—流通—消费"的线性模式已被打破，取而代之的是以用户需求为起点，以数据为驱动，以生态为支撑的新型商业模式。在这种模式中，企业不再是被动的市场响应者，而是主动的价值创造者；消费者不再是被动的产品接受者，而是积极的参与者和共创者。

更要看到，首发经济正在重构价值创造的逻辑。在传统经济中，价值创造主要发生在生产环节，而在首发经济中，价值创造贯穿于研发、生产、营销、服务的全过程。这种全链条的价值创新模式使得企业能够更快速地响应市场需求，更精准地满足用户期待，更高效地实现价值转化。

可以毫不夸张地说，首发经济在中国的兴起既是数字技术发展的必然结果，也是中国商业文明演进的内在要求，它代表着一种新的商业思维、一种新的竞争方式、一种新的价值创造模式，在当今时代，唯有把握首发经济的本质，才能在激烈的市场竞争中立于不败之地。

我们要感谢这本书的作者朱克力博士及其合著者为此付出的努力。这本书将带领读者深入探索首发经济的内涵、本质特征、运行规则和发展趋势，特别是当今中国消费市场如何迎来更大创新。

这本书不仅为企业提供了理论指导和实践指引，更为市场、学者、研究机构、政府官员等探索中国式现代化、开启中国消费新纪元，提供了巨大的创新力量。

魏建国

中国国际经济交流中心副理事长兼常务副主任

商务部原副部长

推荐序二

以创新驱动消费变革
探索中国经济发展新范式

2024年12月召开的中央经济工作会议强调要大力提振消费、提高投资效益,全方位扩大国内需求。其中的一项重要工作,就是积极发展首发经济。这无疑是明智之举。

我常讲,扩内需是稳增长的前提,而产品创新是扩大需求最根本的办法。但一个产品并不是在技术上、工艺上创新了就是创新产品,而必须是满足了消费者的真实需求、获得了市场的验证,才能称之为创新产品。这时候,产品的首次亮相和普及推广就至关重要了,而这也是"首发经济"的应有之义和用武之地。

当然,首发经济绝不仅仅是创新产品的首次发布。在这部新著中,首发经济的内容非常丰富,朱克力博士以其敏锐的学术洞察力和扎实的实证研究,系统阐释了"首发经济"作为一种新兴经济形态的理论内涵与实践路径。这部著作不仅填补了国内首发经济系统性研究的空白，也为各地因地制宜推进首发经济提供了前瞻性理论框架与实践指南。

首发经济本质上是消费变革与供给创新双向驱动的产物。书中指出，首发经济通过"首次亮相"的链式效应，激活市场需求、引领产业升级、重塑城市竞争力，这正是内需驱动型增长的具体呈现。中国经济正从要素驱动转向创新驱动，而消费变革与供给创新的协同演进是核心动力。这本书以首发经济为切入点，深刻揭示了这一动力机制的微观机理，即通过产品、业态、技术、场景的"首次"创新，形成市场先发优势，进而激发消费潜力、优化资源配置、提升全要素生产率。这种从微观到宏观的逻辑链条，为政策制定者提供了全新视角。

一个基本共识是，消费是经济增长的"压舱石"和"稳定器"。从中国消费结构的变迁来看，居民消费正从"生存型"向"发展型"和"享受型"跃升，个性化、品质化、体验化需求日益凸显。书中强调，首发经济通过"细节化创新""试点化试验""标杆化引领"三大核心机制，精准对接这一需求升级趋势。例如，其中对华为手机等案例的分析，生动展现了首发产品如何以技术创新重塑消费体验，是技术迭代加速消费分层的现实印证。

供给侧结构性改革是中国经济高质量发展的主线，但供给侧创新必须与需求端动态匹配，才能最大程度避免产能过剩。这本书的另一大贡献在于，系统论证了首发经济如何推动产业链与价值链的协同升级。书中指出，首发经济不仅要求企业在产品端实现突破，更倒逼供应链柔性化、生产流程智能化、服务生态场景化。比如书中讲到某新能源汽车的首发，揭示了跨界创新如何重构产业竞争格局，正是供给端通过"创造性破坏"实现跃迁的典型案例。

我长期关注中国经济政策效应，尤为关注制度环境对创新生态的影响。在我看来，现代化经济体系的特点，就是有效市场与有为政府的动态平衡。书中深入探讨了政策与首发经济的共振效应，以上海、北京等地的首店经济政策为例，论证了"政府引导—市场主导—企业创新"的三元协同机制。地方政府通过资金补贴、税收优惠、营商环境优化等政策工具，能够有效降低企业创新风险。其中对合肥、成都等城市差异化战略的剖析，进一步验证了这一逻辑的适用性。

首发经济重在融合发展、协调发展。这本书创新性地将首发经济与县域经济、湾区经济、海洋经济等区域形态深度融合，提出了"特色引领—资源整合—生态构建"的实践路径。例如，书中对粤港澳大湾区前海—蛇口低空经济先导区的相关分析，体现了首发经济如何通过技术、产业、空间的三维联动，打造区域增长极。相关内容作为对创新要素集聚与区域协同发展的积极探索，为破解区域发展不平衡问题提供了新思路。

面向未来，中国经济亟须培育新质生产力，而首发经济的持续深化将在此过程中扮演重要角色。这本书前瞻性地提出，首经济需与低空经济、平台经济、银发经济等新兴业态跨界协同，构建"创新—扩散—迭代"的生态闭环。这无疑符合多维创新生态系统的理念。当前，数字技术、绿色转型、人口结构变化等变量正在重塑经济生态，书中关于"人工智能＋消费""首发＋直播电商""首发＋智慧养老"等模式的探讨，为这一理论提供了鲜活注脚。

值得一提的是，这本书并未回避首发经济的潜在挑战。例如，创新同质化、区域发展不平衡、可持续性风险等问题，均被纳入分析视野。对此，我深表认同。在我的政策研究中，始终强调创新应与包容性增长相结合。书中提出的政策动态优化、跨区域资源共享、中小企业赋能等解决方案，也为创新驱动下的效率与公平提供了平衡路径。

中国经济学者素有扎根实践、回应时代命题的传统。朱克力博士在北京大学经济学院求过学、做过研究，作为师长，我为他成长为新经济领域的领军者感到欣慰。他走在了低空经济、首发经济等新经济研究的前沿，提出了"三破三立"新经济法则、"四力整合"新运行框架、"五新驱动"新动力机制，这些都融入了首发经济理论体系之中。他在书中构建的"因地制宜发展首发经济的政策体系"，更是成为我国首发经济政策制定与实施的重要参考。

正所谓书以载道。在这本书的字里行间，既有对经济学经典理论的深刻把握，又有对商业前沿的敏锐洞察，更饱含对中国经济未来的深刻关切。期待朱克力博士以此书为新起点，在新经济领域持续深耕，进一步探索首发经济与数字经济、低空经济、绿色经济、开放经济等的融合机制，为中国经济高质量发展贡献更多智慧。

最后，呼吁政策界、产业界与学术界共同关注首发经济等新经济发展，以理论创新引领实践突破，以实践反馈完善理论，共同书写中国经济转型升级的新篇章。

苏剑

北京大学经济学院教授

国民经济研究中心主任

前言

让首发者无惧 让创新者有为

中国经济，正经历一场静默而浩荡的变革。

当传统增长模式在效率与可持续性的追问中逐渐退场，新经济密码正在被破译，它藏在爱马仕上海首店外排队人群的目光中，藏在小米新能源汽车 27 分钟 5 万辆订单的轰鸣里，藏在成都太古里二次元旗舰店的霓虹下。

新的浪潮，叫作"首发经济"。

这不是一个陌生的词语，而是一个时代的隐喻。

从首店、首展、首秀，到新技术、新模式、新场景的首次亮相，首发经济以"首"为切口，撬动消费变革、产业转型与城市焕新。

首发经济绝不仅是产品发布的仪式，更是一场关于创新、信任与未来信心的集体叙事。

正如《周易·系辞下》所言："穷则变，变则通，通则久。"首发经济的勃兴，恰是中国经济在变局中寻找"通途"的生动注脚。

首发之"首"：在不确定中锚定确定性

全球化退潮、技术革命加速、消费代际更迭——这是一个充满不确定性的时代。

首发经济却在混沌中划出一道清晰的轨迹：以"首次"为锚点，将创新的试错成本转化为市场的先发优势。

上海每年近千家首店入驻，北京环球影城 2023 年 988 万人次的客流量，合肥新能源车品牌线下首店的密集落地……

这些数字和现象背后，是城市对商业活力的争夺，是企业对消费者心智的抢占，更是中国经济从"量的积累"向"质的突围"的悄然转身。

首发经济的本质，是"信任经济"。

消费者为何愿意为"首发"买单？因为"首发"背后，是对品质的承诺、对趋势的预判、对体验的重构。

特斯拉 Model Y 白色内饰的全球首秀，星巴克臻选烘焙工坊的增强现实咖啡体验，故宫文创将千年文物转化为日常美学的尝试，这些"首发"不仅是商品的亮相，更是信任关系的缔结。

当"尝鲜"成为一种集体心理，首发经济便成了连接供给与需求、传统与未来的桥梁。

首发之"发":从边缘试验到生态革命

首发经济绝非孤立的商业行为,而是一场涉及技术、政策、文化与资本的生态革命。

在深圳前海,低空经济与首发经济的融合,让无人机配送从实验室飞入街头巷尾;在杭州电商之都,数据驱动的反向定制(C2M)将消费者需求直接转化为生产线指令;在西安大唐不夜城,沉浸式文旅首秀让历史从书本跃入现实。

这些实践揭示了一个真相:首发经济的生命力在于,它既是创新的"试验田",也是生态的"连接器"。

在这场变革中,政府、企业与消费者形成了微妙的共生关系。

上海的真金白银补贴、北京的"白名单"制度、成都的"国际+本土"双驱动策略……政策工具箱的每一次开合,都在为首发经济赋能。

企业则通过"细节化创新""试点化试验""标杆化引领",将风险转化为机遇。

消费者,既是这场革命的参与者,也是评判者,他们对"首"的狂热,既是对新鲜感的追逐,亦是对美好生活的投票。

首发之问：在狂欢中保持清醒

任何一场变革，都需要在狂热中保持冷静思考。

当一线城市以"首店数量"为荣时，中西部城市如何避免沦为"跟随者"？

当"限量首发"沦为营销噱头，创新是否会迷失在流量的泡沫中？

当国际品牌扎堆亮相，本土原创如何突围？

这些问题，是首发经济必须直面的"成长之痛"。

答案或许藏在两个关键词中：独特性与可持续性。

独特性，要求首发经济超越同质化竞争，从"千城一面"转向"一城一品"，正如合肥依托汽车产业链打造技术首用之城，丽江以非遗文化孕育文创首发之地。

可持续性，则呼吁首发经济超越短期的"爆款逻辑"，构建"创新—反馈—迭代"的闭环。红山动物园的文创逆袭、胖东来的服务革命、百联 ZX 的二次元破圈无不证明：唯有将"首发"沉淀为"长效"，才能让流量转化为"留量"。

首发未来：一场没有终点的进化

站在未来回望此刻，2025 年或许会被定义为真正意义上的"首发经济元年"。

但这场变革的终点远未到来。

当AI（人工智能）技术让个性化定制成为常态，当绿色消费重塑产品标准，当银发经济与县域经济打开新市场，首发经济的边界将被不断拓宽。

它可能是一场更为深刻的变革的前奏：从"中国制造"到"中国创造"，从"世界工厂"到"全球首发地"，从"追赶者"到"定义者"。

这需要勇气，更需要智慧。

勇气，是敢于在无人区探索的魄力，如华为折叠屏手机对行业标准的重塑；智慧，是平衡创新与风险的能力，如宜家"小型城市店"从巴黎试点到全球推广的谨慎步伐。

而更深层的支撑，则是一个国家对创新的制度包容、对市场的理性尊重、对个体的价值敬畏，这些，正是中国经济穿越周期的底气。

以首发之名，致更值得期待的时代

首发经济的故事，本质上是一个关于信心的故事。

关乎企业对未来的信心——甘愿为不确定性投入。

关乎消费者对生活的信心——相信"下一个产品会更好"。

更关乎一个国家对其发展道路的信心——在开放中创新，在创新中超越。

《南方周末》曾在新年献词中写道:"让无力者有力,让悲观者前行。"

今天,我们或许可以续写一句:"让首发者无惧,让创新者有为。"

这本书试图记录的,不仅是一场经济变革的轨迹,更是一群人、一座城、一个国对美好生活的孜孜以求。

当首发经济从概念落地为日常,当"首次"成为"常态",我们终将明白:

所有的"破局",都是为了抵达那个"更值得期待的世界"。

序章

首发经济：打开新时代消费密码

> "穷则变，变则通，通则久。"
>
> ——《周易·系辞下》

在全球经济深刻调整的时代，变革已成为不可逆转的主题。传统增长模式因资源、环境与效率的瓶颈而逐渐失去光辉，全球经济正迎来以创新驱动和高质量发展为核心的转型新篇章。

在这一变革中，中国是适应者，更是塑造者。以"首发经济"为代表的创新模式持续涌现，展现出不同寻常的战略远见与发展动能。

"首发经济"是品牌、产品、技术和模式在特定市场首次亮相所激发的经济活力与社会影响。政策的引导与创新的氛围相辅相成，推动首发经济成为拉动内需、提振消费的重要支点。

这是中国应对全球经济转型的答案，更为未来经济发展开辟了新航路。千年智慧之光与现代实践之力珠联璧合，中国正在变革中铸造久远的未来。

全球经济转型中的中国定位

2024年初，当全球消费市场还在为新一年的走向悄然布局时，上海已然凭借一场奢华的时尚盛宴，毫无悬念地汇聚了全球目光。在上海爱马仕之家，一场新品首发活动正如火如荼地进行着。

来自世界各地的时尚爱好者、媒体记者将活动现场围得水泄不通。人们身着盛装，眼神中满是期待，空气中弥漫着兴奋与激动的气息。每一个人都迫不及待想先睹为快，感受爱马仕新品的独特魅力。

此次，爱马仕带着其2024春夏系列重磅登场。手袋、配饰、鞋履等新品琳琅满目，每一件都将爱马仕的精湛工艺与前沿设计展现得淋漓尽致。

这场活动的成功并非偶然。作为爱马仕全球重要市场之一，上海的四家门店中有三家销售业绩跻身全球TOP 10。爱马仕大中华区总裁曹伟明透露，过去十年间，爱马仕在中国的销售额增长了五倍。而未来十年，上海门店数量预计将从目前的四家扩展至十家，甚至更多。这样的市场前景，既展现了爱马仕对中国消费能力的信心，也验证了上海作为全球新品首发地的吸引力。

上海并非中国唯一一座走在首发经济前沿的城市，但其发展速度和深度无疑具有标杆意义。

2024年上半年，上海新增首店近770家，同比增长16.5%，平均每天开设2.8家首店。① 截至2024年一季度，包括欧莱雅、苹果、古驰、星巴克等在内的450家国际品牌新店在上海亮相，新店数量同比增长55%。

这些亮眼的数据描绘了一幅繁荣的商业画卷，并揭示了首发经济背后的深层逻辑。

在全球经济增长乏力的大背景下，世界各主要经济体正经历一场深刻的结构性调整。传统的高速增长模式逐渐让位于以高质量发展为核心的经济转型。生产过剩、资源紧张、环境压力等全球性挑战让单纯追求速度的增长方式难以为继，而创新驱动、绿色发展与高效循环则成为新经济逻辑的关键词。

在这一大趋势下，中国凭借独特的战略定位和发展实践，成为全球经济转型的关键角色。作为世界第二大经济体，中国承担着拉动全球经济增长的重任，更在探索新发展模式上提供了丰富的经验。

中国2020年提出"以国内大循环为主体、国内国际双循环相互促进"的新发展格局，正是应对这一时代命题的具体体现。

其中，对于"首发经济"的强调尤其注重消费侧发力，目的在于提振国内消费市场。当前，首发经济已从最初的"首店经济"

---

① 王蔚：《〈上海商业发展报告（2024）〉发布，市民热衷体验新消费场景》，《新民晚报》，2025-01-11，第3版。

进化为涵盖新品首发、品牌首秀、区域首店、行业首牌、模式首测、技术首展、设计首创、艺术首演、服务首推、体验首试等全链条发展的综合性经济模式（见表0-1）。

表0-1 首发经济典型场景

形态	内容	场景
新品首发	新产品首次发布或上市	某科技公司发布最新款智能手机，吸引众多媒体和消费者关注
品牌首秀	品牌首次公开展示或推出	一个新兴时尚品牌在国际时装周上首次亮相，展示其设计理念
区域首店	首进某个地区的旗舰店/概念店/形象店	某连锁咖啡店在成渝地区开设其第一家分店，引发排队热潮
行业首牌	首进某个行业的流行品牌	一家创新型企业推出行业首个智能家居品牌，引领行业潮流
模式首测	某种新模式首次进行测试或试用	一家电商平台首次尝试线上线下融合的新零售模式，进行测试
技术首展	某项新技术首次展出或展示	在国际科技展览会上，一家企业展示最新研发的AI技术
设计首创	某种设计首次创新或提出	一位设计师推出一款前所未有的时尚手袋设计，获得好评
艺术首演	某件艺术作品首次演出或展示	一部新创作的音乐剧在百老汇首次上演，观众反响热烈
服务首推	某项服务首次推出或推荐	一家酒店首次推出个性化管家服务，提升顾客体验
体验首试	某种新产品、服务或技术首次给用户体验尝试	一家VR（虚拟现实）公司首次开放VR游戏体验区，让公众亲身体验

首发经济承载着品牌和城市的经济利益，更成为消费变革、产业转型的重要催化剂。

对消费者而言，首发经济提供了新鲜感和参与感。

2024年夏天，一个苏州奶茶品牌在杭州开设首店，吸引了大批消费者驻足，最长排队时间甚至超过10个小时。这种对"首"的狂热既体现了消费者对新事物的期待，也展现了首发经济在激发消费活力方面的巨大潜力。

这种新鲜感不只局限于小众品牌。2024年11月，在第七届中国国际进口博览会上，400多项新产品、新技术和新服务首次亮相，成为展会的重要亮点。[①] 其中，小米集团的首款新能源汽车SU7自发布以来，27分钟内订单突破5万辆[②]，充分体现了首发经济将消费者的好奇心转化为购买力的能力。

从企业角度来讲，首发经济的意义不仅在于推动销售额增长，更在于通过首发活动获得市场先发优势和品牌溢价。它为企业提供了一个试验场，帮助品牌快速验证新产品、新模式的市场接受度，以进一步优化产品和服务。

小米SU7的成功首发，既证明了企业跨界创新的可能性，也改变了新能源汽车市场的竞争格局，进一步凸显了首发经济在技术驱动和市场变革中的重要作用。

在产业升级方面，首发经济的推动也不可忽视。

安踏在上海武康路开设的"零碳使命店"，不仅是一家服装零

[①] 樊宇：《七年进博的"变"与"不变"》，新华网，2024-11-07。
[②] AI小顾：《小米SU7震撼上市，27分钟预订量劲破5万台，产业链或受益！》，金融界，2024-03-29。

售店，更融合了环保、互动、展览等多重功能。这家店里的每件商品都经过环保认证，成为可持续发展的范例。安踏集团专业运动品牌群CEO（首席执行官）徐阳直言，选择上海是因为这座城市的包容性和前瞻性能够容纳并引领这种创新业态。

这种商业逻辑既提升了品牌价值，也推动了整个行业向更高的质量、更绿色的方向发展。

从城市的维度看，首发经济既为企业创造了价值，也为城市带来了多重红利。近年来，首发经济已成为许多城市提升竞争力的重要抓手。

上海早在2018年就提出了"首店经济"概念，并逐步升级为"首发经济"。其先后推出一系列激励政策，包括为高能级首店提供高达100万元的一次性奖励，以及对具有国际影响力的首发活动的场地租赁、展台搭建等费用按实际投入的30%，给予最高100万元的补贴[1]。这样的真金白银支持，体现了上海以政策加码激发商业活力的决心。

在上海之外，北京、广州、杭州等地也积极对首发经济进行布局。2024年上半年，三座城市引入首店数量分别为：北京485家[2]，

---

[1] 《市商务委等关于印发〈关于进一步促进上海市首发经济高质量发展的若干措施〉的通知》，上海市人民政府门户，2024-05-17。

[2] 陈涵旸、赵紫羽、陈柱佐：《"首发经济"打造消费新增长点》，《经济参考报》，2024-12-23，第1-2版。

广州205家[1]，杭州110家[2]，同比增长18%~87%不等。这些城市通过发展首发经济，逐步形成了差异化的竞争格局，既增强了城市商业活力，也拓展了经济发展新空间。

这些城市的具体实践证明：首发经济对城市形象的提升也意义重大。例如，杭州举办的香奈儿全球新品首秀，不仅为品牌提供了一个面向世界的舞台，也让杭州作为国际化时尚都市的形象得到进一步凸显。

首发经济的内涵与特征

首发经济是一种创新驱动的经济模式。通常来说，首发经济指的是企业通过发布新产品，推出新业态、新模式、新服务、新技术，乃至开设首店等活动而形成的综合性经济现象。基本涵盖了企业从产品首次发布、首次展出到首店开设、首次设立研发中心，甚至企业总部落地的全过程（见图0-1）。

首发经济的主要特点表现为时尚、品质和新潮，既符合消费变革的趋势，也契合高质量发展的要求。首发经济是一种经济行为，更是一种能够反映区域商业活力、消费实力、创新能力和国

---

[1] 刘逸鹏：《广东先行一步挖掘增量"首发经济"展现澎湃活力》，《上海证券报》，2025-01-10，第04版。

[2] 《从产品首秀到商超首店 杭州何以成为首发经济热土？》，杭州市投资促进局门户，2024-10-23。

际竞争力的重要经济形态。

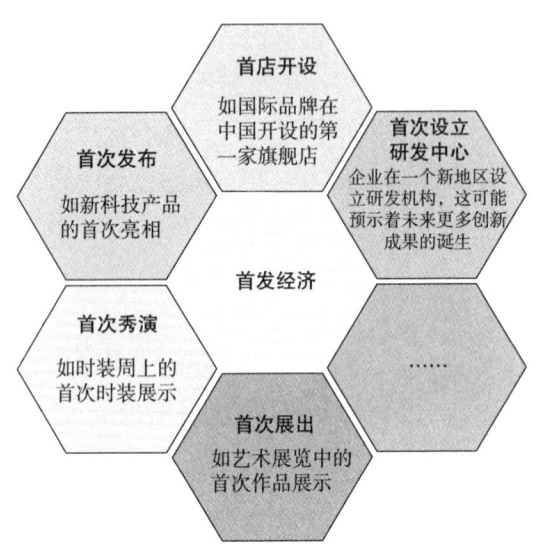

图 0-1 首发经济基本形态

一、"细节化创新"是首发经济内涵的首要体现

"细节化创新"既意味着在产品和服务层面的推陈出新，也包括在供应链、技术应用和市场运营上的细致优化。

近年来，苹果公司在全球范围内对其旗舰店的设计进行了创新性的探索，推出了全新的产品，融入了所在城市的文化特色，打造出独特的消费体验。

2017年，苹果公司在芝加哥河畔开设了一家全球首创的"屋顶飞船"设计零售店，其屋顶由碳纤维材料制成，既环保又富有未来感，完美契合该市的建筑风格和消费者审美。[1]这一创新既在物理层面引发关注，也通过独特的设计语言，提升了苹果品牌的文化内涵和消费者黏性。

二、"试点化试验"是首发经济的重要特征之一

通过小规模的试验性推出，企业可以验证新产品、新技术的市场接受度，降低试错成本，同时为大范围推广积累宝贵经验。

宜家家居近年来推出了"小型城市店"这一全新的零售模式，并选择巴黎作为试点城市。[2]这种小型城市店面积较传统宜家门店缩小一半，且位于市中心，主要销售家居饰品和厨房用品。

通过在巴黎的试点化试验，宜家成功吸引了更多城市消费者，并根据反馈进一步优化其产品线和服务方式。这种模式后来扩展至其他城市，推动了宜家的全球市场战略升级。

三、"标杆化引领"是首发经济引导消费趋势的重要方式

通过具有行业标志性的首发事件，企业能够吸引广泛的市场关注，并塑造新的行业标准。

---

[1]《坐落在芝加哥河畔的 Apple Michigan Avenue 将于明天盛大开业》，苹果中国大陆官网，2017-10-19。

[2]【城事】宜家将在巴黎市中心开第二家门店》，《旅法华人战报》，2020-08-18。

特斯拉选择在 2021 年上海国际汽车工业展览会上首次展示其新款电动车型 Model Y 的白色内饰版本。[1] 上海作为全球重要的汽车市场，吸引了来自世界各地的消费者和行业专家。

Model Y 的首发活动不仅推动了中国电动车市场的繁荣，还通过 Model Y 先进的自动驾驶技术和环保理念，为全球汽车行业树立了创新标杆。

四、首发经济依赖从"早期采纳者"到"大众市场"的扩散路径

华为在 2019 年于慕尼黑发布了首款 5G（第五代移动通信技术）智能手机 Mate 30 Pro。[2] 这一产品通过首发活动成功吸引了全球科技爱好者，成为市场热议的焦点。随后，消费者的接受度逐步提高，Mate 30 Pro 的市场覆盖面迅速扩大，既巩固了华为在智能手机市场的地位，也加速了 5G 在全球的普及。

五、通过不断塑造全新消费场景来满足潜在需求

2019 年，星巴克在中国开设了全球首家"咖啡奇幻乐园"体

---

[1] 郭辰：《2021 年上海车展：Model Y 白色内饰亮相》，汽车之家，2021-04-20。
[2] 远洋：《华为 Mate 30/Pro 正式发布：麒麟 990/ 徕卡电影四摄，799 欧元起》，IT 之家，2019-09-19。

验店，坐落于上海的星巴克臻选烘焙工坊。①这家门店既提供咖啡饮品，还融合了 AR（增强现实）技术，带给顾客一种沉浸式的咖啡制作体验。

这一场景化的创新，既满足了消费者对新奇体验的需求，也创造了更高的消费黏性。通过这种需求的创造和场景的构建，星巴克有效地实现了品牌溢价，并推动了咖啡文化的深入传播。

六、背后蕴含着深刻的多方合作逻辑

政府、企业和消费者在推动首发经济发展的过程中扮演了关键角色。以北京为例，北京市商务局在 2024 年出台了鼓励首发经济发展的专项政策②，为符合条件的国际品牌首店提供资金支持。这种政策支持吸引了多个国际品牌选择北京作为首发地。

2024 年，借助政策扶持和媒体宣传，瑞典时尚品牌 Acne Studios 将北京三里屯的太古里门店升级为品牌的地标旗舰店。这栋品牌零售综合体共设置了两层，总占地 436 平方米，位于三里屯太古里南北广场连接处的繁华街角，成为这一瑞典时装品牌在全球的最大门店之一。③

---

① 《咖啡奇幻乐园入夜更精彩 旗舰版"Bar Mixato"特调酒吧携星巴克全球市场首发酒饮新品 炫目亮相星巴克臻选上海烘焙工坊》，星巴克中国官网，2019-10-23。

② 《北京市商务局关于发布2024年度鼓励发展商业品牌首店首发项目申报指南的通知》，北京市人民政府门户，2024-03-22。

③ 《Acne Studios 正式开设北京三里屯地标旗舰店》，TAIMAY，2024-06-12。

七、对城市竞争力的提升具有重要意义

近年来，成都通过发展首发经济，成功吸引了众多国际品牌和文化活动入驻。如2025年1月，蒂芙尼在成都太古里的旗舰店经过翻新后成为中国最大的旗舰店，也是中国唯一的三层式店铺。[1] 这一举措不仅增强了成都的商业吸引力，而且提升了其在国际时尚界的影响力。

与此同时，成都本土品牌也借助首发经济实现了崛起。例如，成都本土的"茶百道"品牌将进入欧洲市场的首店开设在西班牙，引起国际市场的热烈反响。

这种全球品牌与本地品牌之间的双向互动，既丰富了城市经济的多样性，也促进了区域经济的高质量发展。

可以说，首发经济以其丰富的内涵和深厚的理论基础，展现了对企业、消费者和城市发展的多重价值。从细节化创新到试点化试验，再到标杆化引领，首发经济通过实践和理论的结合，为中国经济转型提供了重要动力。

首发经济的价值与意义

首发经济的兴起既改变了传统的商业逻辑，也在消费者、企

---

[1] 《Tiffany如何打造顶级"殿堂"？从落户成都的中国最大门店里找答案》，华丽志，2025-01-07。

业、政府政策以及全球经济视野中展现出多重价值。

作为一种创新驱动的经济形态，首发经济通过释放多元主体的潜能，为经济高质量发展提供了强大动力。尤其是在以下四个层面，首发经济的意义与价值都得到充分体现。

一、消费者角度：首发经济精准把握了当代消费变革的核心需求

随着消费者收入水平的提高和生活方式的转变，个性化、多元化的需求已成为消费市场的主流趋势。首发经济通过推出全新的产品与服务，激发了消费者的兴趣与热情。例如，特斯拉 Model Y 新内饰在中国市场的首发活动，不仅吸引了大量关注，也满足了消费者对高性能新能源车的期待。

此外，首发经济还通过升级体验，带来全新的消费感知。以上海迪士尼乐园的"疯狂动物城"主题园区为例，这是其全球范围内的首次亮相，沉浸式的娱乐体验让消费者得以深度参与到电影情境中，获得前所未有的游玩感受。这种以创新和品质为核心的消费模式，既提高了消费者的满意度，也激发了他们的购买欲望和消费潜力。

二、企业角度：首发经济提供了一个获得市场先发优势的重要平台

企业通过首发活动可以快速抢占消费者心智，建立品牌认知。2022 年，特步在第五届中国国际进口博览会上首发了其全新的环保

运动鞋系列"360-ECO"。该系列运动鞋采用100%可回收材料制成，充分契合可持续发展的潮流。[1] 通过这一首发活动，特步既强化了其品牌的绿色形象，又成功吸引了环保意识较强的年轻消费群体。

与此同时，首发经济还为企业提供了试错的机会。通过在特定市场或人群中进行试验，企业可以迅速获取反馈并优化其商业模式。宜家在上海推出的小型都市店正是通过多次试验和调整而成功落地，并为未来扩展提供了实践依据。这种以小规模试验获取大范围推广经验的策略，降低了企业的运营风险，使其创新收益得以最大化。

三、政策角度：首发经济成为地方政府和企业协同创新的重要试验场

地方政府通过政策支持和资源整合，为首发经济创造了良好的发展环境。北京市商务局推出了一系列鼓励开展首店首发活动的政策，包括资金补贴和税收优惠。这些政策措施既为企业提供了实实在在的支持，同时也激发了市场的活力。

更重要的是，首发经济的快速实践可以为地方政府积累经验，并将成功的案例推广至更大范围。成都在吸引国际品牌首发活动中积累了丰富经验，随后将这一模式应用到本地品牌的培育上，形成了"国际＋本地"双驱动的首发经济格局。这种政策与市场的协同

---

[1] 《特步Mass Balance低碳环保概念跑鞋360-ECO全球首秀，可减碳81%》，福布斯官方账号，2022-11-08。

作用，既推动了首发经济的繁荣，也助力了双循环战略目标的实现。

四、全球角度：首发经济为提升中国在全球产业链和价值链中的地位提供了新机遇

在国际经济形势不确定性加剧的背景下，首发经济成为中国创新能力和消费市场潜力的重要体现。苹果公司选择在上海发布其最新款 iPad（平板电脑），既是对中国市场的认可，也是对中国消费能力高度重视的体现。

同时，中国本土品牌也在全球范围内崭露头角。华为通过其在慕尼黑发布的 Mate 30 系列，向全球展示了中国科技企业的研发实力和市场竞争力。首发经济在这种双向互动中，既增强了中国企业在全球市场中的话语权，也提升了中国在国际产业链中的核心地位。

更重要的是，首发经济通过推动全球化与本土化的深度融合，为国际品牌和中国市场的合作提供了新的模式。一方面，国际品牌通过在中国市场的首发活动，能够更好地理解和适应中国消费者的偏好；另一方面，中国品牌通过参与全球首发活动，也能更有效地走向国际市场。李宁在巴黎时装周的首秀通过融入中国传统文化元素，成功引起了国际市场的关注，既打开了欧洲市场的大门，也为中国文化输出提供了新的载体。

首发经济的价值和意义，体现在其对消费者需求的精准满足、对企业创新的助推、对政策实践的促进以及对全球经济格局的影响。

在这一过程中，消费者通过首发经济获得了更丰富的选择和更优质的体验，企业通过首发活动实现了创新收益的最大化，政府通过政策引导推动了首发经济的繁荣发展，而中国作为全球产业链的重要参与者，通过首发经济实现了更高层次的价值创造。

未来，随着首发经济的不断发展，其在经济社会中的作用将进一步凸显，成为推动经济高质量发展的重要动力源泉。

首发经济的时代逻辑

首发经济的崛起既是消费市场变化的直接反映，更是中国经济进入高质量发展阶段的重要标志。

作为一种以创新驱动为核心的新型经济形态，首发经济体现了从供给端优化到需求端激活的全链条联动。其既以消费端的个性化、多样化需求为切入点，又通过政策引导、企业创新和市场试验，实现了理论与实践的深度融合。

首发经济是时代发展的产物，更是未来经济变革的重要方向。

当今时代，消费变革浪潮涌动，个性化、多元化需求快速增加。传统经济模式已无法满足新型消费需求，而首发经济通过创新驱动，为市场注入全新活力。

从产品的首次发布到新业态的创造，从新技术的引入到新模式的落地，首发经济在多个维度激发了市场潜力。以数字化消费为例，新技术的首次发布与商业模式的首创往往会引发消费行为的连锁反应，推动新需求的产生和新产业的壮大。

首发经济的发展既是消费市场的自发选择，也是政策引导和企业创新协同互促的结果。

政策层面，政府通过激励机制和专项支持为首发经济的发展铺平道路；企业层面，通过试点试验和创新实践，企业将首发活动转化为品牌影响力和市场竞争力。这种从消费端到供给端的循环，不仅优化了经济结构，还为中国在全球产业链中争取更高地位提供了重要机遇。

首发经济的内在逻辑与理论支撑，深刻体现在创新扩散理论、需求创造理论以及协同经济学等学术框架中。

从创新扩散的角度看，首发经济为创新产品和服务进入市场提供了典型路径，通过早期市场验证逐步扩展到大众市场；从需求创造的视角分析，首发经济通过塑造全新的消费场景和满足隐性需求，提升了价值链的上移效应；从协同经济学的实践出发，首发经济依赖于政策引导、企业主导和消费者参与的协同作用。这一理论框架，既解释了首发经济的成功机制，也为其未来发展提供了认知基础。

在实践层面，首发经济表现为一系列引领潮流的创新行为：新产品的全球首发、新业态的试点构建、新技术的首次应用，以及区域经济的协同发展。

如果说，山姆会员店在中国推出的新型会员服务通过数字化工具提升了消费体验，那么，盒马鲜生的生鲜配送模式则推动了新零售行业的变革。

本书叙事框架

首发经济以这些实践为支点,形成了理论探讨与实践验证相结合的新认知框架。

站在理论与实践的交会点,本书将全面阐释首发经济的形成机制与未来蓝图。

第一部分,阐述背景与理论。厘清首发经济兴起的历史脉络、核心逻辑并前瞻全球视野下的发展趋势。同时,从政策与市场的双重维度,解析其在当下经济格局中的时代意义。

第二部分,着眼战略与路径。剖析中央和地方政策如何通过支持首发经济实现行业协同与区域联动,探讨首发经济在双循环新发展格局中的重要作用,并进一步延展到标杆化与区域化的战略蓝图。

第三部分,深入解析实践与案例。通过丰富的行业样本和具体案例,探讨首发经济如何在市场中创造价值。重点关注首发产品的市场动力、新业态的变革创新,以及场景化构建的营销策略,以案例分析为主线揭示首发经济的真实面貌。

第四部分,聚焦融合与未来。通过探讨首发经济与其他新兴经济形态的互动与融合,例如银发经济、低空经济、平台经济等,勾画出首发经济在全球化与区域经济中的创新生态,并揭示其在技术升级和消费市场中的深远影响。

第一部分

背景与理论

第一章
首发经济的兴起

首发经济逐步从边缘走向主流是技术发展的产物,更是社会结构、消费心理和商业模式多重因素交织的结果。

在此过程中,企业不再单纯依靠产品的长周期积累与市场教育,而是通过精准的市场定位、快速的产品发布和前所未有的营销手段,迅速赢得消费者的关注度与忠诚度。

与此同时,消费者对新鲜感、独特性和即时满足的需求,也为首发经济提供了强大的市场动力。

本章将重点分析首发经济的兴起过程,探讨其背后的驱动因素和历史背景,揭示这一新兴经济形态如何在全球化和数字化的背景下崭露头角,并逐步塑造出不同领域的竞争规则。

首发经济的定义与背景

当前，中国正致力于构建以国内大循环为主体、国内国际双循环相互促进的新发展格局。

在构建新发展格局的过程中，首发经济作为一种新兴的经济形态，逐渐成为推动消费扩容提质、促进产业升级和激发市场活力的重要力量。

二十届三中全会审议通过的《中共中央关于进一步全面深化改革 推进中国式现代化的决定》明确提出要"积极推进首发经济"，这既反映了国家层面对这一经济现象的高度关注，也体现了对其促进经济高质量发展的深远考量。

首发经济的具体发展脉络，如图 1-1 所示。

那么，究竟什么是首发经济呢？

从其发展历程来看，首发经济始于"首店经济"。

自 2005 年起，众多国际连锁品牌开始进军中国市场，将在中国市场的首家门店，即"首店"作为试验场和市场风向标，这些门店通常选址于一线城市的中心地标区域。

2015 年之后，深圳、成都和杭州等城市开始将首店数量作为城市营销的一部分，视其为衡量城市竞争力的一个重要指标，从而正式拉开将首店经济作为一种经济现象的序幕。

2015—2019年

"首发经济"的概念最早由上海在2015年提出，最初起源于"首店经济"，聚焦于品牌首店的开设。2019年3月，上海印发《全力打响"上海购物"品牌加快国际消费城市建设三年行动计划（2018—2020年）》，提出大力发展首发经济

2019年8月

国务院办公厅印发《关于加快发展流通促进商业消费的意见》，首次明确提出"因地制宜、创造条件，吸引知名品牌开设首店、首发新品，带动扩大消费，促进国内产业升级"

2019年10月

商务部等14部门联合印发《关于培育建设国际消费中心城市的指导意见》，指出"鼓励引进国内外品牌首店、旗舰店和体验店等业态"，将首店作为推进国际消费中心城市培育建设的重要指标。同年，上海、北京等多地先后出台相关符合自身条件的政策措施，促进首店经济发展，标志着首店在全国主要城市受到重视并且处于快速发展期

2020年

国家发展改革委等多部门联合印发《关于促进消费扩容提质加快形成强大国内市场的实施意见》提出："支持中心城市做强'首店经济'和'首发经济'。"这是国家级文件中首次同时提出"首店经济"和"首发经济"，表明首店已不再局限于品牌门店，而是向着更多品类、更大范围、更广空间拓展，使首发经济正式成为新经济形态之一

2024年7月

党的二十届三中全会审议通过的《中共中央关于进一步全面深化改革 推进中国式现代化的决定》提出完善扩大消费长效机制，减少限制性措施，合理增加公共消费，积极推进首发经济

2024年12月14日

中央经济工作会议上提到，加力扩围实施"两新"政策，创新多元化消费场景，扩大服务消费，促进文化旅游业发展。积极发展首发经济、冰雪经济、银发经济

图1-1 首发经济发展脉络

第一章 首发经济的兴起

2018年，上海市在推广首店概念时率先提出"首店经济"，同年，上海吸引了835家首店落户。[①]

2020年，国家发展改革委等多部门联合印发《关于促进消费扩容提质加快形成强大国内市场的实施意见》提出："支持中心城市做强'首店经济'和'首发经济'。"这是国家级文件中首次同时提出"首店经济"和"首发经济"，表明首店已不再限于品牌门店，而是向着更多品类、更大范围、更广空间拓展，使首发经济正式成为新经济形态之一。

从首店经济发展为首发经济的过程可以看出，首发经济本质上是一种创新的商业模式。

简单来说，首发经济是指企业发布新产品，推出新业态、新模式、新服务、新技术，开设首店等经济活动的总称，涵盖了企业从产品或服务的首次发布、首次展出，到首次落地开设门店、首次设立研发中心，再到设立企业总部的链式发展全过程，其内涵、特点、价值、举措见图1-2。

"首次"与"创新"是首发经济的两大关键词。通过提供丰富多彩的新产品和新服务，首发经济能够激发消费者的购买欲望，扩大消费需求。同时，企业通过首发活动可以迅速建立和提升品牌形象，增强市场竞争力。

---

① 吴卫群：《从首发到首店再到总部，上海国际消费中心城市建设打造了怎样一条生态链？》，上观新闻，2022-08-27。

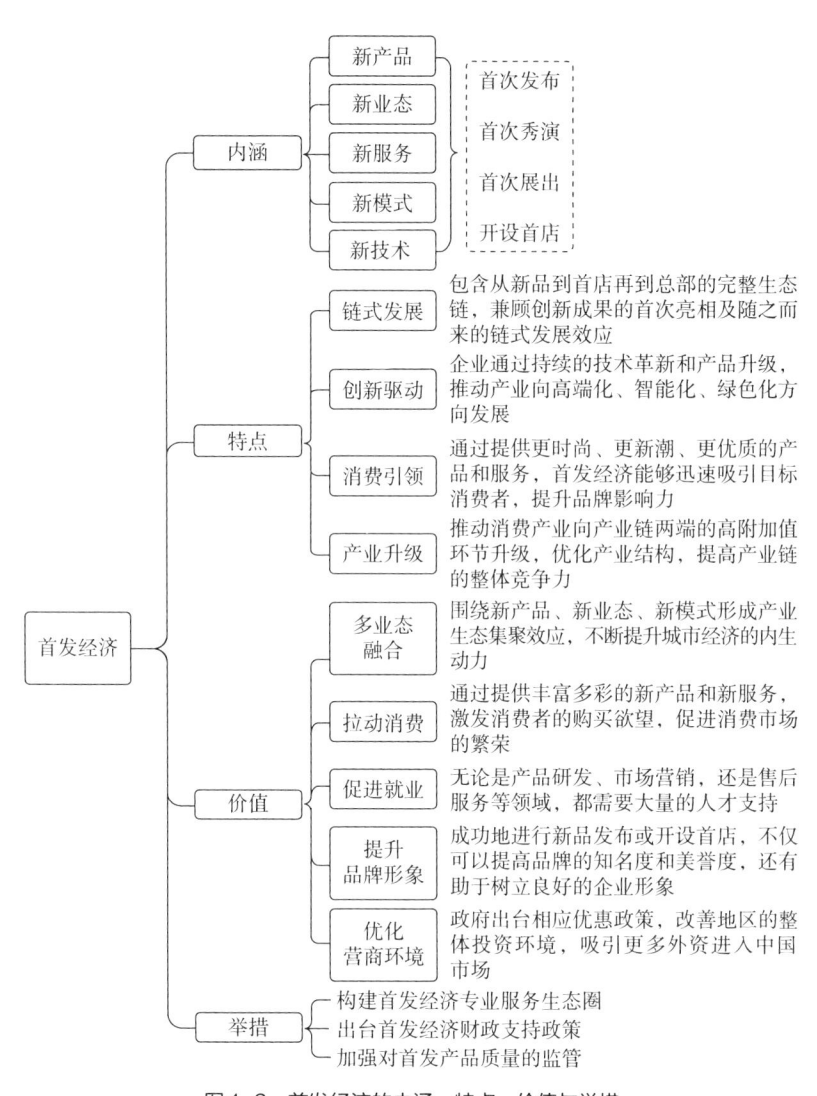

```
                    ┌─ 新产品 ┐    ┌─────────────┐
                    ├─ 新业态 │    │ 首次发布     │
              ┌ 内涵┼─ 新服务 ├────┤ 首次秀演     │
              │     ├─ 新模式 │    │ 首次展出     │
              │     └─ 新技术 ┘    │ 开设首店     │
              │                    └─────────────┘
              │     ┌─ 链式发展：包含从新品到首店再到总部的完整生态
              │     │             链，兼顾创新成果的首次亮相及随之而
              │     │             来的链式发展效应
              │     │
              │     ├─ 创新驱动：企业通过持续的技术革新和产品升级，
              │     │             推动产业向高端化、智能化、绿色化方
              │ 特点│             向发展
              │     │
              │     ├─ 消费引领：通过提供更时尚、更新潮、更优质的产
              │     │             品和服务，首发经济能够迅速吸引目标
              │     │             消费者，提升品牌影响力
              │     │
              │     └─ 产业升级：推动消费产业向产业链两端的高附加值
              │                   环节升级，优化产业结构，提高产业链
        首发经济                   的整体竞争力
              │
              │     ┌─ 多业态  围绕新产品、新业态、新模式形成产业
              │     │  融合    生态集聚效应，不断提升城市经济的内生
              │     │          动力
              │     │
              │     ├─ 拉动消费：通过提供丰富多彩的新产品和新服务，
              │     │             激发消费者的购买欲望，促进消费市场
              │     │             的繁荣
              │     │
              │ 价值├─ 促进就业：无论是产品研发、市场营销，还是售后
              │     │             服务等领域，都需要大量的人才支持
              │     │
              │     ├─ 提升    成功地进行新品发布或开设首店，不仅
              │     │  品牌形象 可以提高品牌的知名度和美誉度，还有
              │     │          助于树立良好的企业形象
              │     │
              │     └─ 优化    政府出台相应优惠政策，改善地区的整
              │        营商环境 体投资环境，吸引更多外资进入中国
              │                 市场
              │     ┌─ 构建首发经济专业服务生态圈
              └ 举措┼─ 出台首发经济财政支持政策
                    └─ 加强对首发产品质量的监管
```

图1-2 首发经济的内涵、特点、价值与举措

第一章 首发经济的兴起

随着数字化转型的不断深入，首发经济开始与互联网、大数据、人工智能等新兴技术结合，一跃成为新时代的"宠儿"。特别是在经济供强需弱的大环境下，过去依赖投资和出口驱动增长的传统模式逐渐暴露出局限性，已无法充分适应市场的快速变化。因此，亟须构建一个"政府促进消费、消费引导投资"的良性循环发展模式。

在这种经济发展新格局下，首发经济无疑成为"热点词"。

一方面，首发经济源于消费者越来越多样化和个性化的消费需求。麦肯锡的研究报告显示，超过40%的受访者表示，只要产品符合心意就很愿意尝试新的品牌，哪怕从未听说过这个品牌。[1]

另一方面，该模式强调企业应通过率先推出创新的产品、服务和技术来激发市场需求，从而打造独特的消费体验。这既为企业提供了新的发展路径，也成为企业在竞争激烈的市场环境中脱颖而出的关键。

例如，在科技行业，苹果公司以其iPhone系列产品的首发而闻名，每次新品发布都会引发全球范围内的关注和抢购热潮。根据科纳仕咨询公布的全球智能手机市场报告，2024年第三季度苹果约占全球手机市场份额的17%[2]，而每次在发布新手机之前的一个月里，苹

---

[1] Antonio Achille、Aimee Kim、栾岚、Felix Poh：《从"合群"到"本我"：细观中国时尚消费者六大新趋势》，麦肯锡中国，2024-11-25。

[2] 故渊：《Counterpoint报告2024Q3全球手机市场：三星19%、苹果17%、小米14》，IT之家，2024-11-25。

果公司的股价往往会平均上涨4.6%[①]，这正是首发经济力量的体现。

随着时间的推移，首发经济从企业实践逐步演变为学术研究的热点。学者们开始探讨首发策略对企业竞争力的影响，以及如何利用首发经济推动产品创新。相关调查显示，成功的首发能够显著提高品牌的知名度和消费者的忠诚度，同时也能为后续产品线的发展奠定基础。

此外，首发经济还涉及市场进入时机选择、定价策略和营销活动规划，这些都是企业在制定首发战略时需要考虑的重要因素。

可以说，首发经济是连接传统经济学与现代商业实践之间的桥梁。它结合了消费者心理学、市场营销学等多个学科的知识，形成了一个全面的理论框架。这个框架能够帮助我们理解首发如何影响消费者的选择，以及企业如何根据市场反馈调整自己的策略。

首发经济的研究还包括对创新扩散过程的分析，即新产品的首次亮相如何引领潮流，并最终被广泛接受。根据哈佛商学院的调查，上市的新产品中有57%是直接由客户创造的；美国斯隆管理学院的调查结果也表明：成功的民用新产品中有60%～80%来自用户的建议，或是采用了用户在使用过程中的改革，这进一步证实了消费者在产品创新中起到的关键作用。

从这一点可以看出，首发经济不仅仅是企业单方面的市场策略，更是企业与消费者互动的结果。

---

① 《为什么苹果新机发布会后股价往往先跌后涨？》，经纬创投，2020-10-14。

通过首发，企业能够快速获取市场反馈，及时调整产品设计和营销策略，从而提升产品的市场竞争力。

此外，首发经济还促进了产业链的协同发展，供应商、渠道商和终端用户共同参与到产品的早期推广中，形成了一个多方共赢的生态系统。首发产品的高关注度既能带动短期内的销售增长，又能在长期提升品牌的市场影响力。

因此，企业在制定首发策略时，既要关注产品本身，也需综合考虑市场环境、消费者心理以及产业链的协同效应。

基于上述背景，首发经济的内涵呼之欲出。但并非所有"首次"进行的经济活动都能被称为首发经济，它在更深层次体现为经济发展的新趋势和新方向。

总的来看，首发经济具备"三化"：细节化创新、试点化试验、标杆化引领，见图1-3。

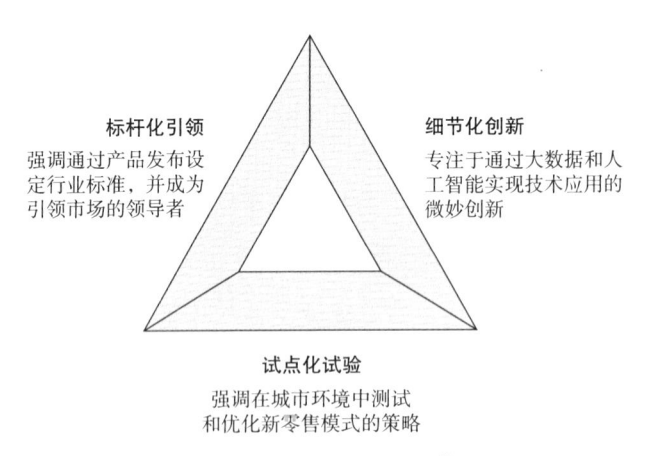

标杆化引领
强调通过产品发布设定行业标准，并成为引领市场的领导者

细节化创新
专注于通过大数据和人工智能实现技术应用的微妙创新

试点化试验
强调在城市环境中测试和优化新零售模式的策略

图1-3 首发经济的"三化"

其一，首发经济的核心在于"细节化创新"。

在竞争激烈的市场环境中，首发经济仅局限于推出新产品、开设新店铺或举办新展会这些表面的"新"事物。

更重要的是，在这些新事物的背后，首发经济更加强调的是在供应链管理、技术应用以及市场运营等各个环节上细致入微的创新和优化。

例如，在技术应用上，利用大数据分析预测市场趋势，或运用人工智能技术提升生产效率和个性化服务水平；而在市场运营方面，通过社交媒体和数字营销策略精准定位目标客户群。

这些细节化的创新举措，尽管并不引人注目，却能够为品牌带来持续的竞争优势，推动企业在市场中脱颖而出。

其二，首发经济的关键在于"试点化试验"。

通过小规模的试验性推出，企业可以验证新产品、新技术的市场接受度，降低试错成本，同时为大范围推广积累宝贵经验。

具体而言，试点化试验允许企业在有限的资源投入下进行风险控制。在全面推广之前，通过小规模的测试，企业可以避免在未经验证的市场中投入大量资金和人力，从而减少可能的经济损失。

其三，首发经济的本质在于"标杆化引领"。

这种经济模式的核心在于通过一个具有代表性的事件或产品来引领整个行业的发展方向。这种标杆化引领适用于科技、时尚、汽车、娱乐等众多领域。以点带面，促进区域协同产业联动，则是首发经济的另一个重要特点。

这意味着，一个成功的首发事件能够辐射到周边地区，带动整个区域的经济发展。例如，国际时装周的首次举办，在吸引全球时尚界关注的同时，还会进一步以点带面促进当地服装制造业、旅游业、服务业等相关产业的发展，形成良性经济循环，有力促进经济可持续发展。

然而，在全球化加速发展的时代，首发经济的影响力早已超越单一国家或地区的界限，扩散至全球市场。

全球视野下的首发经济趋势

面对新一轮科技革命与产业变革，全球经济局势与过去相比发生了显而易见的变化。全球经济复苏的步伐并不均衡，发达经济体增长乏力，而新兴市场和发展中经济体则表现出更强的增长动力。

国际货币基金组织（IMF）曾预测[①]，2024年全球经济将增长3.2%，低于2023年的3.3%。其中，发达经济体预计增长1.8%，而新兴市场和发展中经济体预计增长4.2%（见图1-4）。[②]

[①] 注：截至本书写作时，IMF关于2024年实际增长数据尚未更新。
[②] 《国际货币基金组织：2024年全球经济预计增长3.2%》，联合国，2024-10-22。

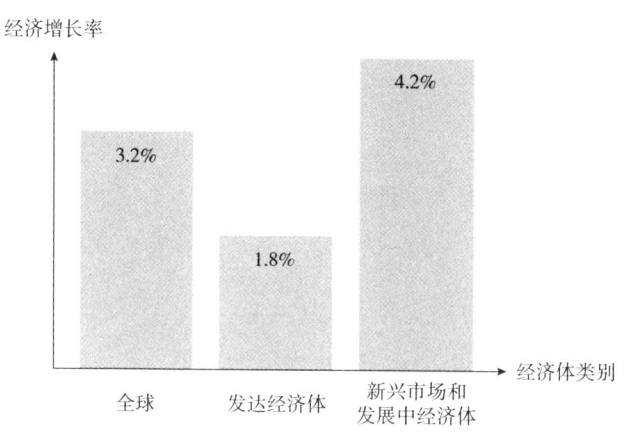

图1-4 2024年全球经济增长情况预测

这种增长失衡的现象，反映出全球经济结构正在发生深刻的变化，特别是"全球南方"国家在全球经济中的比重逐渐增加。这对传统的全球经济格局构成了新的挑战。

这些变化既影响了企业的经营环境，也改变了国家间的经济互动模式。在这一过程中，中国企业出海的战略从单纯的出口导向型经济模式转向更加多元化、更深层次的全球化布局。而首发经济作为一种新的经济增长点，正面临着前所未有的机遇和挑战。

具体来说，地缘政治紧张局势加剧，使得中美之间的竞争日益激烈。美国新一届政府可能会采取更为激进的贸易政策，如对多国商品加征进口关税，这将导致全球供应链分裂、国际贸易下滑和世界经济增速放缓。此外，保护主义抬头，一些国家通过降低对国际市场的依赖来规避地缘政治风险，导致贸易全球化遭遇逆流。例如，特朗普政府曾表示将对来自欧盟、加拿大、墨西哥以及中国的商品加征关税，此举引发了广泛的担忧。

此外，随着第三世界国家的崛起，特别是非洲、拉丁美洲和亚洲部分地区的发展，全球经济版图正在被重新绘制。这些地区不仅为全球经济增长提供了新的动力，也为中国企业提供了更多的市场机会。例如，中国企业在中东、拉美等新兴市场的投资不断增加，与各地区市场实现了共建共赢。

在这种复杂的全球经济环境下，首发经济作为一种创新性的经济形态，将进一步影响和引导全球经济的动态变化。

首先，首发经济对国际市场的影响尤为深远。它以迅猛的发展势头重塑着全球供应链、跨国公司的战略布局以及国际消费的潮流。在重塑全球供应链方面，其核心在于各类创新产品、技术和服务的首次亮相与推广，这促使供应商和制造商必须变得更加灵活和反应迅速，以适应不断变化的市场需求。麦肯锡在全球范围内对超过800家传统企业进行了调研，结果显示，70%的企业已经启动了数字化转型。这一新兴技术的应用缩短了企业的产品开发周期，迫使企业从传统的年度更新模式转向季度甚至月度更新。

此外，高效、快速的反应机制从研发到生产，再到市场推介和销售，成为供应链管理的关键。许多供应链管理者开始重新审视其物流和分销网络，采取了更加即时和灵活的策略，如在新品发布时，会倾向于选择更接近目标市场的生产线，以缩短产品上市时间，从而抢占市场先机。例如，三星电子就在越南建立了多个生产基地,以便更好地服务于亚洲和其他新兴市场。

其次,首发经济的兴起促使跨国公司在战略上进行必要的调整。面对消费者对新体验和新产品的强烈需求,企业必须更加注重创新,并且适时地引入新概念。跨国企业通过采用链式发展模式,在不同国家和地区推出具有本土特色的新产品,既能够满足当地消费者的需求,又能够通过这些"首次"体验的产品来提升品牌的全球影响力。

这种策略的有效实施,要求企业对不同文化背景下的消费者行为有深刻的理解和洞察。例如,星巴克在中国推出了茶瓦纳(Teavana)品牌,针对中国市场特别设计了多种茶饮,赢得了消费者的喜爱。这些公司不惜花重金用于研发和制定本地化市场策略,就是为了确保其品牌形象能够在国际舞台上持续保持新鲜感和吸引力。

最后,随着首发经济的普及,国际消费趋势也发生了变化。消费者越来越重视能够迅速获取最新产品的途径,而不再仅仅依赖于长期积累的品牌忠诚度。这种消费行为的转变迫使企业必须在全球市场中运用精确的市场分析和预测工具,以便及时捕捉到不同地区消费者偏好的微妙变化。

企业需要通过深入的跨文化营销策略来保持其竞争优势。以路威酩轩集团为例,该集团旗下的奢侈品牌路易威登通过运用大数据分析技术,深入了解了"千禧一代"和"Z世代"的消费行为和偏好。基于这些洞察,路易威登推出了更多符合年轻人品味的产品线，这些产品线年轻化，而且具有更强的互动性，从而成功吸引了新一代消费者，扩大了品牌的影响力和市场份额。

基于上述全球经济局势的变化，中国企业出海也随之发生着改变。

除了传统的货物出口，中国企业现在更加注重产能出海和服务出海。前者指的是在国外建立生产基地或工厂，直接在当地生产销售；后者则是指在海外设立分支机构，提供专业化的服务，如物流、金融、咨询等。还有一些企业开始尝试知识产权出海，通过特许经营、许可证贸易等方式实现技术输出。

面对复杂多变的外部环境，中国企业不再简单复制国内的成功经验，而是更加注重因地制宜，根据不同市场的特点制定相应的策略。例如，在欧美等成熟市场，中国企业可能会选择与当地企业合作，借助其成熟的销售渠道和品牌影响力；而在非洲、拉美等新兴市场，则会更多地关注基础设施建设和资源开发等领域。

过去，中国企业往往依赖低成本优势参与国际竞争，但现在越来越多的企业意识到，要想在全球市场上立足，必须提高产品质量和服务水平，追求长期稳定的回报。因此，许多企业加大了研发投入力度，努力向产业链、价值链的中高端迈进。随着全球化进程的加快，中国企业越来越重视履行社会责任，积极参与当地的公益活动，促进社区发展。这样做既可以提升企业的形象，又能赢得当地政府和民众的信任，为长远发展打下坚实的基础。

与此同时，中国在全球经济中扮演着越来越重要的角色。一方面，中国作为世界第二大经济体，其经济增长对全球有着显著的正向影响，特别是在全球经济面临不确定性时，中国经济的稳定增长为世界经济复苏提供了有力支撑。另一方面，中国也是全球最大的贸易国之一，拥有完整的工业体系和庞大的国内市场，这使得中国有能力引领新一轮技术革命和产业变革。

为了在世界经济的大潮中站稳脚跟，我国国内产业参与者需加快发展步伐，实现全球经济竞争力（见图1-5）。

实现全球经济竞争力

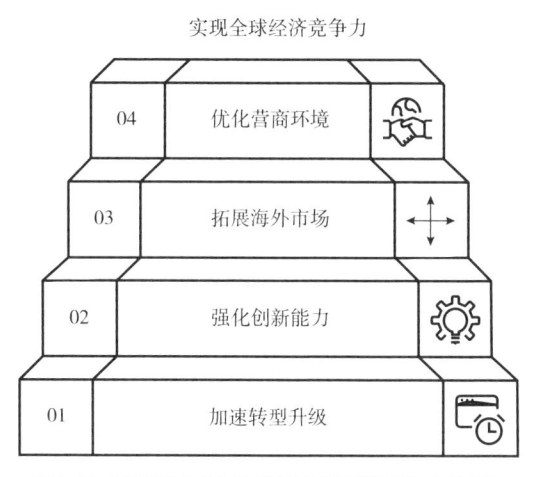

04	优化营商环境
03	拓展海外市场
02	强化创新能力
01	加速转型升级

图1-5 我国产业参与者实现全球经济竞争力的四步

一是加速转型升级，加快传统产业的技术改造和升级换代，培育新兴产业，特别是在人工智能、新能源、生物技术等前沿领域取得突破，以适应市场需求的变化。

二是强化创新能力，加大对科研投入的支持力度，鼓励企业开展自主创新活动，建立健全的技术创新体系，确保中国在全球价值链中占据有利位置。

三是拓展海外市场，积极开拓新兴市场，探索新的商业模式，如跨境电商、海外仓等，减少对单一市场的依赖，分散风险。

四是优化营商环境，进一步放宽市场准入限制，简化审批流程，降低制度性交易成本，营造公平竞争的市场环境，吸引外资流入。

在这个充满不确定性的时代，中国的经济发展路径既是对内深化改革、对外扩大开放的过程，也是在全球经济舞台上寻求更大话语权的过程。中国企业在全球范围内的布局和扩张，是响应国家号召的具体实践，更是顺应时代潮流的必然选择。

尤其是在全球经济复苏缓慢、地缘政治风险加剧的情况下，中国企业应以更加开放的姿态迎接挑战，通过创新驱动、质量提升和服务优化，逐步实现从中国制造到中国创造的转变，为构建人类命运共同体做出积极贡献。

从政策到市场：首发经济的时代意义

在全球步入第四次工业革命的背景下，AI、社交网络等新兴力量正在重塑中国的经济结构和消费模式。这一时期的特点是科技快速发展、信息传播即时化、消费者需求高度个性化，以及社会对环境保护的关注度不断提高。首发经济作为连接创新与市场的桥梁，在这样的环境中展现出了前所未有的活力。AI与社交网络驱动的首发经济新趋势如图1-6所示。

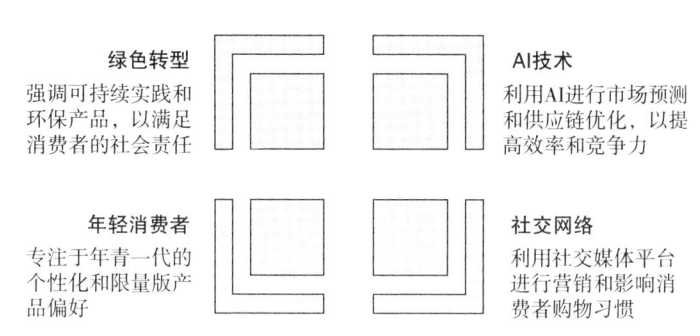

```
绿色转型                    AI技术
强调可持续实践和            利用AI进行市场预测
环保产品，以满足            和供应链优化，以提
消费者的社会责任            高效率和竞争力

年轻消费者                  社交网络
专注于年青一代的            利用社交媒体平台
个性化和限量版产            进行营销和影响消
品偏好                      费者购物习惯
```

图1-6　AI与社交网络驱动的首发经济新趋势

AI技术的进步为首发经济注入了新的动力。通过大数据分析，企业可以更精准地预测市场趋势，理解消费者偏好，从而设计出更能满足市场需求的产品和服务。AI还能够帮助企业优化供应链管理，提高生产效率，降低成本，使首发产品更具竞争力。例如，某些服装品牌利用AI算法预测流行色和款式，提前准备库存，减少了因误判潮流导致的浪费。

社交网络的广泛使用改变了消费者的购物习惯。社交媒体平台既是品牌宣传的重要渠道，也是消费者交流心得、分享体验的场所。首发经济中的品牌可以通过社交网络进行预热营销，引发话题讨论，增加产品的曝光量。直播带货作为一种新兴的销售方式，让消费者可以直接看到产品的使用效果，增强了消费者的购买信心。据统计，2024年"双11"购物节期间，淘宝直播成交额破亿元的直播间达到了119个[①]，刷新了历史纪录，显示出社交网

---

① 《双11战报公布，全网成交额14 418亿》，电商智库，2024-11-13。

络对首发经济的强大助推作用。

随着中国人口结构的调整，年青一代逐渐成为消费主力军。他们追求新鲜事物，注重生活品质，愿意为个性化和定制化的产品买单。首发经济正好迎合了这一群体的需求，通过推出限量版、特别款等独特商品，吸引年轻人的目光。同时，首发经济也促进了文化传承与创新，许多老字号品牌通过与现代设计理念相结合，推出了既保留传统文化精髓又符合当代审美观念的产品，赢得了新一代消费者的青睐。

绿色转型成为中国经济社会发展的重要方向。消费者越来越关注产品的环保性能和社会责任，倾向于选择可持续发展的品牌。首发经济中的企业积极响应这一趋势，加大研发投入力度，开发绿色环保材料和技术，推出低碳排放、可回收利用的产品。这既符合国家政策导向，也有助于提升品牌的美誉度和忠诚度。例如，耐克推出的再生塑料鞋底系列，因其环保理念而得到广大消费者的认可和支持。

因此，首发经济的兴起并非偶然，而是中国经济转型升级的必然结果。

随着居民收入水平的提高和消费结构的变化，消费者对于品质化、个性化、体验式的消费需求日益增长。在此背景下，传统的商业模式难以满足市场需求，而首发经济以其独特的魅力，为消费者提供了更多元化的选择。例如，《黑神话：悟空》这款 3A

游戏创造了首日狂卖15亿元的销售神话[①]。无论是拥有自主知识产权的 IP 产品首发，还是新能源汽车首发，都是"首发经济"的重要类型。

更重要的是，首发经济不仅仅是短期的流量收割，更是长期的品牌建设和产业生态构建。一个成功的首发项目往往能够带动一系列相关产业的发展，形成完整的产业链条。

以上海为例，作为一线国际化大都市，上海最先站在"首发"风口，于2018年率先提出"首店经济"。自那时起，上海就已成为国内外品牌首发、首秀、首展、首店的集聚高地。根据上海市商务委员会的数据，2018年5月至2023年12月，有超过4 500个国际国内品牌在沪举办首发活动。[②] 截至2024年4月，上海全球零售商集聚度居全球城市第二，一线国际品牌覆盖率98%。[③]

北京也不遑多让。根据北京市商务局的数据，近三年来，北京累计吸引3 700多家首店落地。这些数据表明，首发经济已经成为衡量一个城市商业活力、消费实力、创新能力、国际竞争力以及开放度的重要指标。

然而，要实现首发经济的可持续发展，离不开政策的支持与

[①]《深度分析，〈黑神话：悟空〉为什么成功？》，澎湃新闻·澎湃号·湃客，2024-08-22。

[②]《2024上海全球新品首发季正式启动，再度掀起首发经济的新热潮！》，上海市商务委员会门户，2024-04-26。

[③]《FIRST in Shanghai！2024"首发上海"全球推介绚丽绽放》，上海市商务委员会门户，2024-04-11。

引导。近年来，各地纷纷出台政策措施，鼓励和支持首发经济发展。如上海发布的《关于进一步促进上海市首发经济高质量发展的若干措施》等一系列政策，支持首发经济高质量发展；北京市也对符合条件的首店给予了资金支持。此外，还有其他城市如重庆、南京等地相继推出相应的扶持政策，旨在吸引更多高品质、高流量的品牌参与其中，共同打造具有影响力的首发平台。

值得注意的是，虽然一线城市凭借其强大的资源禀赋和广阔的市场空间，在首发经济方面占据优势地位，但这并不意味着其他城市就没有机会。

事实上，随着消费变革趋势向二、三线城市蔓延，越来越多的品牌开始将目光投向这些潜力巨大的市场。例如，安徽合肥近年来通过不断引入新品牌、落成新商圈，在首发经济上取得了显著成效，并成功跻身新一线城市。2024年上半年，合肥有151家品牌首店正式开业，57个国外品牌首设门店专柜，方程豹、仰望、吉利银河、小米汽车等多个新能源汽车新品牌首设线下门店。[①] 为了更好地发挥首发经济的作用，合肥市还出台了明确的奖补政策，对当年新开业的中国首店、安徽首店，根据品牌影响力、投资、营业收入等考评结果，分档给予投资主体最高20万~50万元的奖励。

与此同时，首发经济的发展也为地方特色产业带来新的机遇。

---

① 彭园园：《我省从产业优势、发展战略及区位条件等维度探索——首发经济如何发力》，《安徽日报》，2024-08-26，第01版。

以汽车产业为例，安徽拥有比亚迪、大众（安徽）、蔚来、奇瑞、江淮、长安、汉马等七大整车企业，完善的汽车产业链布局使其成为众多汽车品牌进行技术首用、产品首发的理想之地。2024年7月，《推进全省汽车流通行业高质量发展实施方案》中明确规定，对在安徽举办的汽车展会上进行全球、全国、长三角区域首发的国内外汽车品牌，按其首发费用的30%，最高分别补助100万元、50万元、10万元。① 此举有助于提升本地汽车产业的整体竞争力，也为相关配套产业提供了广阔的发展空间。

从更宏观的角度看，首发经济的成功实践为中国探索新时代背景下的经济发展模式提供了有益借鉴。一方面，促进了供给侧结构性改革，帮助企业加强创新，通过引入新技术、新服务、新业态等创新元素，推动产业转型升级；另一方面，首发经济作为一种创新驱动型经济形态，能够有效激发市场需求，为经济增长注入新动能。

具体来说，在促进供给侧结构性改革方面，首发经济成为推动产业升级转型的关键力量。通过鼓励企业发布新产品，推出新业态、新模式、新服务和新技术，有效引导资源向高附加值环节流动，促使传统产业向高端化、智能化、绿色化方向迈进。

例如，在制造业领域，首发经济推动智能制造装备、工业互联网平台等先进技术的应用，提高生产效率和产品质量；在服务

---

① 《安徽省商务厅等18部门关于印发推进全省汽车流通行业高质量发展实施方案的通知》，安徽省商务厅门户，2024-02-29。

业方面,则催生共享经济、在线教育、远程医疗等一系列创新型商业模式。这些变化既提高了企业的市场竞争力,也为消费者带来了更加丰富多样的选择,进而促进了消费结构的优化升级。

首发经济给消费者、企业和城市带来的机遇见表1-1。

表1-1 首发经济带来的机遇

主体	机遇
消费者	·**更时尚、更新潮的产品和服务**:首发经济通过引入最新的产品和技术,满足了消费者对于新鲜事物的追求 ·**个性化和品质化需求的满足**:随着消费的升级,首发经济提供的定制化、限量版产品,能够更好地满足消费者个性化的需求,提升消费体验 ·**多样化选择**:首发经济打破了传统商业模式的局限,提供了更多元化的商品和服务选择。消费者可以在首发平台上接触到全球各地的品牌和创新产品
企业	·**快速吸引目标消费者**:通过首发活动,企业能够在短时间内引发大量关注,迅速吸引目标消费群体 ·**提升品牌影响力**:成功的首发活动可以显著提升品牌的知名度和美誉度。通过与消费者的直接互动,品牌能够建立更强的情感连接,提高消费者的忠诚度 ·**及时响应市场变化**:首发经济要求企业具备快速反应的能力,能够根据市场需求的变化灵活调整产品结构 ·**激励研发和设计投入**:为了在首发活动中脱颖而出,企业需要不断加大在研发、设计等方面的投入力度,推动技术创新和服务升级
城市	·**集聚品牌资源**:首发经济吸引了众多国内外知名品牌和新兴企业入驻,形成了强大的品牌集聚效应 ·**带动产业升级**:首发经济的推进促使城市在制造业、服务业等多个领域进行转型升级 ·**增强城市商业活力**:首发经济为城市带来了更多的消费热点和人流,激发了商业活动的活跃度 ·**塑造开放、创新、活跃的城市形象**:通过积极推动首发经济,城市可以展现出其开放包容、创新活跃的形象,吸引更多的人才、资本和资源流入

首发经济也为经济增长注入了源源不断的动力。根据国家统计局的数据，2023年北京、上海、广州、成都等城市各增开首店数百家至上千家，其中不乏国际知名品牌和地区特色品牌。这些首店吸引了大量顾客前来体验尝试，带动了周边商业氛围的提升，形成了良好的"溢出效应"。以北京为例，环球影城主题公园一期开业后迅速成为全国最热旅游目的地之一，2023年接待游客约988万人次，带动环球商圈客流约1 600万人次。[①]

此外，首发经济还促进了线上线下融合发展的趋势。许多品牌选择通过电商平台进行新品首发，借助直播带货等形式快速积累人气，实现销量突破。如瑞幸咖啡在抖音直播间的首发专场中，4小时内即突破1 000万元销售额，前15小时累计售出100万杯酱香拿铁[②]，使酱香拿铁成为现象级爆款产品。

首发经济的成功实践还为新质生产力的成长提供了肥沃土壤。所谓"新质生产力"，是指由技术革命性突破、生产要素创新性配置以及产业深度转型升级催生的一种新型生产力形式。在这一过程中，首发经济扮演着不可或缺的角色，因为它本身就是一种基于创新驱动的发展模式，能够不断催生新技术、新产品、新业态，并将其转化为实际生产力。

---

① 《北京环球度假区三岁了！去年环球影城迎客988万人次》，北京日报客户端，2024-09-20。

② 运营研究社：《「酱香拿铁」单日卖了1个亿，瑞幸和茅台凭什么赢麻了？》，36氪，2023-09-05。

具体而言，首发经济可以通过以下几个方面来助力新质生产力的发展：一是加速科技成果的转化应用，缩短从实验室到市场的距离；二是促进人才集聚与知识传播，为企业培养高素质的专业队伍；三是加强知识产权保护，营造公平公正的竞争环境，鼓励更多的企业和个人投身于创新创业活动。

当然，任何事物都有两面性，首发经济也不例外。当前，中国首发经济仍面临一些挑战，如区域发展不平衡、质量参差不齐等问题亟待解决。

一线城市如北京、上海凭借其强大的资源禀赋和广阔的市场空间，在首发经济方面占据了明显优势，而二、三线及以下城市则相对滞后。这种差距不仅体现在首店数量上，更反映在品牌层次和消费体验等方面。

为了缩小这一差距，政府应当加大对中西部地区及中小城市的扶持力度，通过政策倾斜、资金支持等方式，鼓励更多优质品牌下沉市场，促进区域间的均衡发展。此外，还可以探索建立跨区域合作机制，实现资源共享与优势互补，共同打造具有全国乃至全球影响力的首发平台。

随着越来越多的企业参与到首发活动中来，部分项目存在盲目跟风、缺乏特色的现象，导致消费者对其兴趣不大，难以形成持续性的吸引力。

为此，政府应加强对首发项目的筛选和管理，设立严格的准入标准，确保每场首发活动都能够体现创新性和独特性。同时，要引导企业树立正确的价值观和发展理念，注重产品质量和服务水平的提升，避免陷入"唯流量论"的误区。对于那些真正具备潜力的初创企业和中小微企业，应给予更多的关注和支持，帮助其解决资金短缺、技术瓶颈等问题，使其成长为行业内的佼佼者。比如，可以通过设立专项基金、提供税收优惠等手段，降低创业门槛，激发市场主体活力。

首发经济是中国经济高质量发展的一个缩影，也是未来经济增长的新引擎。基于现有创新逻辑，首发经济通过提升产品和服务的原创性及技术含量来提升市场竞争力。与此同时，合理的市场准入门槛有助于筛选出真正具备创新能力的企业和项目，保证首发市场的健康发展。此外，随着相关政策法规的持续完善，以及新兴技术手段的日臻成熟，首发经济既能够激发各行业的创新活力，还将在更广泛的领域内绽放光彩。

第二章

首发经济的核心要素

在首发经济蓬勃发展的背后,有着一系列复杂的核心要素共同作用,构成了这一经济形态的基础架构,并推动其快速扩展和变革。

从市场需求的精准把握到技术创新的支持,再到消费者行为的变化,每一项要素都在塑造首发经济的运作模式和发展轨迹。为了深入理解首发经济的魅力与力量,必须从这些核心要素入手,揭示其如何相互作用、协同推动市场变革。

本章将分析构成首发经济的主要因素,重点关注技术创新、市场定价机制、消费者行为、品牌战略以及社交媒体等因素如何共同塑造这一全新的经济生态。通过对这些要素的逐一剖析,我们不仅能理解首发经济如何实现市场突破,还能深入探讨其背后潜藏的商业逻辑和未来的发展趋势。

"首发"的创新逻辑与门槛

从前文可以看出，首发经济与创新之间的关系是密不可分的。首发经济本质上是一种以创新为核心驱动力的经济形态，强调的是首次推出新产品、新技术、新业态和新模式，从而引领市场潮流并激发消费潜力。随着中国对首发经济的重视程度不断提高，并将其纳入国家层面的战略部署，理解"首发"的创新逻辑及其准入门槛对于把握未来发展趋势具有重要意义。

一、"首发"的内在逻辑——微创新

首发经济作为中国经济高质量发展的一个重要组成部分，通过不断发布新产品、新服务来满足消费者日益增长的需求。这些创新不仅仅是技术上的突破，更包括商业模式、服务方式等多个方面的革新。例如，在智能手机行业，各大品牌通过折叠屏技术的应用、5G网络的普及以及人工智能技术的深度融合，实现了用户体验质的飞跃。这说明技术创新既能够提升产品质量，又能够创造全新的消费体验，进而推动整个行业的进步。

然而，对于大多数企业，尤其是中小企业而言，颠覆性创新往往需要巨大的资源投入和较长的研发周期，并非所有企业都能

够承担得起。

因此,"微创新"作为一种更加灵活且可操作性强的创新模式应运而生。微创新指的是在现有产品或服务的基础上进行小幅度改进,通过微调细节来提供差异化竞争优势,在满足消费者需求的同时降低风险和成本。海底捞等企业的成功案例表明,即使是看似简单的改变,如为等待就餐的顾客提供折纸活动,也能极大地改善消费者的体验,提升品牌的吸引力。

微创新之所以能够在首发经济中找到广阔的可操作空间,主要在于以下几个方面。

1. 微创新关注消费者体验的关键点

企业可以从多个维度开展微创新,包括但不限于产品设计、服务质量、技术创新、品牌形象等方面。如星巴克推出的 Early Bird 闹铃 App(应用程序),用户可以通过早起打卡的方式获得折扣优惠,这样的微创新既增强了用户黏性,又提升了品牌形象。这类创新不需要大规模的资金投入和技术研发,但能有效提高用户体验和品牌忠诚度。

2. 微创新能够帮助企业更好地应对市场变化

随着科技的进步和社会的发展,消费者的需求也在不断发生变化。通过持续的小幅创新,企业可以快速适应市场变化,及时调整产品策略,避免过于追求大步跨越带来的高风险。比如,致中和公司根据消费者的反馈将龟苓膏从传统的碗装改为便携式包装，这一小小的改变既扩大了产品的销售范围，也提高了消费者的购买频次。

3. 微创新有助于企业在激烈的市场竞争中脱颖而出

在当前同质化竞争激烈的背景下，微创新可以帮助企业找到差异化的竞争点，形成独特的卖点。无论是引入新的技术手段还是借鉴其他行业的成功经验，微创新都可以为企业带来意想不到的效果。浩泽净水借鉴电信行业的做法，不再直接售卖净水设备，而是提供净水服务，这种跨界融合的创新模式为企业开辟了新的盈利途径。

总而言之，首发经济中的微创新不仅局限于技术层面的改进，还包括商业模式、服务流程、营销策略等方面的优化。通过对消费者体验的关注和对市场趋势的把握，微创新可以在不显著增加成本的前提下为企业带来可观的收益。同时，它也是初创企业和中小型企业实现逆袭的重要途径之一。通过不断地微创新，企业既可以巩固现有的市场份额，又能开拓新的发展空间，为长远发展奠定坚实的基础。其优缺点如图 2-1 所示。

值得注意的是，尽管微创新具有低成本、低风险的特点，但它同样面临挑战。一方面，微创新容易被模仿，导致差异化优势难以长期维持；另一方面，过度依赖微创新可能导致企业忽视深层次的技术革新，影响长远竞争力。因此，在实践中，企业需要平衡好微创新与重大创新之间的关系，既要保持灵活性，也要注重积累核心技术，确保自身在激烈竞争中的持久优势。

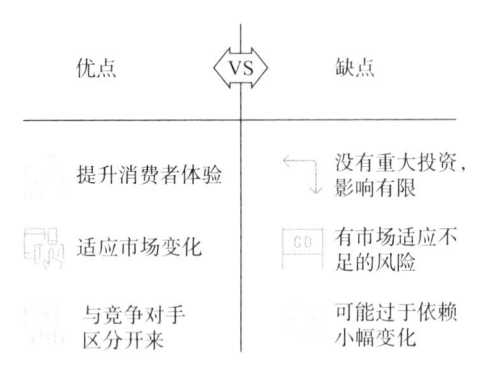

```
        优点      VS      缺点

     提升消费者体验      没有重大投资，
                       影响有限

     适应市场变化        有市场适应不
                       足的风险

     与竞争对手         可能过于依赖
     区分开来           小幅变化
```

图 2-1 首发经济中微创新的优缺点

首发经济通过鼓励创新，特别是微创新，为各类企业提供了展示自我、争夺市场的平台。

二、并不高的准入门槛

当"首发经济"这一术语频繁出现在政策文件和媒体报道中时，就给人留下了高端大气的印象，似乎只有那些拥有雄厚资本和技术实力的大企业才有资格参与其中。

实际上并非如此，首发经济的准入门槛并不高。它既为大型企业提供了一个展示创新成果的平台，也为中小企业创造了前所未有的发展机遇。这种经济形态强调的是创新精神、市场敏锐度和精准定位，而非单纯的财力或规模优势。

从定义上看，首发经济涵盖了企业从产品或服务的首次发布、首次展出到首次落地开设门店、首次设立研发中心，再到设立企业总部的链式发展全过程。这意味着，即使是初创公司或小微企业，只要具备一定的创新能力，能够捕捉到市场的细微变化，并据此推出符合消费者需求的新产品或新服务，就有可能在这一领域取得成功。

例如，一些新兴的国货潮牌通过融入传统文化元素或采用环保材料等方式，成功塑造出了独特的品牌形象，赢得了年青一代消费者的喜爱和支持。这类品牌的崛起证明，在首发经济中，创意和差异化往往比资金更重要。

此外，随着互联网技术和社交媒体的发展，线上渠道成了许多品牌进行新品首发的重要途径之一。商家选择线上首发新品，主要是出于营销成本和传播效果方面的考虑。在社交媒体的支持下，企业能够以较低的门槛和成本，通过有效的营销方式，迅速将首发信息传递给目标受众，形成广泛的社交讨论，进而带动销售增长。与传统首发依赖于高成本营销相比，这种在线首发可以较低成本实现快速的市场传播，让首发经济更好地实现可持续增长（见图2-2）。

在线首发
以低成本实现快速的市场传播

传统首发
依赖于高成本的传统营销

图2-2 在线首发与传统首发对比

比如，某知名化妆品品牌曾利用微博平台开展新品预售活动，短短几天便吸引了数百万用户的关注，最终实现了远超预期的销售额。这表明，对于资源有限的小型企业来说，借助数字化工具可以有效降低推广难度，提高市场竞争力。

与此同时，地方政府为了鼓励和支持本地首发经济发展，纷纷出台了一系列优惠政策措施。如税收减免、租金补贴等，旨在减轻商户经营负担，吸引更多优质项目落户。

河南省发布的《河南省支持个体工商户和小微企业发展若干措施》明确提出，对符合条件人员首次创办小微企业或从事个体经营的给予一次性开业补贴，政府投资开发的孵化器等创业载体应安排30%左右的场地免费提供给高校毕业生，有条件的地方要对高校毕业生到孵化器创业基于租金补贴[①]，以及其他形式的财政扶持，帮助初创企业和个体工商户更好地参与市场竞争。这些举措无疑为企业降低了进入首发经济领域的门槛，使得更多有潜力但缺乏初始资本支持的品牌有机会崭露头角。

首发经济还特别注重产业链上下游的合作与协同。一次成功的首发活动背后，往往涉及研发、生产、物流、销售等多个环节的紧密配合。对于中小企业而言，加入这样的合作网络既可以获得技术支持和资源共享的机会，又能借助合作伙伴的品牌影响力扩大自身知名度。

[①]《河南省人民政府办公厅关于印发河南省支持个体工商户和小微企业发展若干措施的通知》，河南省人民政府门户，2024-09-29。

例如，某些小型设计工作室可能会与大型制造企业合作开发联名款商品，或者与电商平台共同打造专属购物节，以此来提升产品的附加值和市场认可度。这种模式下的共赢关系有助于构建更加健康、可持续发展的商业生态系统。

然而，实现首发看似容易，实则不易。尽管首发经济的准入门槛相对较低，但这并不意味着它可以轻易实现长期稳定的发展。有的地方首店开张时异常火爆，消费者纷至沓来，结果没几天就门庭冷落；有的地方首发产品同质化严重，功能相似，价格却相差悬殊。任何想要在这个领域立足的企业都需要持续投入精力进行技术创新、品质管理和客户服务优化。

因此，真正意义上的首发应当以独特的产品或服务为核心，紧密结合当下的消费趋势，满足用户实际需求，只有这样，才能在市场中稳固立足，赢得持续的信任与支持。

首发经济的模式解读

自 2020 年以来，首发经济在政策支持、市场需求和技术进步的多重推动下，逐渐成为推动消费变革和产业创新的重要力量。通过分析首发经济下的各种案例，我们可以总结出以下几种主要模式，并探讨这些模式的具体应用及实现方式。

在首发经济的发展过程中，技术创新驱动是最直观也是最具代表性的模式之一。例如，华为推出的折叠屏手机就是智能手机领域的一次重大技术突破，引领了整个行业的潮流。通过不断加大研发投入力度，华为成功地将前沿技术转化为市场竞争力，吸引了大量消费者的关注，激发其购买兴趣。同样地，特斯拉在新能源汽车领域的创新也体现了这种模式的核心思想，即利用先进的技术和设计理念，为用户提供超越期望的产品和服务。

商业模式创新则强调的是如何通过改变现有的运营模式来创造更大的价值。星巴克推出的 Early Bird 闹铃 App 就是一个很好的例子。该应用鼓励用户通过早起打卡的方式获取优惠券，这种方式既提升了用户的参与感，又提升了其对品牌的忠诚度。而海底捞为等待就餐的顾客提供折纸活动的做法，则是另一种形式的商业模式创新，它通过增加顾客等待期间的乐趣，提高了整体的服务质量和顾客满意度。

文化与品牌融合模式则是通过对本地文化的深入挖掘和再创造，赋予品牌更多的文化内涵和社会意义。故宫文创的成功就是这一模式的典型代表。故宫文创通过将传统文化元素巧妙地融入现代产品，如文具、家居用品等，使得每一件商品都蕴含着深厚的文化底蕴。肯德基在中国农村地区开设的小镇模式快餐店，则展示了如何根据当地的实际情况调整经营模式，从而更好地适应市场需求。

数字化转型是当前几乎所有行业都在努力的方向，尤其是在新零售领域。浩泽净水采用提供净水服务而非直接销售设备的方式，就是一次成功的尝试。通过这种模式，公司既能更灵活地响应客户需求，同时也能有效降低客户的初期投资成本。此外，许多传统零售商也开始积极探索线上线下的融合路径，利用电商平台拓宽销售渠道，同时借助线下实体店铺提升消费者的购物体验。

新兴业态探索往往涉及跨行业的合作与创新。成都东郊记忆园区举办的沉浸式汉文化主题餐饮秀以及帕帕拉兹宠物旗舰店都是这类模式的体现。前者通过将餐饮与文化表演相结合的方式，打造了一个全新的消费场景；后者则整合了宠物售卖、医疗服务等多种功能，形成了一个完整的产业链条。这两种模式都展示了首发经济如何通过打破传统界限，开辟出一片全新的市场空间。

综上，首发经济主要模式见表2-1。

表2-1 首发经济主要模式

模式类型	描述	典型案例	实现方式
技术创新驱动	以新技术为核心，推出具有突破性的新产品或新服务	华为折叠屏手机、特斯拉电动汽车	通过持续的研发投入，开发出具有市场领先优势的技术，并迅速推向市场
商业模式创新	改变传统的商业运营模式，打造新的价值主张和服务体验	星巴克 Early Bird App、海底捞折纸活动	结合消费者需求和行为习惯，设计新颖的服务流程或互动方式，提升用户体验
文化与品牌融合	将地方文化元素融入品牌，增强品牌的文化内涵和地域特色	故宫文创系列产品、肯德基小镇模式快餐店	利用当地文化资源，打造具有独特魅力的产品和服务，满足消费者对文化消费的需求
数字化转型	运用数字技术优化业务流程，提高效率和服务质量	浩泽净水提供净水服务而非直接售卖设备	借助互联网平台和大数据分析，实现线上线下相结合的新零售模式，提高用户黏性

续表

模式类型	描述	典型案例	实现方式
新兴业态探索	开发全新业态，打造前所未有的消费场景和体验	成都东郊记忆园区沉浸式汉文化主题餐饮秀、帕帕拉兹宠物旗舰店	探索跨界合作的可能性，结合不同领域的特点，打造出独特的消费场景

首发经济的产业链体系与价值链

首发经济作为一种新兴的经济形态，不仅关注产品的首次发布或服务的初次亮相，还更深层次地影响着整个产业链的发展和价值链的重构。通过微观层面的小变化，首发经济能够引发一系列连锁反应，从原材料供应商到最终消费者，每个环节都在发生着微妙但重要的转变。这些变化既提升了各环节的附加值，也推动了整个行业的升级换代。

一、产业链体系

图 2-3 用思维导图的形式梳理了首发经济产业链涉及的方方面面，包括但不限于研发与设计、先进制造业、生产性服务业、首发经济平台、消费者反馈与改进、品牌建设与价值提升、政策支持与行业规范等诸多环节。

首发经济产业链

- **研发与设计**
  - 这是整个"首发经济"产业链的起点，涉及产品的创意构思、功能设计和技术开发
  - 需要高水平的设计团队和研发实验室，确保产品具有创新性和竞争力
  - 研发阶段还包括市场调研，以了解消费者需求并预测趋势

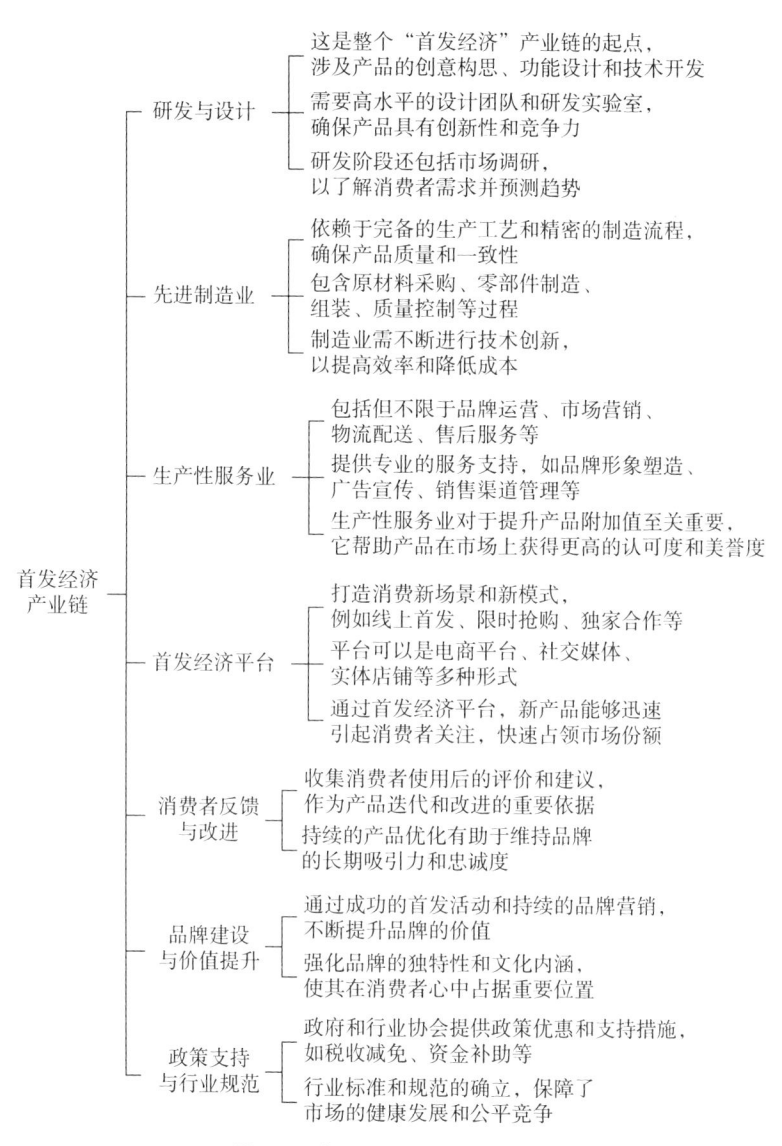

- **先进制造业**
  - 依赖于完备的生产工艺和精密的制造流程，确保产品质量和一致性
  - 包含原材料采购、零部件制造、组装、质量控制等过程
  - 制造业需不断进行技术创新，以提高效率和降低成本

- **生产性服务业**
  - 包括但不限于品牌运营、市场营销、物流配送、售后服务等
  - 提供专业的服务支持，如品牌形象塑造、广告宣传、销售渠道管理等
  - 生产性服务业对于提升产品附加值至关重要，它帮助产品在市场上获得更高的认可度和美誉度

- **首发经济平台**
  - 打造消费新场景和新模式，例如线上首发、限时抢购、独家合作等
  - 平台可以是电商平台、社交媒体、实体店铺等多种形式
  - 通过首发经济平台，新产品能够迅速引起消费者关注，快速占领市场份额

- **消费者反馈与改进**
  - 收集消费者使用后的评价和建议，作为产品迭代和改进的重要依据
  - 持续的产品优化有助于维持品牌的长期吸引力和忠诚度

- **品牌建设与价值提升**
  - 通过成功的首发活动和持续的品牌营销，不断提升品牌的价值
  - 强化品牌的独特性和文化内涵，使其在消费者心中占据重要位置

- **政策支持与行业规范**
  - 政府和行业协会提供政策优惠和支持措施，如税收减免、资金补助等
  - 行业标准和规范的确立，保障了市场的健康发展和公平竞争

图 2-3　首发经济产业链涉及环节

第二章　首发经济的核心要素

首发经济正在对产业链产生一系列影响，首先体现在其对于供应链灵活性的要求上。

以纺织服装行业为例，传统上，这个行业的分销模式是层层递进的，但随着电商特别是跨境电商的发展，这一模式受到了剧烈冲击。跨境电商的迅猛发展促使许多企业采用"小单快返"的模式，这种模式摒弃了传统的大批量生产方式，转而采取少量多次的订单形式，企业可以根据市场反馈迅速调整生产和销售策略，促使服装供应链变得更加柔性化。

再看农业领域，互联网技术的应用使得农产品从田间到餐桌的过程更加透明高效。借助电商平台，农民可以绕过中间商直接销售自己的产品，扩大了收入来源。同时，智慧农业大数据平台为农产品提供了溯源体系，增强了消费者的信任感，同时也倒逼农业生产者进行技术改造，提高产品质量。更重要的是，消费者现在可以通过线上平台追踪食品来源，确保食品安全，增强消费信心。这一切都得益于首发经济所带来的技术创新与应用。

举个例子，广西南宁所辖的宾阳县通过建立水稻智慧农业大数据平台，实现对农作物生长状况的实时监测与管理，更好地保障粮食的安全性和可追溯性。打开该县优质稻全产业链智能管理平台，全县各乡镇田间水稻实时长势情况一目了然。通过田间架设的摄像头、虫情测报仪等设备，可以随时监测水温、土壤、病虫害等情况，届时会有相关数据传输到当地农业管理人员和农民手中，为全县粮食生产进行很好的统筹和监管。

生物科技领域同样见证了首发经济带来的变革。华熙生物作为一家生物科技公司，在功能性护肤品领域的成功同样展示了首发经济如何改变产业链结构。该公司专注于透明质酸（玻尿酸）的研究与应用，推出的润百颜、夸迪等一系列功能性护肤品，均以其独特的配方和显著的功效获得了市场的广泛认可。华熙生物还将业务拓展至食品领域，推出了含有透明质酸成分的功能饮品，开辟了新的增长点。这一系列举措既巩固了公司在行业内的领先地位，也为其他生物科技企业提供了宝贵的借鉴经验。

电子制造业则展示了更为复杂的供应链体系下首发经济的作用。比如手机产品发布会就是供应链上下游企业协同合作的结果。每次新品发布前，相关企业都需要进行大量的准备工作，包括材料采购、生产工艺改进以及物流安排等。

任何一个环节的技术突破或调整都可能引起整个产业链的变化。比如，当上游供应商开发出更高效的芯片生产工艺时，下游的手机制造商就能利用这项技术推出性能更强的产品。反之，如果某个关键零部件供应出现问题，则可能导致整条生产线停滞。因此，在电子制造业中，首发经济不仅仅是关于产品的首次亮相，更是关于如何在整个产业链中实现高效协作与快速响应市场变化的能力。

不过，首发经济的影响并非仅限于上述几个方面。实际上，几乎所有行业都在经历着由首发经济引发的深刻变革。无论是教育领域的在线课程平台，还是金融行业的移动支付解决方案，都是首发经济理念的具体体现。它们通过不断创新来满足用户需求，进而改变人们的生活方式和社会结构。

首发经济对产业链的影响如图 2-4 所示。

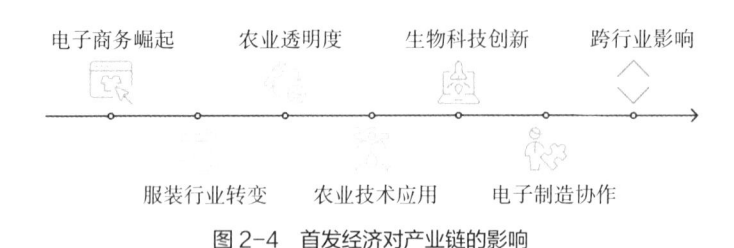

电子商务崛起	农业透明度	生物科技创新	跨行业影响
服装行业转变	农业技术应用	电子制造协作	

图 2-4　首发经济对产业链的影响

二、价值链

除了对产业链产生了深刻的影响，首发经济也影响了产品的价值链。价值链理论由迈克尔·波特提出，描述了企业在创造最终产品或服务过程中所进行的一系列互不相同但又相互关联的经济活动。这些活动共同构成了企业的价值链，并且每一个环节都会对最终产品的市场竞争力产生影响。而首发经济作为一种新兴的经济形态，更是强调通过创新性和独特性来提高商品和服务的附加值。

人们之所以会认为某些东西更值钱，是因为这些物品不仅满足了基本的功能需求，而且包含了额外的价值属性。比如，一件服装既要有良好的穿着性能，也要有设计感、品牌故事以及环保理念等。这些都是附加价值的一部分，它们能够激发消费者的购买欲望，并愿意支付更高的价格。从这个角度来看，附加价值是消费者对于产品整体价值认知的一种反映，涵盖了实用性、品质感、文化属性、环保价值等多个方面。首发经济则是将这一理念推向极致的表现形式。

1. 创新驱动的价值创造

首发经济的核心在于创新，无论是产品本身还是商业模式上的突破，都能够为企业带来额外的价值。正如前面提到的例子，华为凭借其在5G方面的领先优势，不仅提升了自身的竞争力，还带动了整个产业链上下游的发展。同样地，小米通过独特的互联网思维改造了传统手机行业，创造了全新的消费场景，实现了从硬件制造商向智能生态系统缔造者的转变。这些案例表明，创新不仅仅是技术层面的进步，更是思维方式和经营理念的革新，它为企业开辟了新的增长空间，提高了附加值。

2. 消费变革的价值传递

随着中国经济的持续增长，居民收入水平不断提高，消费需求也发生了深刻的变化。人们不再满足于基本的功能性需求，而是更加注重品质、个性化以及情感共鸣等方面的需求。首发经济正是顺应了这一趋势，通过推出高品质、智能化的商品和服务，满足了消费者对于美好生活向往的追求。例如，在上海举办的各类首发活动中，许多国际奢侈品牌纷纷亮相，展示了最新款式的时装、珠宝首饰等高端商品，吸引了大量时尚爱好者前来参观选购。这类活动既促进了消费变革，也为城市经济发展注入了新的活力。

3. 品牌建设的价值积累

在一个信息爆炸的时代，拥有强大的品牌力意味着可以在激烈的市场竞争中脱颖而出。首发经济为企业提供了一个展示自我、塑造形象的良好契机。通过成功的首发活动，企业可以在短时间内建立起较高的知名度和美誉度，赢得消费者的青睐和支持。例如，星巴克在中国市场的扩张过程中，始终保持着高品质的服务标准和一致的品牌形象，无论是在一线城市还是在二、三线城市，都能看到其标志性的绿色标识。这种品牌认知度的积累，使得星巴克成了中国消费者心中咖啡文化的代表之一。

4. 社会效益的价值共享

除了经济效益，首发经济还带来了诸多社会效益。一方面，它可以促进就业机会的增加，尤其是在新兴产业领域，如新能源汽车、人工智能等，都需要大量的专业技术人员参与其中。另一方面，首发经济也有利于推动区域经济协调发展，帮助欠发达地区改善基础设施条件，提升公共服务水平。例如，贵州茅台镇依托白酒产业的优势，大力发展旅游业，打造了集观光、体验于一体的综合性旅游景区，既传承了地方传统文化，又促进了当地经济社会的全面发展。

首发经济的产业链体系与价值链是一个有机整体，二者相辅相成、互为补充。通过构建完善的产业链条，企业能够在各个环节实现价值的最大化；通过创造独特的产品和服务，传递正确的价值观，企业还可以赢得消费者的长期支持，实现可持续发展的目标。

第三章

"三破三立""四力整合""五新驱动"的首发经济理论体系

在复杂多变的新经济格局中,首发经济以其独特的创新驱动特质,成为消费变革的新驱动与经济发展的新引擎。

随着消费者对品质生活和个性化体验的追求越发强烈,企业对创新发展和市场拓展的需求也日益迫切。在此大背景下,首发经济所涵盖的新产品、新业态、新模式不断涌现,作为连接企业创新与消费者需求的关键桥梁,既给企业提供了展示前沿成果、引领行业潮流的平台,也给消费者带来了充满新鲜感与惊喜的消费体验,进而在促进产业协同发展、提升城市竞争力等方面发挥着举足轻重的作用。

首发经济是"新经济"的一种重要形态。本章结合首发经济的现实应用与发展趋势,基于我提出的"三破三立"新经济法则、

"四力整合"新运行框架、"五新驱动"新动力机制[①]，尝试构建一个与之系统性耦合并完整囊括"三破三立""四力整合""五新驱动"的首发经济理论体系。三者相互关联、层层递进，通过多维解析首发经济的内在逻辑、发展动力及支撑要素，便于人们更好理解首发经济的本质规律并把握未来发展机遇，助力各类企业、各级政府及相关从业者在首发经济大浪潮中找准方向、锚定路径、实现创新发展。

"三破三立"新经济法则：突破与重塑

首发经济以其独特姿态摧枯拉朽，重塑市场格局。在此过程中，"三破三立"新经济法则（见图3-1）作为摆脱传统束缚、构建全新秩序的关键理念，充当企业以首发精神突破困境、寻求创新的有力武器，正在不断助推行业变革，促进经济高质量发展。

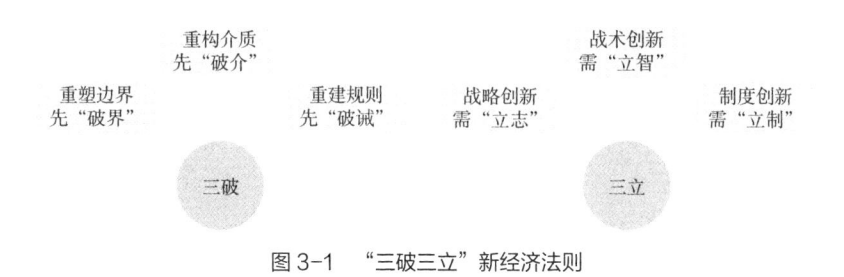

重塑边界　　重构介质　　重建规则　　战略创新　　战术创新　　制度创新
先"破界"　先"破介"　先"破诫"　需"立志"　需"立智"　需"立制"

三破　　　　　　　　　　　　　三立

图3-1　"三破三立"新经济法则

---

① 本书作者朱克力博士分别于2016年提出"三破三立"新经济法则，2020年提出"五新驱动"新动力机制，2024年提出"四力整合"新运行框架。三者共同构成了一个较为完整的新经济理论体系。

一、破界：跨越传统边界，开辟新领域新赛道

首发经济打破了传统产业的固有边界，消融了行业之间的界限。传统模式下，产品从研发到上市流程固定，各行业相对独立。而首发经济促使不同领域相互渗透融合，创造出全新的经济增长点。就像小米公司，本属于科技制造领域，但通过首发智能生态产品，如智能音箱、智能摄像头等，将业务拓展到智能家居领域。小米智能音箱不仅具备播放音乐、查询信息等功能，还能与其他智能设备联动，控制家中的灯光、电器等，实现家居智能化。这就打破了科技产品与传统家电的边界，构建起全新的智能家居生态系统，吸引了大量消费者，带动了相关产业链发展，扩大了企业的发展空间和市场份额。

在营销层面，首发经济打破线上线下的营销界限。许多品牌在新品首发时，采用线上线下融合的方式。例如美妆品牌完美日记，在线上通过社交媒体平台进行新品预告、直播带货，利用大数据分析精准定位目标客户，引起广泛关注；线下则在热门商圈开设体验店，让消费者亲身感受产品质地、试用产品效果。这种线上线下协同的营销模式，突破了传统营销渠道的限制，扩大了新品的传播范围，提升了品牌影响力和产品销量。

二、破介：摆脱介质束缚，畅通信息资源流动

首发经济致力于打破信息传播和资源流通的介质壁垒。在信

息传播方面，传统的新品发布依赖于有限的渠道，如电视广告、报纸杂志等，传播速度慢、范围窄。而如今，社交媒体和直播平台成为新品首发的重要介质。以头部主播的直播间为例，众多品牌选择在这里进行新品首发。主播通过实时展示产品特点、使用方法，与观众互动，解答疑问，能在短时间内将新品信息传递给海量消费者。这种传播方式消除了传统广告的间接性和滞后性，使品牌与消费者直接沟通，极大提高信息传播效率，加速了新品的市场推广。

在资源流通方面，首发经济借助数字化技术打破供应链上下游之间的隔阂。传统供应链环节多、信息不透明，导致资源流通效率低下。而现在，像ZARA（飒拉）这样的快时尚品牌，利用数字化供应链管理系统，实现从设计、生产到销售的快速响应。可通过对时尚潮流数据的实时分析，快速设计出新品并投入生产，借助高效的物流配送体系，新品能在短时间内到达全球各地的门店。这种模式摆脱了传统供应链的介质束缚，促进了原材料、生产、销售等环节的高效协同，提升了资源配置效率。

三、破诫：突破既有规则，建立创新发展秩序

首发经济的发展需要打破既有的商业规则和思维定式，建立适应创新的新秩序。传统零售行业的定价模式多为成本加成定价，销售渠道层级较多，导致产品价格缺乏灵活性，市场反应迟缓。名创

优品则打破这一传统，采用"优质低价"的定价策略。通过大规模采购、优化供应链，降低成本，直接从厂家采购商品，减少中间环节，以极具竞争力的价格将商品推向市场。同时，名创优品通过高频次的新品首发，打破传统零售行业的产品更新节奏，建立起以消费者需求为导向的快速响应机制，重塑了行业竞争规则。

在企业竞争规则方面，首发经济强调创新驱动和差异化竞争。传统竞争多依靠价格战、规模优势。而在首发经济中，企业更加注重产品创新、服务创新和品牌塑造。苹果公司每一次新品首发都伴随着技术创新和用户体验升级，如 iPhone 的面容 ID 技术、全面屏设计等。通过不断推出差异化的产品，苹果建立起基于创新的竞争优势，引领行业发展方向，促使其他企业加大创新投入力度，推动整个行业竞争规则的变革。

四、立志：明确战略定位，树立长远发展目标

企业在首发经济中需要明确战略方向，制定长远发展规划。华为在通信领域，立志成为全球领先的通信解决方案提供商。在 5G 研发上提前布局，投入大量资源。其首发的 5G 产品，不仅技术性能领先，而且为全球通信行业树立了新标杆。通过持续的技术首发和创新，华为不断拓展业务领域，从通信设备制造延伸到智能手机、云计算、人工智能等领域，构建起庞大的产业生态，实现了从追随者到引领者的转变。

对于城市而言，发展首发经济同样需要明确战略定位。上海作为国际消费中心城市，将首发经济作为提升城市商业竞争力和国际影响力的重要战略。通过打造全球新品首发地，吸引国内外知名品牌举办首发活动，提升了城市的时尚度，营造了良好的创新氛围，带动了相关产业发展，在全球首发经济竞争中占据重要地位。

五、立智：运用创新思维，优化企业战术策略

立智体现在企业运用创新智慧，制定灵活有效的战术策略。在产品研发阶段，企业借助大数据、人工智能等技术洞察消费者需求，进行精准的产品定位和设计。比如泡泡玛特通过分析消费者喜好数据，基于热门IP推出盲盒产品，精准把握年轻消费群体对潮流文化和未知探索的需求，成为潮玩市场的爆款。在产品首发过程中，泡泡玛特通过线上线下联动营销，如社交媒体预热、线下主题活动等，吸引大量消费者关注和购买，打造了独特的潮玩消费场景。

在营销战术上，企业不断创新营销方式。喜茶在新品首发时，常常采用跨界营销。例如，与藤原浩、周大福等不同领域的品牌合作推出联名款产品，借助合作品牌的影响力和粉丝群体，扩大自身品牌的传播范围。同时，喜茶注重产品包装设计和门店氛围营造，打造特色主题门店，为消费者打造沉浸式消费体验，提升品牌吸引力，激发消费者购买欲望，在茶饮市场中脱颖而出。

六、立制：完善制度体系，保障持续健康发展

立制是首发经济可持续发展的制度保障，包括企业内部制度和外部政策制度。在企业内部，完善的创新制度和管理体系是关键。比如字节跳动建立了鼓励创新的企业文化和制度体系，采用灵活的项目制管理模式，给予团队充分的自主权和资源支持，激发员工创新积极性。在激励机制上，通过股权奖励、晋升机会等鼓励员工尝试新想法、新业务。这种内部制度保障使字节跳动不断推出创新产品，如抖音、今日头条等，旗下产品的首发往往能引发市场强烈反响，推动行业创新发展。

在外部政策制度方面，政府的支持和引导不可或缺。各地政府均出台政策鼓励首发经济发展，如提供财政补贴、税收优惠、场地支持等。上海市对亚洲及以上级别的首店给予高额奖励，对新品首发活动的场地租赁、展场搭建等给予补贴，吸引大量品牌在沪开设首店、举办首发活动。同时，政府加强知识产权保护制度建设，为首发经济中的创新成果提供法律保障，营造公平竞争的市场环境，促进首发经济健康可持续发展。

"四力整合"新运行框架：凝聚新动能

在首发经济发展进程中，如果说"三破三立"新经济法则为其打破传统藩篱、塑造全新发展格局奠定了基础，那么"四力整

合"新运行框架则从产业升级、流通革新、分配优化、消费引领等四个维度,整合出首发经济释放活力与潜能的全链路逻辑,将牵引其在新经济大潮中破浪前行。"四力整合"新运行框架的更详细内容请见附表一。

一、激发新质生产力:创新驱动产业转型升级

"新质生产力"是首发经济发展的核心动力,能够通过创新实现生产力的质的提升。在首发经济中,企业通过技术创新、产品创新和商业模式创新激发新质生产力。以新能源汽车行业为例,宁德时代作为全球领先的动力电池制造商,首发的麒麟电池采用创新结构设计,能够提升电池能量密度和续航里程,降低生产成本,提高生产效率。这一技术的应用推动了新能源汽车产业发展,提升了新能源汽车的性能和市场竞争力,为产业规模化发展提供了支撑。同时,宁德时代引入智能制造技术,实现生产过程自动化、智能化,进一步提升了生产效率和产品质量,激发了新能源汽车产业的新质生产力。

在科技领域,人工智能技术为首发经济注入动力。科大讯飞在人工智能语音技术方面持续创新,首发了一系列语音交互产品和解决方案。其语音识别、合成技术应用于智能音箱、智能车载系统、智能客服等领域,改变了人机交互方式,提升了产品和服务的智能化水平。科大讯飞不断拓展人工智能技术应用场景,催

生新的产业形态和商业模式，如智能教育、智慧医疗等，激发了相关产业的新质生产力，推动了行业变革。

二、赋能新智流通力：数字技术革新流通体系

"新智流通力"是借助大数据、人工智能、物联网等新兴智能技术，革新商品和服务的流通环节，提升流通效率、拓展流通渠道并创新流通模式，实现智能化、高效化的流通新形态。

新智流通力借助数字技术对传统流通体系进行全方位赋能，提升流通效率和质量。在首发经济中，电商平台和物流企业通过数字化转型实现商品流通的智能化、高效化。阿里巴巴的菜鸟网络利用大数据、物联网、人工智能等技术构建智能化物流网络体系。通过对物流数据的实时分析和预测，优化物流配送路线，提高仓储管理效率，实现货物快速分拣和配送。在新品首发时，借助这一智能化物流体系，商品能够被迅速送达消费者手中，缩短了产品从首发到市场的时间，提升了消费者购物体验。例如在"双11"购物节期间，菜鸟网络通过智能调度系统应对海量订单配送压力，保障商品及时送达，为首发经济提供了坚实的物流支撑。

社交媒体平台在首发经济的流通环节中也发挥着重要作用。小红书作为社交电商平台，通过用户生成内容实现商品信息快速传播和精准推荐。品牌在小红书上进行新品首发时，与KOL（关键意见领袖）合作发布种草笔记、使用心得等内容，吸引用户关

注和购买。这些内容不仅激发了消费者的购买欲望，而且为品牌提供了市场反馈，帮助品牌优化产品和营销策略。同时，小红书通过算法推荐机制将新品信息精准推送给目标消费群体，提高了商品流通效率和转化率，赋能首发经济的新智流通力。

三、优化新制分配力：创新分配模式促进共享

"新制分配力"是基于新经济发展需求，依靠创新性制度安排，优化资源、财富和权益的分配方式，保障分配公平合理，激发市场主体活力，推动经济可持续发展。

新制分配力旨在通过创新分配模式，实现经济发展中的公平与效率平衡。在首发经济中，企业通过创新分配机制激发员工的创新积极性，提升企业的创新能力和竞争力。华为采用的员工持股制度是创新分配模式的典型案例。华为让员工持有公司股份，使员工利益与公司利益紧密结合。在新品首发项目中，员工能够分享项目成功带来的收益，这极大地激发了员工的创新热情和工作积极性。员工为实现自身利益和公司发展目标，积极参与产品研发、市场推广等环节，为华为的持续创新提供强大动力。同时，华为在研发投入上的高额分配，确保公司能不断推出具有竞争力的首发产品，提升了公司在全球市场的地位，实现了企业发展与员工利益的双赢，体现了新制分配力在促进企业创新发展中的重要作用。

在共享经济领域，平台企业通过创新分配模式实现资源高效利用和价值共享。以共享单车为例，共享单车平台通过收取用户使用费，并将部分收益分配给车辆供应商、运维团队等合作伙伴，构建多方共赢的分配体系。在共享单车投放初期，平台通过合理的分配机制吸引了大量资本投入和合作伙伴参与，实现了共享单车的快速普及。同时，通过对用户数据的分析，平台优化了车辆投放和调度，提高了车辆使用效率，进一步提升了分配效率。这种创新的分配模式既推动了共享经济的发展，也为首发经济中的其他行业提供了借鉴，促进了资源的合理分配和经济的高效运行。

四、引领新挚消费力：以多元需求牵引新潮流

"新挚消费力"是以消费者对高品质、个性化、情感化消费的新需求为导向，凭借用心洞察和精准满足，促使其基于价值释放消费潜力，引领消费市场向品质化、体验化、创新化方向升级。提供新颖产品和诚挚服务，是赢得消费者挚爱的根本。

新挚消费力聚焦于满足消费者日益多元化、个性化的消费需求，通过首发经济引领消费潮流。在消费变革的背景下，消费者对产品和服务的品质、体验、个性化等方面提出更高要求。首发经济通过推出具有创新性、个性化的产品和服务，满足消费者的这些需求，激发了新挚消费力。例如戴森在智能家居领域不断推出首发产品，如无叶风扇、卷发棒、空气净化器等。这些产品不

仅通过技术创新解决了传统产品存在的问题，还在设计上注重用户体验，满足了消费者对高品质生活的追求。戴森通过精准的市场定位和产品创新，引领了智能家居消费潮流，激发了消费者对智能家居产品的购买欲望，提升了新挚消费力。

在文化消费领域，首发经济同样发挥着引领作用。故宫博物院推出的一系列文创产品首发活动，将传统文化与现代设计相结合，开发出具有丰富文化内涵的文创产品，如故宫口红、故宫日历等。这些产品不仅满足了消费者对文化产品的需求，还通过独特的设计和营销方式，吸引大量年轻消费者关注和购买。首发的故宫文创产品将传统文化以新颖的形式呈现给大众，引领着文化消费的新潮流，激发了文化消费市场的活力，促进了新挚消费力的提升。

"五新驱动"新动力机制：塑造新生态

与"三破三立"新经济法则、"四力整合"新运行框架相耦合的是"五新驱动"新动力机制。"五新"包括新基础设施、新生产要素、新市场主体、新协作方式、新治理体系（见图3-2），这五股创新力量相互交织、协同发力，共同塑造着首发经济的全新生态。从底层支撑到主体活力激发，从组织模式创新到长效保障机制构建，全方位推动首发经济在新时代浪潮中不断进化。

图 3-2 "五新驱动"新动力机制

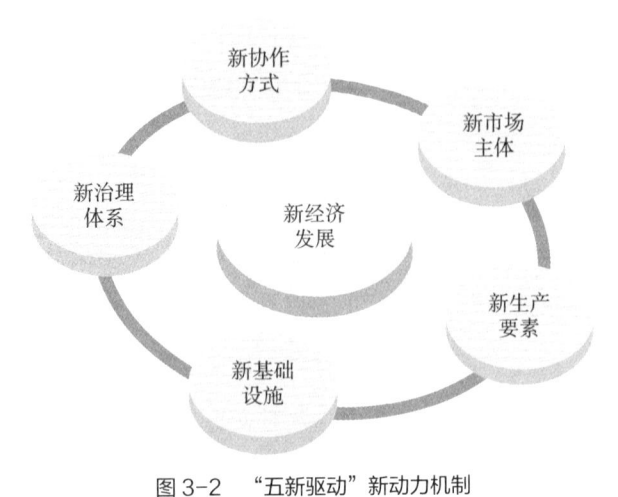

一、新基础设施：夯实首发经济运行底座

新基础设施为首发经济的发展提供坚实的支撑。5G 网络的广泛覆盖为首发经济带来了高速、稳定的通信保障。在新品首发活动中，5G 使直播及 VR、AR 等技术得以更好地实现。比如在时尚品牌的新品首发秀中，消费者可以通过 5G 网络实时观看高清直播，借助 VR、AR 技术身临其境地感受秀场氛围，查看服装细节，甚至实现虚拟试穿。这既提升了消费者的参与感和体验感，又拓展了新品首发的传播范围和营销渠道，推动了首发经济的数字化、智能化发展。

大数据中心和云计算平台为首发经济提供了强大的数据处理和存储能力。企业在新品研发、市场推广过程中需要处理大量数据，如消费者需求数据、市场反馈数据等。大数据中心和云计算平台能够快速分析和处理这些数据，帮助企业精准洞察市场需求，优化产品设计和营销策略。以电商平台为例，通过对用户浏览、购买数据的分析，平台可以为品牌提供精准的市场定位建议，助力品牌推出符合市场需求的首发产品。同时，云计算平台的弹性计算能力能够满足企业在新品首发期间对计算资源的突发需求，保障线上首发活动的稳定运行。

二、新生产要素：注入首发经济发展源泉

数据和智能成为首发经济发展的关键新生产要素。数据蕴含着巨大的商业价值，在首发经济中，企业通过收集、分析消费者数据，深入了解消费者偏好、行为习惯等信息，为产品创新提供依据。例如字节跳动旗下的抖音平台，通过对用户浏览、点赞、评论等数据的分析，精准把握用户兴趣点，既为内容创作者提供创作方向的建议，也为品牌在抖音上进行新品首发提供精准的营销指导。品牌可以根据抖音的数据分析结果，选择与合适的KOL合作，制作符合用户喜好的营销内容，提高新品首发的效果和转化率。

人工智能技术在首发经济中的应用也日益广泛。在产品设计环节，人工智能通过机器学习算法快速生成多种设计方案，并预测市场反应，帮助企业筛选出最优设计。在客服领域，智能客服利用自然语言处理技术实时解答消费者疑问，提供个性化服务，提升消费

者购物体验。在供应链管理方面，人工智能优化库存管理、物流配送等环节，提高供应链效率和灵活性。京东利用人工智能技术实现智能仓储管理，通过对商品销售数据的预测合理安排库存，减少库存积压，提高库存周转率，为首发经济的高效运行提供支持。

三、新市场主体：增添首发经济创新活力

新市场主体的涌现为首发经济注入活力。在互联网时代，众多新兴企业借助首发经济迅速崛起。以元气森林为例，作为新消费品牌，元气森林抓住消费者对健康、美味饮品的需求，推出首发气泡水等产品。通过创新的产品配方，采用赤藓糖醇等代糖，满足消费者对低糖、零卡饮品的追求。同时，元气森林在营销上大胆创新，借助社交媒体、线上线下融合的营销方式，迅速打开市场。其新品首发往往能引发市场热潮，不仅自身获得快速发展，还带动了整个气泡水市场的发展，为首发经济增添了新的活力和竞争动力。

除了新兴企业，传统企业也在通过转型成为首发经济的新市场主体。例如传统家电企业海尔，通过智能化转型，首发一系列智能家电产品。海尔智能冰箱不仅能实现食材保鲜、过期提醒等功能，还能通过物联网技术与其他智能设备联动，为用户提供智能厨房解决方案。海尔借助首发智能家电产品，实现了品牌的转型升级，在智能家电市场占据一席之地，同时丰富了首发经济的市场主体类型，促进首发经济的多元化发展。

四、新协作方式：构建首发经济组织保障体系

新协作方式为首发经济提供了高效的组织保障。在首发经济中，企业间的跨界合作日益频繁。以汽车行业为例，传统汽车制造商与科技企业合作成为趋势。大众汽车与华为合作，在智能驾驶领域展开深度协作。华为为大众提供智能驾驶解决方案，包括自动驾驶技术、智能座舱系统等。通过这种跨界合作，大众汽车在首发的新款车型中融入先进的智能科技，提升了产品竞争力；同时，华为也借助与汽车制造商的合作，拓展了业务领域。双方实现资源共享、优势互补，共同推动智能汽车产业的发展。

在产业集群内部，企业间的协作也在不断创新。以深圳的电子信息产业集群为例，在新品首发过程中，上下游企业紧密配合。芯片制造商、电子零部件供应商、终端产品制造商等协同合作，从芯片研发、零部件生产到终端产品组装，形成了高效的产业链协作体系。当一家企业准备首发新款电子产品时，上下游企业能够快速响应，提供相应的技术支持和产品配套，确保新品按时首发，提高了首发经济的整体效率和协同效应。

五、新治理体系：强化首发经济长效支撑

新治理体系是首发经济持续健康发展的长效支撑。政府在首发经济治理中发挥着重要的引导作用。各地政府通过制定产业政

策，引导资源向首发经济领域聚集。例如，北京市出台政策鼓励企业在京举办首发活动，对符合条件的企业给予资金支持和政策优惠。同时，政府加强市场监管，规范首发经济市场秩序。在知识产权保护方面，加大对首发产品知识产权的保护力度，打击侵权行为，保障企业的创新成果。在市场准入方面，简化审批流程，提高服务效率，为企业开展首发活动提供便利。这些政策和监管措施为首发经济营造了良好的发展环境，促进了首发经济的有序发展。

行业协会等组织在首发经济治理中也发挥着重要的补充作用。行业协会可以制定行业规范和标准，引导企业自律。例如，在时尚行业，行业协会可以制定新品首发的规范和流程，确保首发活动的质量和公正性。同时，行业协会还可以组织行业交流活动，促进企业间的经验分享与合作。通过举办行业论坛、研讨会等活动，让企业共同探讨首发经济的发展趋势和创新模式，推动整个行业的发展。

促进产业升级和消费变革的重要力量

作为一种创新驱动的新经济形态，首发经济在"三破三立"的变革中突破传统、重塑格局，在"四力整合"的协同下汇聚动能、激发活力，在"五新驱动"的引领下构建新引擎、塑造新生态。其不仅是企业创新发展、提升竞争力的重要途径，也是城市提升商业活力、增强国际影响力的关键举措，更是推动经济高质量发展、促进产业升级和消费变革的重要力量。

在未来发展中，随着技术不断进步、市场持续变化以及消费者需求日益多样化，首发经济将面临更多机遇与挑战。通过深入理解和运用"三破三立""四力整合""五新驱动"的理论体系，可以不断创新和完善首发经济的发展模式和机制。企业要勇于突破边界、创新思维，积极利用新生产要素和新协作方式，提升自身的创新能力和市场竞争力；政府要持续优化政策环境，加强新治理体系建设，为首发经济发展提供有力支持和保障；社会各界要共同努力，营造鼓励创新、支持首发经济发展的良好氛围。

相信在"三破三立""四力整合""五新驱动"的持续推动下，中国的首发经济将不断焕发新的生机与活力，在全球经济舞台上散发出更加耀眼的光芒，为经济可持续发展注入源源不断的动能，创造更加美好的发展前景与社会生活。

在这个万物皆变的新经济时代，唯有持续创新方能立于潮头，因为真正的"首发"，永远发生在思想破茧的那一刻。

第二部分
战略与路径

第四章
政策与首发经济的共振

对于首发经济而言，政策的支持与引导作用尤为关键。在国家政策、地方政府措施以及行业监管框架的共同作用下，首发经济能够获得更加顺畅的运行环境和更强劲的市场活力。本章将探讨政策与首发经济之间的相互作用，分析如何通过政策共振，推动首发经济在不同领域蓬勃发展。

近年来，随着各国政府对创新经济和数字经济的重视，首发经济逐渐成为政策关注的重要领域。从政府推动的创新政策到跨境电商的政策优化，再到对知识产权保护的加强，政策对首发产品、品牌和商业模式的成长具有深远的影响。如何利用政策工具调动市场活力，如何在政策引导下实现产业跨越式发展，成了企业在实施首发战略时不可忽视的关键因素。

本章将深入分析政策如何通过财政支持、税收优惠、市场准入、跨境贸易等方面的措施影响首发经济的各个环节。同时，将探讨政策与企业战略之间的互动，企业如何根据政策导向调整首发计划，最大化政策红利，并在合规的框架内实现更大的市场突破。

通过案例分析，还将展示不同国家和地区的政策在首发经济中的实际应用，以及政策与市场的共振效应如何促进经济的创新与可持续增长。

中央政策支持中的创新举措

中央政策为首发经济提供了坚实的制度保障，指明了发展方向，这对于推动中国经济转型升级、实现高质量发展具有深远的意义。通过一系列有针对性的政策措施，既可以激活市场主体的积极性，又能有效提升各方面的综合实力，为未来的经济发展注入新的动力。

在国家层面，《中共中央关于进一步全面深化改革 推进中国式现代化的决定》明确提出："完善扩大消费长效机制，减少限制性措施，合理增加公共消费，积极推进首发经济。"[1]这一政策导向旨在通过鼓励和支持首发经济，来推动整个经济结构的优化升级，提高经济的质量和效益。具体来说，中央政府希望通过这些政策，激发市场活力，培育内需体系，从而实现更稳定和可持续

---

[1] 《中共中央关于进一步全面深化改革 推进中国式现代化的决定》，新华社，2024-07-21。

的经济增长。

为了更好地理解这一政策的重要性，我们可以回顾一下近年来中国经济的发展历程。随着全球经济环境的变化，传统的出口导向型经济增长模式面临着诸多挑战。因此，中国政府开始将目光转向国内市场需求，试图通过扩大内需来拉动经济增长。而首发经济作为一种新兴的消费形式，正好契合了这一战略转型的需求。通过支持首发经济，既可以激活消费者的潜在购买欲望，又能带动相关产业的发展，形成良性的经济循环。

中央政策对于激发市场活力有着至关重要的作用。首先，通过减少对企业和消费者的限制性措施，可以降低市场准入门槛，使得更多的主体有机会参与到首发经济中来。这意味着无论是大型跨国公司还是小型创业企业，都可以平等地竞争，在这个充满机遇的舞台上展现自己的实力。其次，合理增加公共消费可以直接刺激市场需求，带动相关产业的发展。例如，政府通过采购公共服务、建设基础设施等方式，间接地为初创企业提供订单和支持，帮助它们渡过初期的资金紧张阶段。

再者，积极支持首发经济能够为企业营造更好的创新环境。这促使它们不断推出新产品和新服务，以适应变化中的市场需求。比如，设立专门的孵化器和加速器项目，为有潜力的初创企业提供办公场地、技术支持以及融资渠道等多方面的帮助。这些举措不仅降低了企业的运营成本，更重要的是激发了它们的创造力，使更多具有前瞻性和独特性的产品得以问世。

此外，中央政策还在多个方面助力提升商业活力、消费实力、创新能力、国际竞争力、品牌形象以及开放度。例如，在商业活力方面，政策鼓励各地打造优质的营商环境，吸引国内外知名品牌开设首店或举办首发活动，这既提升了当地的商业氛围，也增强了城市的吸引力。一个成功的首发活动往往能吸引大量媒体的关注和社会各界的目光，进而提升城市的知名度和美誉度。尤其是在像上海这样的国际化大都市，每年都会举办众多高端品牌的首发仪式，这些活动既展示了城市的现代气息和时尚魅力，也成为吸引外资的重要名片。

对于创新能力而言，首发经济本身就是创新驱动的结果。中央政策的支持则为这种创新提供了更加广阔的平台和发展空间。政府通过设立专项基金、提供税收优惠等方式，鼓励企业加大研发投入力度，开展前沿技术的研究和开发。同时，通过积极推动产学研合作，搭建起高校、科研机构与企业之间的桥梁，促进科技成果的转化应用。这些措施既提高了企业的自主创新能力，也为国家整体科技进步做出了贡献。

最后，在开放度方面，首发经济促进了国际贸易和文化交流，使中国市场更好地融入全球经济体系之中。随着"一带一路"倡议的深入推进，越来越多的中国企业走出国门，在海外市场崭露头角。与此同时，国外优秀品牌也纷纷选择在中国进行全球首发，这既体现了其对中国市场的重视，也为中国消费者带来了更多样化的选择。首发经济成为连接中外文化、促进经济交流的重要纽带，促进了双方在各个领域的深入合作。

在首发经济中，中央政策对市场活力、公共消费、创新环境和国际竞争力的影响如图 4-1 所示。

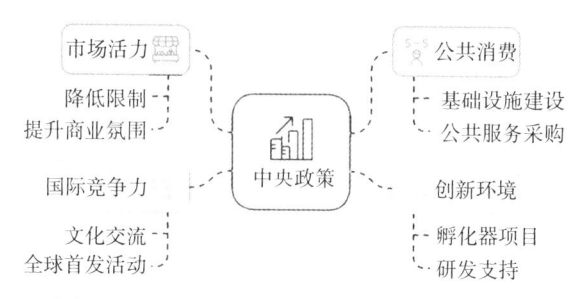

图 4-1 中央政策对市场活力、公共消费、创新环境、国际竞争力的影响

地方政府的响应与实践

随着市场竞争的加剧，地方政府越来越重视通过政策手段推动首发经济发展。这一过程旨在激发市场创新活力，促进消费与产业双升级，增强城市的商业吸引力。为了有效推动首发经济的发展，各地政府采取了一系列具体措施。

一、财政补贴

许多城市设立了专项资金或基金，用于支持品牌首店开设、新品首发活动举办以及技术创新研发。例如，上海市对亚洲及以上级别的首店给予100万～120万元不等的一次性奖励[①]。这种直接的资金支持既可以帮助企业降低初期投入的风险，又能鼓励更多企业参与到首发经济中来。此外，提供场地租赁、展场搭建、宣传推广等方面的补贴，进一步降低了企业的运营成本。

二、税收减免

通过降低企业所得税率、增值税退税等方式，政府可以有效减轻企业在新品研发、市场推广等方面的税费负担。这既有助于提高企业的盈利能力，又能激励它们加大在研发和技术升级上的投入力度。例如，北京市为参与首发经济活动的企业，在一定期限内提供税收减免或优惠政策，如降低企业所得税率、增值税退税等。这些政策使得企业在创新过程中能够更加专注于产品和服务的质量提升，而不必过于担心财务压力。

三、资金奖励

对于符合标准的高能级首店和重大首发活动，地方政府通常会给予一次性奖励或补贴。这既是对企业努力的认可，也是对其未来发展的鼓励。例如，成都市对新引进的国际知名品牌首店给

[①]《市商务委等关于印发〈关于进一步促进上海市首发经济高质量发展的若干措施〉的通知》，上海市人民政府门户，2024-05-17。

予最高 50 万元的一次性奖励，同时对举办首发、首秀、首展等活动的企业，按照活动的新品能级、参与人数、活动效益、媒体宣传等维度进行评价，针对场地租赁、展场搭建、宣传推广等实际投入给予补贴。[①] 这些奖励措施提高了企业的积极性，增强了城市的商业吸引力。

我国各地推进首发经济的具体措施及奖励情况，见表 4-1。

表 4-1　各地推进首发经济的具体措施及奖励形式

地区	具体措施	奖励形式
上海市	对亚洲及以上级别的首店提供一次性奖励	对亚洲及以上级别首店予以 100 万元的一次性奖励；对在"首发上海"活动期间开设的亚洲及以上级别首店予以 120 万元的一次性奖励
	支持新品首发活动	对场地租赁、展场搭建、宣传推广等实际投入给予最高 120 万元的补贴
北京市	提供税收减免或优惠政策	在一定期限内降低企业所得税率、增值税退税等
成都市	对新引进的国际知名品牌首店提供一次性奖励	给予最高 50 万元的一次性奖励
	根据新品能级、参与人数、活动效益、媒体宣传等因素评价给予补贴	针对场地租赁、展场搭建、宣传推广等实际投入给予补贴
广州市	对在广州开设首店的国内外品牌择优给予支持	提供最高 300 万元的支持
南京市	根据品牌开设首店的能级给予奖励	提供最高 100 万元的奖励

---

① 《成都市统筹新冠肺炎疫情防控和服务业复工复产稳增长的若干政策措施》，成都市商务局门户，2020-03-13。

续表

地区	具体措施	奖励形式
深圳市	实施境外旅客购物离境退税"即买即退"便利措施	通过便捷的退税服务吸引更多消费者
扬州市	加大引进优质品牌企业的入驻力度	对符合条件的品牌企业提供资金支持,鼓励其开设首店

四、上海和北京各具特色的首发经济政策

作为中国的两大一线城市,上海和北京各自推出了具有特色的首发经济政策,形成了错位竞争的良好局面。

上海作为国际消费中心城市之一,在吸引国内外知名品牌开设首店及举办各类首发活动方面表现尤为突出。该市为支持这些活动采取了丰富的财务激励措施,包括但不限于场地租赁、展场搭建、宣传推广等实际投入的补贴。

徐汇区湖南路街道的做法就是一个典型的例子。它不仅关注商业发展本身,还积极为风貌街区的品牌连接产业链、资金链、人才链、创新链等资源,构建了"商业+"的全生命周期营商模式。这种模式强调从企业入驻初期到后续发展的全方位支持,包括但不限于办公场所匹配、上下游资源整合等服务。再比如,观夏香薰品牌选择了位于武康—安福风貌街区的一幢西班牙风格建筑作为其首店,并通过独特的"净手仪式"体验来增强顾客的品牌认同感,体现了上海利用其独特的历史文化底蕴与现代商业相

结合的优势。

通过上述举措，上海成功吸引了大量国际品牌的关注，成为全球新品发布的重要舞台。据统计，自 2018 年 5 月至 2023 年 12 月，上海已经引进了超过 5 840 家首店，其中不乏众多亚洲级别以上的首店，数量和质量均居全国之首。[①] 这既展示了上海强大的市场吸引力，也证明了其在推动首发经济方面的卓越成效。随着更多品牌选择在上海设立首店或进行新品发布，这座城市正逐步确立自己在全球零售业中的重要地位，进一步巩固了其作为国际消费中心城市的形象。

相比之下，北京更加强调监管框架的建设，确保首发经济健康稳定发展。北京市政府在出台支持政策的同时，高度重视市场秩序的规范化，致力于防止恶意竞争和虚假宣传等问题的发生。

为此，北京推行了"白名单"制度。这是一种旨在减少不必要的审批环节、降低时间成本，提高审批效率和服务质量的创新机制。通过这种制度，符合条件的企业可以在办理某些特定事项时享受更为简化的流程。例如，在生物医药领域，"白名单"制度已经成功应用于研发用物品的进口通关过程，显著提升了相关企业的运营效率。同样地，对于高端化妆品品牌在北京开设中国首家旗舰店的情况，市政府为其提供了快速审批通道，使得项目能够按时开业，极大地提高了品牌的市场响应速度和竞争力。

---

① 《FIRST in Shanghai！2024"首发上海"全球推介绚丽绽放》，上海市商务委员会门户，2024-04-11。

此外，北京还建立了严格的市场监管机制。这一机制定期对首发活动进行检查和评估，确保所有活动都符合相关的法律法规要求。这既保护了消费者的权益，也为企业营造了更加公平透明的竞争环境。例如，《北京市市场监督管理局关于印发2024年全面优化营商环境打造"北京服务"工作方案的通知》中提到的"无事不扰"白名单制度，就体现了这一点，"原则上不主动实施现场检查"，必要的日常检查应优先采取非现场监管方式开展，最大限度减少对企业正常经营活动的影响。

北京还在持续探索和完善市场监管的方式方法。例如，推动"多报合一"改革，扩大年报数据"智能预填"范围，减少企业手动填报内容，简化信息报送流程。同时，加强经营者集中申报指导，建立健全预警机制，及时提醒企业依法进行经营者集中申报，降低法律风险。这些措施共同作用，营造了一个既有利于企业成长又保障消费者权益的良好商业环境。

随着首发经济模式在全国范围内的广泛推广，除了北京、上海等一线城市积极探索和利用这种新兴的经济形态来促进消费、提升城市竞争力，许多小城市也纷纷加入这场创新的潮流。它们根据自身的地理优势、文化底蕴和市场特点，制定出一套符合本地特色的首发经济发展策略。

以湖南常德为例，该市通过引进万达广场、吾悦广场、旭辉广场等大型商业综合体，成功吸引了海底捞、茶颜悦色、迪奥等知名品牌开设首店或专柜，为当地消费者提供了更多样化的购物选择。这些举措显著提升了常德的商业活力，并且为当地市民带来了全新的消费体验。此外，常德还积极举办各类文化活动，比如结合地方特色文化举办的美食节、艺术展等，这些活动既丰富了市民的文化生活，同时也促进了旅游和服务业的发展，进一步推动了首发经济的繁荣。

江苏南京也在努力探索适合自己的首发经济路径。南京市玄武区成立了首发经济发展联盟，通过政府、企业和社会各界的合作，构建了一个从点式首发向链式发展的生态圈。这种合作模式既优化了当地的商业环境，又为品牌提供了一个展示新品的平台，从而吸引更多的国内国际知名品牌前来设立首店或进行产品发布。南京的做法体现了首发经济不仅仅是单个品牌的入驻，而且是一个涵盖上下游产业链的整体发展过程。

在数字整合方面，邯郸市作为"数字城市"的先行者，展示了如何利用信息技术手段推动首发经济的发展。邯郸市政府通过建设"数字邯郸"项目，实现了城市数据的整合与共享，为企业和个人提供了更加便捷的服务。例如，邯郸推出的"居民卡"，既方便了居民的生活缴费，又支持社保查询等多项公共服务功能，极大地提高了城市管理效率和服务水平。这样的数字化转型既为首发经济的蓬勃发展奠定了坚实的基础，也为其他城市提供了可借鉴的经验。

政策效果的监测与持续优化

一、建立科学的评估体系

为了确保首发经济相关政策的有效实施,各地政府建立了科学合理的评估体系。这个体系包括多个维度的量化分析,以全面衡量政策的影响。通过消费扩容提质、产业升级、商圈活力以及就业率等多方面的数据,可以客观地评估政策实施的效果。例如,消费扩容提质指的是消费者购买力和消费质量的提升;产业升级则反映了企业在技术、管理和产品上的进步;商圈活力关注的是商业区域的活跃程度和吸引力;就业率的变化直接体现了政策对劳动力市场的正面影响。

具体来说,经济增长率、企业数量和创新指数是常用的量化指标。这些指标能够直观地反映出政策引发的地方经济效应。比如,某市在推行首发经济政策后,经济增长率显著提高,新注册的企业数量也大幅增加,这表明政策有效地激发了市场活力。同时,创新指数上升说明企业在研发和技术上的投入力度加大,推动了产业的升级和转型。通过对这些关键指标的定期监测,政府可以及时了解政策带来的实际效果,并据此做出必要的调整。

此外,特定区域内商圈活力、商业活动数量及规模变化也是评估政策绩效的重要指标。例如，某个商圈在政策实施前后，新开店铺的数量、销售额的增长幅度、客流量的变化等都可以作为评价标准。如果商圈内的商业活动变得更加频繁，吸引了更多的消费者，那么这通常意味着政策取得了良好的效果。同样，就业率的变化、产业分布及产业产出等指标也可以用来评测政策的有效性。例如，就业率上升、新兴产业逐渐崛起、传统产业的产出效率提高等，都是政策成功的标志。

二、动态调整与优化策略

在政策实施过程中，政府会根据反馈信息，及时调整和完善相关政策。这种动态调整机制强调政策的灵活性和适应性，确保其能够快速响应市场变化和消费者需求。例如，如果某些政策在实际执行过程中遇到了困难或未能达到预期效果，政府会立即进行调查研究，找出问题所在，并采取相应的改进措施。这样的做法既提高了政策的针对性和有效性，也增强了市场主体的信心。

为了更好地理解企业的实际困难并提供有针对性的解决方案，政府还要积极推动政策制定者与市场主体之间的沟通机制建设。通过定期召开座谈会、举办交流活动、设立在线平台等方式，在政府与企业之间建立畅通的信息交流渠道。企业可以及时反映遇到的问题和建议，政府则可以根据实际情况调整政策方向，提供更加精准的支持和服务。这种互动模式有助于形成良性的政策环境，促进首发经济的健康发展。

同时，鼓励地方政府分享成功案例和经验教训，共同探索适合本地特色的首发经济发展模式。不同地区在资源禀赋、市场需求和发展阶段上存在差异，因此需要因地制宜地制定政策。通过互相学习和借鉴，各地方政府可以在实践中不断优化自己的政策措施，找到最适合本地发展的路径。例如，上海和北京作为一线城市，在首发经济方面积累了丰富的经验，其他城市可以从中汲取灵感，结合自身特点推出具有地方特色的政策，实现差异化发展。

三、长期愿景与展望

展望未来，首发经济在中国乃至全球经济中的潜在影响力和发展趋势令人期待。随着中国经济结构的不断优化升级，首发经济将成为推动消费变革、促进经济增长的新引擎。一方面，它将带动更多高质量的产品和服务进入市场，满足消费者日益增长的美好需求；另一方面，首发经济也将吸引更多国际品牌和资本的关注，进一步提升中国的国际竞争力。

然而，要保持首发经济的健康发展，避免可能出现的问题，如创新意识不足和持续运营能力弱等，仍然需要各方共同努力。政府应继续加大对创新的支持力度，鼓励企业开展前沿技术研发和商业模式创新，同时建立健全知识产权保护制度，营造公平竞争的市场环境。此外，还需要加强人才培养和引进，为企业提供充足的人力资源保障。只有这样，才能确保首发经济的可持续发展，为中国经济注入源源不断的动力。

在全球化背景下，中国首发经济如何继续保持领先优势，成为全球消费市场的风向标，也是一个值得深入探讨的话题。面对国际竞争加剧带来的压力，中国需要不断提升自身的创新能力和服务水平，打造具有全球影响力的消费中心城市。例如，可以通过举办国际性的首发活动、引进更多高端品牌、建设智慧商圈等方式，吸引全球消费者的关注。同时，还要加强国际合作，积极参与全球规则制定，为中国企业"走出去"创造有利条件。

总之，通过不断创新和发展，中国首发经济有望在未来发挥更大的作用，引领全球消费潮流。

第五章
构建因地制宜发展首发经济的政策体系[①]

在经济全球化与数字化加速发展的当下,消费市场需求日益多元化与个性化,首发经济作为一种全新的经济形态,正逐渐成为城市提升经济竞争力、国际影响力的关键驱动力。首发经济聚焦于新产品、新品牌、新服务在特定城市的首次推出,通过打造独特的消费体验,激发市场关注与消费热情,进而带动相关产业的协同发展与升级。

然而,并非所有城市都具备全面发展首发经济的条件。在资

---

① 为贯彻落实党的二十届三中全会和中央经济工作会议精神,积极推进首发经济,商务部消费促进司于 2024 年 12 月 19 日在京召开"首发经济工作座谈会"。本书作者朱克力博士等专家学者应邀出席,重点围绕首发经济相关政策研提意见建议。会后,朱克力博士围绕他在会上提出的"构建因地制宜发展首发经济的政策体系"起草了这份建议稿,旨在为我国首发经济的政策制定与实施提供科学参考。

源、产业基础与市场影响力等因素的制约下,多数城市在发展首发经济时面临重重挑战。此时,借鉴我国"专精特新"企业的培育与评价理念,对众多不具备首发优势的城市而言,具有重要的指导意义。"专精特新"企业专注于细分领域,凭借强大的创新能力、较高的市场占有率以及对关键核心技术的掌握,在产业链中占据独特且重要的位置。类比到城市发展首发经济上,深挖自身特色优势,在首发经济产业链中找准"专精特新"定位,不失为一种更为可行的发展路径。

为此,不妨对标我国"专精特新"企业评价体系,让各地因地制宜发展首发经济,构建一套梯度培育"创领潮品"城市的思路与方案。通过精准定位、差异化发展,助力不同城市在首发经济领域实现特色化、可持续发展,从而提升城市的综合经济实力与全球影响力。

"创领潮品"内涵及其与"专精特新"的关联

一、"创领潮品"的概念拆解与指标构建

"创领潮品"聚焦于城市在首发经济领域所呈现的独特属性与引领作用,可从"创""领""潮""品"四个维度进行深度拆解,并构建相应的评价指标体系。

1. "创"维度：强调创新能力是"创领潮品"的核心驱动力

"创"维度包括创新投入指标、创新产出指标和创新平台指标。

创新投入指标。城市研发投入占GDP的比重，反映城市对创新资源的投入力度；科技研发资金中用于首发经济相关产业的比例，直接体现对首发经济创新的支持程度。

创新产出指标。每万人发明专利拥有量，衡量城市整体创新产出水平；首发经济领域新产品、新服务的年推出数量，直观展现首发经济的创新活力。

创新平台指标。国家级、省级创新平台数量，如重点实验室、工程技术研究中心等在首发经济相关产业的布局；创新孵化载体数量及入驻首发经济相关企业的比例，体现城市对创新企业的培育能力。

2. "领"维度：突出引领示范作用，彰显城市在特定领域的领先地位与影响力

"领"维度包括产业引领指标、标准引领指标和人才引领指标。

产业引领指标。特定首发经济产业的规模在全国或区域内的排名，体现产业的规模优势；该产业的龙头企业数量，衡量产业的引领带动能力。

标准引领指标。参与制定首发经济相关产业国家标准、行业标准的数量，反映城市在行业规范制定中的话语权；城市自主创新的商业模式被其他地区借鉴的次数，体现商业模式的引领性。

人才引领指标。首发经济领域高端人才数量，如拥有国家级

人才计划入选者、行业领军人才的数量；人才流入率，代表城市对人才的吸引力。

3. "潮"维度：注重潮流趋势把握与引领，契合消费市场时尚与前沿需求

"潮"维度包括时尚潮流指标、消费潮流指标和传播潮流指标。

时尚潮流指标。举办国际、国内时尚潮流活动的频次，如时装周、设计大赛等；城市时尚品牌的国际知名度与影响力，可通过品牌在国际媒体的曝光度、国际时尚榜单排名等衡量。

消费潮流指标。新兴消费业态的发展速度，如直播电商、新零售等在首发经济中的应用与增长情况；消费者对首发产品的时尚敏感度与接受度，通过市场调研消费者对新颖产品的购买意愿与反馈来评估。

传播潮流指标。首发活动在社交媒体上的话题热度，如微博话题阅读量、抖音视频播放量等；城市作为首发经济热点地区在国内外媒体的报道频次与正面评价率。

4. "品"维度：关注产品与服务的品质，是赢得市场与消费者信赖的基础

"品"维度包括产品品质指标、服务品质指标和品牌品质指标。

产品品质指标。首发产品的质量抽检合格率直接反映产品的质量水平；产品质量认证情况，如获得国际知名质量认证、国家

质量奖的产品数量。

服务品质指标。消费者对首发活动服务的满意度，通过问卷调查、在线评价等方式收集数据；售后服务体系的完善程度，如退换货政策、客户投诉处理效率等。

品牌品质指标。城市拥有的知名品牌数量，包括国际品牌、国内驰名商标等；品牌价值增长率，体现品牌的市场认可度与增值能力。

为方便读者查阅相关指标，在实践中更好地加以应用，我们在附录中绘制了相关表格，详见附表二。

二、"专精特新"与"创领潮品"的内在联系

"专精特新"与"创领潮品"在理念与实践上存在紧密的内在联系。"专精特新"企业所秉持的专注与专业、特色与创新原则，与"创领潮品"城市在首发经济发展中追求的创新驱动、引领示范、潮流契合与品质卓越高度一致。

专注与专业。"专精特新"企业专注于细分市场，凭借深厚的专业积累形成竞争优势。类似地，"创领潮品"城市在发展首发经济时，也需聚焦特定领域，如时尚、科技、文化创意等，通过专业的产业规划、政策支持与服务体系，提升自身在该领域的专业度与竞争力。例如，A城市在时尚领域专注发展，成为全球时尚潮流引领者，众多国际知名时尚品牌在此首发新品，通过专业的时尚教育、设计资源与产业配套，构建强大的时尚产业生态。

特色与创新。"专精特新"企业以特色产品与创新技术立足市场。"创领潮品"城市同样要挖掘自身特色资源,如历史文化、地理风貌、产业基础等,结合创新理念与技术,打造具有独特魅力的首发产品与服务。如 B 城市以其丰富的文化底蕴与美食文化,创新推出具有地域特色的文化创意产品与美食体验活动,在文化与美食首发经济领域独树一帜。

引领与示范。"专精特新"企业在细分领域的领先地位与示范作用,如同"创领潮品"城市在首发经济领域的引领角色。"创领潮品"城市通过举办具有影响力的首发活动,制定行业标准,引领消费潮流,为其他城市提供借鉴与示范。例如,C 城市在科技首发经济领域,凭借众多高科技企业的创新成果首发,引领全球科技产品发展潮流,其创新模式与产业生态为其他城市提供了学习范例。

三、"专精特新"对梯度培育"创领潮品"城市的启示

1. 精准定位

"专精特新"企业通过精准定位细分市场,避开了激烈的同质化竞争。城市在梯度培育"创领潮品"过程中,应深入分析自身优势与特色,依据资源禀赋、产业基础与市场需求,确定适合首发经济发展的方向。资源型城市可依托资源优势,发展资源深加工产品的首发;文化旅游城市可围绕文化旅游资源,打造特色文旅产品的首发。

2. 差异化发展

"专精特新"企业以差异化产品与服务赢得市场。不同梯度的"创领潮品"城市应实现差异化发展，避免盲目跟风。引领型城市可聚焦高端、前沿领域，如国际顶级时尚品牌首发、前沿科技成果发布；突破型城市可在特定优势领域深耕，打造具有区域影响力的特色首发品牌；培育型城市则应挖掘小众、特色市场，推出个性化的首发产品。

3. 创新驱动

"专精特新"企业高度重视创新，不断加大研发投入力度，提升产品竞争力。梯度培育"创领潮品"城市需强化创新驱动，加大对首发经济的创新投入力度，鼓励企业开展技术创新、产品创新与商业模式创新，提升城市在首发经济领域的创新能力与核心竞争力。

梯度培育"创领潮品"城市的策略

一、借助场景，切入首发经济

1. 挖掘城市特色场景

历史文化场景。具有悠久历史与丰富文化遗产的城市，可深度挖掘历史文化场景，如宫殿、庙宇、历史街区等。以西安为例，这座十三朝古都拥有众多历史文化遗迹，可在古城墙、大雁塔等标志性景点周边，举办以秦汉唐文化为主题的文化创意产品首发活动。通过将现代设计与历史文化元素相结合，打造具有深厚文化底蕴的首发产品，吸引国内外游客与文化爱好者的关注。同时，利用历史文化场景的氛围，打造独特的消费体验，提升产品的附加值与吸引力。

工业场景。工业基础雄厚或具有特色工业的城市，可依托工业场景，如工业遗址、产业园区、工厂等，开展工业设计产品、科技产品的首发活动。例如，沈阳作为中国重要的工业基地，可将废弃的工业厂房改造为工业设计展示中心，举办工业设计大赛获奖作品的首发活动。展示工业设计在提升产品品质、创新产品功能方面的成果，推动工业设计产业与制造业的深度融合。同时，通过工业场景的展示，让消费者了解产品的生产制造过程，提升其对产品的信任度。

自然生态场景。拥有独特自然生态资源的城市，如海滨城市、山区城市、森林城市等，可围绕自然生态场景，推出与生态旅游、环保科技、特色农产品等相关的首发产品。例如，三亚作为著名的海滨旅游城市，可在海边的度假酒店或景区内举办海洋主题的旅游产品首发活动，如高端海岛度假线路、海洋生态保护科技产品等。同时，结合自然生态场景，开展生态体验活动，如海洋生态科考、森林徒步等，为首发产品增添体验价值。

第五章 构建因地制宜发展首发经济的政策体系

2. 打造沉浸式首发场景

科技赋能。运用 VR、AR、全息投影等先进技术，为消费者打造身临其境的沉浸式体验。在科技产品首发活动中，利用 VR 技术让消费者提前体验产品的功能与使用场景，如在智能汽车首发活动中，消费者可通过 VR 设备模拟驾驶体验，感受车辆的智能驾驶功能。在文化创意产品首发活动中，利用 AR 技术扫描产品，呈现丰富的文化故事与互动内容，提升产品的文化内涵与趣味性。

主题营造。根据首发产品的特点与目标消费群体的需求，打造具有针对性的主题场景。在时尚品牌首发活动中，可打造与品牌风格相契合的主题秀场，通过灯光、音效、舞台设计等元素，营造出独特的氛围。如某高端时尚品牌以"未来城市"为主题，打造充满科技感与未来感的秀场，展示品牌的未来主义设计理念，让消费者在观看时装秀的过程中，更好地理解品牌文化与产品设计思路。

互动体验。设置丰富的互动体验环节，让消费者参与到首发产品的设计、定制等过程中。在文化创意产品首发活动中，可设置手工制作区域，让消费者亲手制作具有纪念意义的文创产品，如手工陶艺、手绘折扇等。在科技产品首发活动中，可设置产品试用、编程体验等环节，让消费者亲身体验产品的功能，提出改进建议，增强消费者对产品的认同感与参与感。

3. 推动场景与产业融合

文化与时尚融合。将文化场景与时尚产业深度融合，打造具有文化特色的时尚品牌。以苏州为例，这座以丝绸文化闻名的城市，可将丝绸文化元素融入时尚服装设计，推出具有苏州特色的丝绸时尚服装，并在苏州的园林等文化场景中举办首发活动，展示丝绸时尚服装的独特魅力。同时，通过文化与时尚的融合，举办丝绸文化节、时尚设计大赛等活动，吸引国内外时尚设计师与品牌参与，提升城市在时尚领域的影响力。

科技与旅游融合。利用科技场景提升旅游产品的体验感与创新性，开发具有科技体验感的旅游产品。如深圳可利用其科技产业优势，在主题公园中融入高科技产品的首发活动，吸引科技爱好者与游客的关注。同时，通过科技与旅游的融合，推动旅游产业的数字化、智能化升级，提升旅游产品的竞争力。

农业与文创融合。农业资源丰富的城市，可将农业场景与文化创意产业相结合，推出具有农业特色的文创产品。如某水果种植大市，可围绕水果种植、采摘等农业场景，开发水果主题的文化创意产品，如水果造型的手工艺品、水果文化主题的书籍和影视作品等，并举办水果文创产品的首发活动，通过文化创意提升农产品的附加值，推动农业产业的转型升级。

二、城市联手，共赢首发经济

1.区域内城市合作

资源共享。同一区域内的城市应加强资源共享，整合区域内的产业资源、人才资源、市场资源等。例如，长三角地区的上海、杭州、南京等城市，可建立区域首发经济资源共享平台，共享时尚、科技、文化等领域的产业资源，包括品牌资源、设计资源、生产资源等。同时，共享人才资源，通过建立人才交流机制，促进人才在区域内的流动，实现人才的合理配置。此外，共享市场资源，联合开展市场调研，共同制定市场推广策略，扩大区域首发经济的市场影响力。

活动联办。区域内城市可以联合举办首发经济活动，打造具有区域影响力的首发经济品牌。例如，京津冀地区可以联合举办"京津冀首发经济周"活动，整合北京的政治、文化、科技资源，天津的制造业、港口资源，河北的特色产业资源，吸引国内外品牌在该区域进行系列首发活动。各城市可以根据自身产业特色和优势，分别承担不同领域的首发项目。北京可重点举办高端科技、文化创意领域的首发活动；天津可聚焦于高端制造业、时尚消费领域的首发；河北则可以利用其特色农业、特色手工艺等资源，举办相关产品的首发活动。通过活动联办，提升区域首发经济的整体规模和影响力。

政策协同。区域内城市应加强政策协同，制定统一的首发经济发展政策。例如，粤港澳大湾区的广州、深圳、佛山等城市，可以共同制定财政补贴政策，对在区域内举办首发活动的企业给予统一标准的补贴；共同制定税收优惠政策，对首发经济相关企业在增值税、企业所得税等方面给予同等优惠；共同制定土地支持政策，保障首发经济项目的用地需求。通过政策协同，避免区域内城市之间的政策竞争，营造良好的政策环境，促进区域首发经济的协同发展。

2.跨区域城市合作

优势互补。跨区域城市之间由于地理位置、资源禀赋、产业基础等方面的差异，具有很强的互补性。例如，北方的城市与南方的城市在气候、文化等方面存在差异，可以开展合作推出具有季节特色和地域特色的首发产品。如哈尔滨与三亚可以合作，在冬季，哈尔滨可以举办冰雪主题的旅游产品、冰雪运动装备等首发活动，吸引南方游客前来体验冰雪文化；而在夏季，三亚可以举办海洋主题的旅游产品、水上运动装备等首发活动，吸引北方游客前来避暑度假。同时，双方可以在文化创意产品方面进行合作，将哈尔滨的冰雪文化与三亚的海洋文化相结合，开发具有特色的文化创意产品，并在两地同时举办首发活动。

产业转移与协作。东部沿海城市与中西部城市在经济发展水平、产业结构等方面存在差异。东部沿海城市在资金、技术、品牌等方面具有优势，中西部城市在资源、市场等方面具有潜力，双方可以进行产业转移与协作。例如，东部沿海城市的时尚品牌可以与中西部城市的制造业企业合作，将生产环节转移到中西部城市，利用中西部城市的劳动力、土地等资源优势，降低生产成本。同时，在东部沿海城市举办首发活动，利用其市场影响力和营销渠道推广产品。双方通过产业转移与协作，实现互利共赢，共同推动首发经济的发展。

品牌互推。跨区域城市之间可以开展品牌互推活动，提升双方品牌的知名度和市场影响力。例如，成都的美食品牌与杭州的互联网科技品牌可以进行合作，成都的美食品牌可以借助杭州发达的互联网平台进行推广，开展线上营销活动，吸引杭州及周边地区的消费者；杭州的互联网科技品牌可以在成都举办首发活动，借助成都的消费市场和文化氛围，提升品牌在中西部地区的知名度。双方通过品牌互推，实现品牌的跨区域拓展，促进首发经济的发展。

3. 国际城市合作

品牌引进与输出。国内城市应加强与国际知名城市的合作，引进国际高端品牌在国内举办首发活动。例如，北京、上海等城市可以与巴黎、米兰、纽约等国际时尚之都合作，邀请国际一线时尚品牌在北京、上海举办中国区首发活动，提升国内城市在时尚领域的影响力。同时，推动国内优秀品牌走向国际市场，在国际知名城市举办首发活动。如深圳的高科技企业可以与硅谷等国际科技创新中心合作，在硅谷举办新产品的首发活动，展示中国科技企业的创新成果，提升中国品牌的国际知名度。

人才交流与培养。开展国际人才交流与培养活动，提升国内城市首发经济的创新能力和管理水平。国内城市可以与国际知名城市的高校、科研机构、企业等合作，引进国际高端人才，为首发经济发展提供智力支持。例如，邀请国际时尚设计师、科技专家等来国内城市讲学、交流，传授国际先进的设计理念、技术和管理经验。同时，选派国内的专业人才到国际知名城市学习、培训，提升国内人才的专业素质，开阔其国际视野。

经验借鉴与合作研究。学习借鉴国际城市在首发经济发展方面的先进经验，开展合作研究。例如，国内城市可以与国际城市在首发经济的政策制定、产业规划、市场推广等方面进行交流与合作。邀请国际专家参与国内首发经济发展规划的制定，借鉴国际先进的政策措施和发展模式。同时，与国际城市开展合作研究项目，共同探索首发经济的发展趋势和创新模式，提升国内城市在首发经济领域的研究水平和实践能力。

三、先立后破，逆袭首发经济

1. 打造特色首发经济模式

聚焦小众市场。不具备首发优势的城市可以聚焦小众市场，挖掘细分领域的需求，打造具有特色的首发经济模式。例如，一些具有特定文化、兴趣群体的城市，可以围绕这些群体的需求，举办相关产品的首发活动。如某城市拥有大量户外运动爱好者，可举办高端户外运动装备的首发活动，邀请国内外知名品牌展示最新的户外运动产品，并结合户外运动赛事、培训等活动，打造户外运动产业的首发平台。通过精准定位小众市场，满足特定消费群体的需求，形成差异化竞争优势。

依托特色产业。依托本地特色产业，打造特色首发经济模式。例如，某座以中药材种植和加工闻名的城市，可以围绕中药材产业，举办中药保健品、中药化妆品等的首发活动。通过提升产品的科技含量和品牌形象,将传统的中药材产业与现代消费需求相结合。同时,利用特色产业的资源优势,打造从原材料供应、产品研发、生产制造到市场销售的完整产业链,提升特色首发经济的竞争力。

文化创意驱动。以文化创意为核心,打造具有文化特色的首发经济模式。例如,某历史文化名城可以深入挖掘本地的历史文化故事、传说等,将其转化为文化创意产品,并举办首发活动。如开发以历史故事为主题的动漫、游戏、手工艺品等产品,通过文化创意提升产品的附加值和吸引力。同时,结合文化旅游活动,将文化创意产品的首发与文化旅游相结合,吸引游客购买,推动文化产业的发展。

2.完善首发经济配套体系

基础设施建设。加大对交通、物流、通信等基础设施的投入力度,完善城市的基础设施配套体系。例如,建设现代化的机场、高铁站、港口等交通枢纽,提高城市的交通便利性,确保首发产品能够被及时、高效地运输到国内外市场。加强物流园区的建设,引进先进的物流技术和设备,提高物流配送效率,降低物流成本。同时,加快5G网络、大数据中心等新型基础设施建设,为首发经济的数字化发展提供支撑。

人才培养与引进。加强人才培养,与高校、职业院校合作,开设与首发经济相关的专业课程和培训项目。例如,开设时尚设计、市场营销、活动策划、科技研发等专业课程,培养适应首发经济发展需求的专业人才。同时，制定优惠政策，引进国内外优秀的首发经济人才，如利用提供住房补贴、科研启动资金、子女教育等优惠政策，吸引高端人才来城市发展。建立人才激励机制，对在首发经济发展中做出突出贡献的人才予以奖励，激发人才的积极性和创造性。

强化金融支持。完善金融支持体系，为首发经济发展提供资金保障。鼓励金融机构创新金融产品和服务，针对首发经济企业推出专项贷款、知识产权质押融资、供应链金融等金融产品。设立首发经济发展基金，通过政府引导、社会资本参与的方式，为首发经济项目提供资金支持。同时，加强金融监管，防范金融风险，确保金融支持体系的健康运行。

3. 逐步突破传统发展模式

产品创新升级。鼓励企业加大研发投入力度，采用新技术、新材料、新工艺，不断提升首发产品的科技含量和附加值。例如，传统的纺织企业可以引入智能纺织技术，开发具有智能健康监测功能的服装产品，并举办首发活动，引领行业发展潮流。推动产品的个性化定制，满足消费者日益多样化的需求。通过建立大数据平台，收集消费者的需求信息，实现产品的精准定制生产，提升产品的市场竞争力。

营销模式创新。积极拥抱数字化转型，利用大数据、人工智能、社交媒体等新兴技术手段，创新营销模式。例如，开展直播带货活动，邀请知名主播为首发产品进行推广，实时与消费者互动，提高产品的销售转化率。利用社交媒体平台进行精准营销，通过分析用户的兴趣、行为等数据，推送个性化的产品信息和营销活动，提高营销效果。同时，加强线上线下融合，打造全渠道营销模式，为消费者提供便捷的购物体验。

产业协同发展。加强产业链上下游企业之间的深度合作与协同创新，形成产业集群式发展模式。以汽车首发经济为例，不仅汽车整车企业要注重产品的首发创新，零部件供应商、汽车设计公司、售后服务企业等也要共同参与，形成从研发、设计到生产、销售及售后的全产业链协同发展模式。通过建立产业联盟、创新平台等方式，加强企业之间的沟通与协作，实现资源共享、优势互补，提升整个产业的竞争力，实现从传统单一企业首发向产业集群式首发的转变。

梯度培育"创领潮品"城市的实施路径

一、评估城市基础，确定梯度定位

1. 建立评估指标体系

基于对"创领潮品"的维度拆解，构建全面、科学的城市首发经济基础评估指标体系。该体系除了涵盖"创""领""潮""品"四个维度的指标，还应考虑城市的经济基础、市场规模等支撑性指标。

经济基础指标主要包括：地区生产总值、人均 GDP 和固定资产投资规模，具体说明见表 5-1。

表 5-1 经济基础指标

名称	说明
地区生产总值	反映城市的整体经济实力
人均 GDP	体现居民的经济水平和消费能力
固定资产投资规模	展示城市的发展潜力和对产业的投入力度

市场规模指标主要包括：社会消费品零售总额、城市人口数量及城镇化率和外来游客数量及旅游收入，具体说明见表 5-2。

表 5-2 市场规模指标

名称	说明
社会消费品零售总额	衡量城市消费市场的总体规模
城市人口数量及城镇化率	影响消费市场的容量和结构
外来游客数量及旅游收入	反映城市作为旅游目的地的吸引力和旅游消费市场规模

结合这些指标，能够形成一套完整的评估指标体系，为准确评估城市首发经济基础提供依据。

2. 开展城市自评与互评

城市自评。各城市应依据评估指标体系，组织专门的评估团队，由商务、统计、科技、文化等多部门协同参与，开展全面深入的自评工作。收集整理城市在各指标维度的数据信息，进行量化分析和定性评估。例如，科技部门负责提供创新能力相关指标数据，商务部门统计市场规模和产业发展数据，文化部门梳理文化资源及相关产业数据等。通过自评，深入了解城市在首发经济发展方面的优势与劣势，明确发展方向。

城市互评。在区域范围内或跨区域组织城市互评活动。通过互评，促进城市间的交流与学习。各城市选派专业人员组成互评小组，对其他城市进行实地考察和评估。在互评过程中，互评小组不仅要关注数据指标，还要深入了解城市在首发经济发展中的实际做法、政策执行效果、产业发展生态等情况。例如，互评小组可以参观城市的首发活动场地、产业园区，与企业负责人、相关部门工作人员进行交流，获取第一手资料。通过互评，城市可以从不同视角发现自身问题，学习其他城市的先进经验。

3.明确城市梯度定位

根据城市自评与互评结果，将城市划分为引领型、突破型和培育型"创领潮品"城市三个梯度。

引领型"创领潮品"城市。此类城市在"创""领""潮""品"各维度指标表现优异，经济基础雄厚，市场规模大，资源集聚能力强，在国内甚至国际具有较高的影响力。如北京、上海等城市，在时尚、科技、文化等多个领域的首发经济发展中处于领先地位，能够举办具有全球影响力的首发活动，吸引大量国际高端品牌和创新资源。引领型城市应发挥示范作用，在全球首发经济竞争中占据高地，推动产业创新升级，引领消费潮流。引领型"创领潮品"城市的发展策略见表 5-3。

表 5-3 引领型"创领潮品"城市发展策略

方向	具体策略
高端产业集聚	・每年举办具有全球影响力的时尚周、科技峰会、文化艺术节等活动 ・邀请全球顶级品牌、创新企业和行业领军人物参与打造高端产业创新平台 ・吸引国际知名企业设立研发中心、设计工作室等
国际合作与交流	・与纽约、伦敦、巴黎等国际一线城市开展全方位合作,共同举办联合首发活动、合作研究项目等 ・参与国际首发经济相关组织和活动,举办国际论坛,制定行业标准
营商环境优化	・简化企业首发活动的审批流程,推行一站式服务和线上审批,提高审批效率 ・加强知识产权保护,建立快速维权机制 ・完善人才服务体系,为高端人才提供落户、住房、子女教育等服务

突破型"创领潮品"城市。这类城市在某些特定领域具有一定的优势和特色,创新能力较强,市场具有一定规模,但在综合影响力和资源集聚方面与引领型城市之间存在差距。如成都、杭州等城市在时尚、文化创意或互联网科技等领域已形成一定的产业基础和品牌影响力。突破型城市应聚焦特色领域,加大创新投入和政策支持力度,实现重点突破,提升在特定领域的国内国际影响力,逐步向引领型城市迈进。突破型"创领潮品"城市的发展策略见表 5-4。

表5-4 突破型"创领潮品"城市发展策略

方向	具体策略
特色产业深耕	·确定重点发展的特色领域,如智能家电、人工智能等 ·设立专项产业发展基金,支持企业研发、设计创新和品牌建设 ·建立产学研用协同创新机制,提升产业创新能力和技术水平
品牌塑造与推广	·制定品牌发展战略,加强品牌策划和设计,挖掘品牌文化内涵 ·利用国内外知名媒体、行业展会、社交媒体等平台,进行全方位、多层次的品牌宣传 ·举办品牌节、品牌大赛等活动,提升品牌市场认知度和美誉度
产业生态完善	·建立产业园区或产业联盟,促进企业之间的资源共享、技术交流和业务合作 ·加强人才培养和引进,针对特色产业需求,培养和引进相关专业人才

培育型"创领潮品"城市。培育型城市通常产业基础相对薄弱,创新能力有待提升,市场规模较小,但具有独特的资源或发展潜力,如一些具有特色文化、特色产业的中小城市。培育型城市应挖掘自身特色,找准细分市场,通过特色场景打造、特色产业培育等方式,逐步培育首发经济发展基础,积累经验和资源,为未来的发展奠定基础。培育型"创领潮品"城市的发展策略见表5-5。

表5-5 培育型"创领潮品"城市发展策略

方向	具体策略
特色资源挖掘与转化	·挖掘独特的自然景观、民俗文化、特色农产品等资源,开发特色旅游产品、保健品等 ·邀请专业机构进行深度开发和创意设计,提升产品品质和吸引力 ·利用特色资源举办文化节、旅游节等活动,进行产品首发

续表

方向	具体策略
基础能力建设	・加强交通、通信、物流等基础设施建设,提高城市可达性和便利性 ・与职业院校合作,培养实用型人才,制定优惠政策,吸引人才返乡创业 ・加大对公共服务设施的投入力度,提升城市的生活品质
市场培育与拓展	・举办各类促销活动、消费节,激发本地居民消费热情,提高其对首发产品的认知度和接受度 ・借助互联网平台,利用电商平台、直播带货等方式拓展外部市场 ・与周边城市开展合作,建立区域销售网络,扩大市场覆盖面

二、制定差异化培育策略,提升城市首发经济竞争力

1. 引领型城市：强化高端引领,打造全球首发经济高地

高端产业集聚。聚焦高端产业和前沿领域,进一步加大对时尚、科技、金融、文化创意等领域首发资源的集聚度。例如,每年举办具有全球影响力的时尚周、科技峰会、文化艺术节等活动,邀请全球顶级品牌、创新企业和行业领军人物参与。打造高端产业创新平台,吸引国际知名企业设立研发中心、设计工作室等,提升城市在全球产业链中的地位。例如,上海可依托其国际化大都市的优势,吸引更多国际时尚品牌将亚洲总部或设计中心设立在此,举办全球首发活动,引领时尚潮流。

国际合作与交流。加强与全球知名城市的深度合作与交流,建立常态化的合作机制。与纽约、伦敦、巴黎等国际一线城市开

展全方位合作，在时尚、科技、金融等领域共同举办联合首发活动等。例如，北京与伦敦在金融科技领域开展合作，共同举办金融科技产品首发活动，分享创新经验和技术成果，提升双方在全球金融科技领域的话语权。同时，积极参与国际首发经济相关组织和活动，举办国际论坛，制定行业标准，提升城市在全球首发经济领域的规则制定权和影响力。

优化营商环境。持续优化营商环境，提供更加优质高效的政务服务。简化企业首发活动的审批流程，推行一站式服务和线上审批，提高审批效率。加强知识产权保护，建立快速维权机制，为首发产品和创新成果提供有力的法律保障。完善人才服务体系，为高端人才提供更加便捷的落户、住房、子女教育等服务。例如，深圳通过建立知识产权快速维权中心，为企业首发的创新产品提供快速、高效的知识产权保护，吸引了大量高科技企业在此首发新产品。

2. 突破型城市：聚焦特色领域，实现重点突破

深耕特色产业。深入挖掘自身的产业特色和资源优势，确定重点发展的特色领域。例如，某城市在智能家电产业具有一定基础，可将智能家电作为首发经济的重点发展领域。加大对该领域企业的扶持力度，设立专项产业发展基金，支持企业进行产品研发、设计创新和品牌建设。鼓励企业与高校、科研机构开展合作，建立产学研用协同创新机制，提升产业的创新能力和技术水平。例如，合肥在人工智能产业领域具有优势，通过与中国科学技术

大学等高校及科研机构开展合作，推动人工智能技术在各行业的应用，举办人工智能产品首发活动，提升城市在该领域的影响力。

塑造与推广品牌。打造具有区域或行业影响力的特色品牌形象，通过品牌塑造提升城市首发经济的竞争力。制定品牌发展战略，加强品牌策划和设计，挖掘品牌文化内涵。加大品牌推广力度，利用国内外知名媒体、行业展会、社交媒体等平台，进行全方位、多层次的品牌宣传。例如，青岛的家电品牌通过参加国际消费电子展（CES）等国际展会，展示最新产品和技术，提升品牌的国际知名度。同时，举办品牌节、品牌大赛等活动，提升品牌的市场认知度和美誉度。

完善产业生态。完善特色产业生态，加强产业链上下游企业之间的协作配套。建立产业园区或产业联盟，促进企业之间的资源共享、技术交流和业务合作。例如，杭州的互联网产业通过建立多个互联网产业园区，吸引了大量互联网企业、创业团队、服务机构等集聚，形成了完善的产业生态。在园区内举办互联网产品首发活动，上下游企业可以共同参与，提供全方位的支持和服务，提升首发活动的质量和影响力。同时，加强人才培养和引进，针对特色产业需求，培养和引进相关专业人才，为产业发展提供人才保障。

3. 培育型城市：挖掘特色资源，培育首发经济基础

特色资源挖掘与转化。充分挖掘自身的特色资源，如独特的自然景观、民俗文化、特色农产品等，并将其转化为首发经济的

发展优势。例如，某山区城市拥有美丽的自然风光和丰富的中草药资源，可围绕这些资源开发特色旅游产品和中草药保健品，并举办首发活动。邀请专业的旅游规划机构和产品研发团队，对特色资源进行深度开发和创意设计，提升产品的品质和吸引力。同时，利用特色资源举办具有地域特色的文化节、旅游节等活动，在活动中进行产品首发，吸引游客和消费者关注。

基础能力建设。加强基础设施建设，改善城市的交通、通信、物流等条件，提高城市的可达性和便利性。例如，修建通往特色景区或产业园区的高速公路、铁路，完善城市内部的交通网络，加快5G网络覆盖等。同时，加强人才培养和引进，可以与职业院校合作，培养与首发经济相关的实用型人才，如活动策划、市场营销、产品设计等方面的人才。制定优惠政策，吸引本地外出人才返乡创业，为首发经济发展注入新鲜血液。此外，加大对公共服务设施的投入力度，提升城市的生活品质，为吸引人才和企业创造良好的环境。

市场培育与拓展。积极培育本地消费市场，通过举办各类促销活动、消费节等，激发本地居民的消费热情，提高对首发产品的认知度和接受度。例如，定期举办本地特色产品展销会，在展销会上设置首发产品专区，鼓励本地企业推出新产品。同时，借助互联网平台拓展外部市场，利用电商平台、直播带货等方式，将本地特色首发产品推向全国乃至全球市场。与周边城市开展合作，建立区域销售网络，扩大产品的市场覆盖面。

三、构建协同发展机制，推动区域首发经济一体化

1. 区域内资源整合与共享

产业资源整合。在同一区域内，对与首发经济相关的产业资源进行整合。例如，长三角地区可以整合时尚产业资源，将上海的时尚设计、品牌运营优势与苏州、杭州等地的纺织服装制造优势相结合，形成完整的时尚产业链。通过建立产业联盟或合作平台，促进企业之间的分工协作，实现资源的优化配置。对于科技产业，整合区域内的科研机构、高校和企业的研发资源，共同开展关键技术研发，提高区域整体的创新能力。例如，联合开展人工智能、生物医药等领域的研发项目，并在区域内举办相关科技成果的首发活动。

人才资源共享。建立区域内的人才共享机制，促进人才的合理流动。搭建人才交流平台，定期发布区域内与首发经济相关的人才需求信息和人才供给信息，为企业和人才提供对接服务。例如，创建长三角首发经济人才网，企业可以在网上发布招聘信息，人才可以在网上投递简历。同时，开展人才交流活动，如人才论坛、学术研讨会等，促进人才之间的交流与合作。鼓励高校和职业院校开展跨区域的人才培养合作，共同制订人才培养方案，共享教学资源，培养符合区域首发经济发展需求的复合型人才。

信息资源共享。构建区域首发经济信息共享平台，及时发布各地的首发活动信息、市场动态、政策法规等。平台可以整合区域内的商业信息、行业报告、市场调研数据等，为企业提供全面

的信息支持。例如，企业可以通过平台了解其他城市的市场需求、竞争对手情况等，以便更好地制定首发策略。同时，平台可以设置互动交流板块，方便企业之间、企业与政府部门之间进行沟通交流，共同解决发展中遇到的问题。

2. 联合营销与推广

品牌联合打造。区域内城市共同打造区域首发经济品牌，提升区域整体的品牌形象和知名度。例如，粤港澳大湾区可以打造"大湾区首发"品牌，整合香港的金融、贸易优势，澳门的旅游、文化优势，以及广州、深圳等内地城市的产业优势，举办一系列具有国际影响力的首发活动。在活动宣传中，突出"大湾区首发"品牌，展示大湾区在时尚、科技、文化等领域的创新成果和首发实力。通过统一的品牌形象设计、宣传口号和推广策略，提高品牌的辨识度和影响力。

营销活动协同。联合开展营销活动，共同拓展市场。例如，京津冀地区可以联合举办"京津冀购物季"活动，在购物季期间，各地共同推出首发产品促销、主题展览、文化体验等活动。通过线上线下相结合的方式，进行全方位的宣传推广。在线上，利用社交媒体平台、电商平台等进行广告投放、直播带货等；在线下，在各大商场、购物中心、旅游景区等场所设置宣传展板、打造首发活动体验区等。通过协同营销活动，吸引更多的消费者关注，提高区域首发经济的市场份额。

客源市场共享。加强区域内城市之间的旅游合作，实现客源市场共享。例如，成渝地区双城经济圈推出"成渝首发旅游线路"，将成都和重庆的特色首发活动与旅游景点相结合，吸引国内外游客前来体验。成都可以将文化创意产品首发活动与锦里、宽窄巷子等旅游景点相结合，重庆可以将时尚产品首发活动与解放碑、洪崖洞等旅游景点相结合，通过旅游线路的串联，实现客源互送，扩大旅游市场规模，同时也为首发经济带来更多的潜在消费者。

3. 政策协同与对接

政策制定协同。区域内城市在制定首发经济相关政策时，加强沟通与协调，确保政策的一致性和互补性。例如，长江经济带沿线城市可以共同制定产业扶持政策，对符合区域首发经济发展要求的企业给予统一的财政补贴、税收优惠政策等支持。在制定土地政策时，统筹考虑区域内的土地资源，保障首发经济项目的用地需求。通过建立政策制定协调机制，定期召开政策协调会议，共同研究政策制定中的重大问题，避免政策冲突和重复建设。

政策执行对接。在政策执行过程中，加强城市之间的对接与协作。建立政策执行信息共享平台，及时通报政策执行情况和存在的问题。例如，对于企业在区域内跨城市发展过程中遇到的政策差异问题，通过信息共享平台及时反馈，相关城市共同协商解决。同时，加强对政策执行的监督检查，确保政策落实到位。通过建立联合监督机制，对各地政策执行情况进行定期检查和评估，对政策执行不力的城市进行督促整改，保证区域首发经济政策的有效实施。

政策效果评估。定期对区域首发经济政策的效果进行评估，根据评估结果及时调整和完善政策。建立科学的政策评估指标体系，从政策对企业发展的促进作用、对产业升级的推动作用、对市场环境的改善作用等方面进行评估。例如，通过统计企业的首发活动数量、首发产品销售额、产业创新成果等指标，评估政策的实施效果。根据评估结果，总结成功经验，找出存在的问题，及时调整政策方向和内容，提高政策的针对性和有效性，推动区域首发经济持续健康发展。

梯度培育"创领潮品"城市的保障措施

一、加强组织领导，建立高效协调机制

1. 成立国家级领导小组

由商务部牵头，联合国家发展改革委、科技部、工信部、文化和旅游部等相关部委，成立全国首发经济发展领导小组。领导小组负责统筹协调全国首发经济发展工作，制定国家层面的发展战略、规划和政策措施，指导各地开展首发经济工作。领导小组定期召开会议，研究解决首发经济发展中的重大问题，加强对各地工作的监督和考核。

2.地方设立工作专班

各地方政府应成立相应的首发经济发展工作专班,由地方政府主要领导担任组长,商务、发改、科技、经信、文旅、财政等部门负责人为成员。工作专班负责具体落实本地首发经济发展的各项任务,制定本地的发展规划和政策措施,协调解决本地发展中遇到的问题。工作专班要建立定期沟通协调机制,加强部门之间的协作配合,形成工作合力。

3.建立跨区域协调机构

各地方应针对区域首发经济协同发展,建立跨区域协调机构。例如,长三角、粤港澳大湾区、京津冀等地区可以成立区域首发经济协调委员会,由区域内各城市政府相关部门负责人组成。协调委员会负责统筹区域内首发经济的协同发展,制定区域协同发展规划和政策,协调区域内资源整合、联合营销、政策对接等工作。协调委员会定期召开会议,协商解决区域协同发展中的重大问题,推动区域首发经济一体化发展。

二、强化政策支持,完善政策体系

1.财政政策支持

加大财政支持力度,设立国家级首发经济发展专项资金,用于支持全国性的首发经济活动、创新平台建设、品牌培育等。专项资金可以通过项目申报、评审的方式，对符合条件的项目予以资金支持。同时，鼓励地方政府设立地方首发经济发展专项资金，与国家级专项资金形成联动，共同支持本地首发经济发展。例如，对在本地举办的具有国际影响力的首发活动，予以一定比例的资金补贴；对首发经济领域的创新企业，予以研发费用补助等。

2. 税收政策优惠

制定税收优惠政策，减轻首发经济企业的负担。对参与首发经济的企业，在增值税、企业所得税、关税等方面予以优惠。例如，对首发产品的生产企业，在一定期限内给予增值税减免；对从事首发活动的服务企业，如广告公司、活动策划公司等，予以企业所得税优惠。对进口用于首发活动的设备、展品等，予以关税减免。通过税收优惠政策，降低企业运营成本，提高企业发展首发经济的积极性。

3. 土地政策保障

出台土地支持政策，保障首发经济项目的用地需求。在土地利用总体规划中，优先安排首发经济项目用地，对建设首发平台、展示中心、产业园区等项目予以土地供应方面的支持。例如，对符合条件的首发经济项目，可以采取划拨、出让、租赁等多种方式供地，并在土地出让价格、租金等方面予以优惠。同时，鼓励企业利用闲置土地、厂房等资源，改造、建设首发经济相关设施，提高土地利用效率。

三、加强人才培养与引进，提供智力支持

1. 优化高校专业设置

引导高校根据首发经济发展需求，优化专业设置。在商学院、艺术学院、科技学院等相关学院开设时尚营销、创意设计、科技研发、活动策划等与首发经济相关的专业课程。加强课程体系建设，注重理论与实践相结合，培养学生的创新能力和实践操作能力。例如，高校可以与企业合作，建立实习实训基地，让学生参与企业的首发活动策划、产品设计等实践项目，提高学生的专业素养和就业竞争力。

2. 完善职业培训体系

完善职业培训体系，针对首发经济相关的技能需求，开展职业技能培训。鼓励职业院校、培训机构与企业合作，开展定制化培训。例如，针对活动策划人员，开展活动策划、组织管理等方面的培训；针对市场营销人员，开展市场调研、品牌推广、新媒体营销等方面的培训。通过职业培训，提高从业人员的专业技能水平，满足首发经济发展对实用型人才的需求。

3. 制定人才引进政策

制定人才引进政策，吸引国内外优秀的首发经济人才。对具有丰富经验的时尚设计师、科技研发人才、市场营销专家、活动

策划大师等高端人才，予以落户、住房、子女教育、科研启动资金等方面的优惠政策。例如，为高端人才提供人才公寓，解决其住房问题；为其子女提供优质的教育资源，打消其后顾之忧；给予一定数额的科研启动资金，支持其开展科研工作。通过人才引进政策，吸引一批高素质的人才投身首发经济发展。

四、加强监测评估，确保工作成效

1. 建立监测指标体系

建立科学合理的首发经济监测指标体系，对城市首发经济发展情况进行动态监测。监测指标体系应涵盖首发活动数量、首发品牌数量、首发产品销售额、消费者满意度、创新投入与产出等多个方面。例如，通过统计各地举办的首发活动数量和参与企业数量，了解首发经济的活跃度；通过监测首发产品的销售额和市场占有率，评估首发经济对经济增长的贡献；通过调查消费者对首发活动和产品的满意度，了解市场反馈。

2. 定期开展评估工作

定期对各地首发经济发展成效进行评估，评估周期可以设定为一年或两年。评估工作可以由商务部组织相关专家、学者和行业代表组成评估小组，采用定量分析与定性分析相结合的方法，对各地的首发经济发展情况进行全面评估。评估内容包括政策执行情况、发展目标完成情况、创新能力提升情况、产业发展成效等。根据评估结果，对各地首发经济发展水平进行排名和分类，为制定下一步发展政策提供依据。

3. 结果应用与反馈调整

将评估结果作为对地方政府绩效考核的重要依据，激励地方政府积极推动首发经济发展。对评估结果优秀的地方政府，予以表彰和奖励，在政策支持、资金分配等方面予以倾斜；对评估结果较差的地方政府，进行通报批评，并要求其分析原因，制定整改措施。同时，根据评估结果，及时调整国家和地方的首发经济发展政策和规划，优化资源配置，确保首发经济持续健康发展。通过完善监测评估机制，不断提高首发经济发展的质量和效益，推动"创领潮品"城市梯度培育目标的实现。

通过以上全面、系统的思路及方案，各地能够在首发经济发展中找准定位，实现梯度培育"创领潮品"城市的目标，推动我国首发经济整体水平的提升，为经济高质量发展注入新动力。在实施过程中，应根据实际情况不断调整和完善策略，确保各项措施的有效性和适应性，共同开创我国首发经济发展的新局面。

第六章
首发经济的战略布局

在瞬息万变的市场竞争中,企业如何精准制定战略,抢占先机,已成为决定其成败的关键因素之一。就首发经济而言,战略布局是抢占市场份额的手段,更是实现长远可持续发展的基石。

我们将深入探讨首发经济中的战略布局,分析企业如何在不同的市场环境、竞争态势以及消费者需求变化中,精准设计并执行其首发战略,最大化商业价值。

首发经济的本质在于通过精准的市场定位和创新的产品推介,迅速引发消费者的关注与热情,借助市场的爆发力带动品牌与产品的成长。因此,首发绝非一个单纯的营销行为,而是一项复杂的战略决策,涉及产品开发、市场调研、品牌传播、供应链管理等多个层面。在这一过程中,企业需要依据市场态势、竞争格局及自身资源优势，构建出灵活且有前瞻性的战略框架。

本章将从战略思维的高度出发，详细探讨首发经济战略布局的关键环节，包括如何在多变的市场环境中实现战略定位、如何通过差异化策略打造独特的竞争优势、如何通过全渠道营销提升品牌影响力，以及如何在实施过程中有效协调资源、优化管理等。通过对一系列真实案例的分析，帮助读者理解首发经济中的战略布局实践，及其如何通过精确的执行推动企业走向成功。

首发经济与双循环新发展格局

在中国构建的双循环新发展格局中，首发经济作为创新驱动和全产业链发展的代表，对于激活内需市场、拓展外需市场以及促进供需良性互动具有不可替代的作用。这一战略既为国内市场的繁荣提供了动力，也为全球经济复苏注入了活力。

首发经济直接面向消费市场，是撬动消费需求扩张的新动能。其核心在于创新，这包括开发新产品、拓展新模式、发展新市场等多方面的努力。以美菱为例，这家企业通过不断推出具有前瞻性的家电产品，如全球首台零下180度深冷冰箱和行业首次提出的长效保鲜M鲜生冰箱，成功吸引了市场的广泛关注。这些创新活动能够迅速吸引公众注意力，在短时间内形成话题和影响力，促进品牌曝光和销量增长。

通过捕捉消费者尝鲜猎奇、时尚个性的消费心理，首发经济对拉动消费需求具有重要作用。例如，好利来华南首店在节日消费旺季窗口期，借助品牌背书及商务局宣发加持，实现了线上线下同步曝光，销售额、客流量同比均呈两位数增长。这一成功案例说明了首发经济如何利用消费者的求新欲望来提升品牌的知名度和销售额。

由于首发、首店直接面向消费者，企业能够敏锐感知消费者偏好和消费趋势变化，从而更精准地优化生产决策、改善产品结构、促进产业链良性循环。这样的做法极大地丰富了消费者的选择，提升了消费者日常使用的便捷性与趣味性，也为整个行业注入了强劲的发展动能，推动了产业链上下游的协同创新和技术迭代。

在生产端，贴近市场的研发和设计确保了新产品既满足当前需求又具备前瞻性创新。比如，美菱的变频商厨冰箱，正是基于对市场需求的深入理解和对未来趋势的预测而开发的产品，它既满足了当下用户对于高效节能产品的需求，同时也为未来的技术升级留下了空间。

在流通端，高效的供应链管理和灵活的分销策略能够确保商品迅速到达消费者手中。比如，一些企业采用"预售＋限时抢购"的新型销售模式，有效规避了市场风险，极大地提升了运营效能。

在消费端，新产品能够激发消费者新的购买欲望，带动新一轮需求。例如，当一款全新的智能穿戴设备上市时，往往会引发一股购买热潮，因为它带来了前所未有的个性化体验且更具便利性，进而带动对相关配件和服务的需求增加。

经济动态中生产、流通、消费的关系如图 6-1 所示。

消费
通过新产品激发购买欲望和需求

生产
通过市场驱动的研发和设计确保创新

流通
通过高效的供应链管理实现快速交付

图 6-1 经济动态中的关键组成部分

同时，首发经济以首发、首店展现品牌定位、树立品牌形象，是企业品牌建设和品牌竞争的重要内容。消费者通过新颖时尚和特色差异化的首发产品体验建立了品牌的初步印象，而首店所展现的旗舰气质和领衔作用，则进一步强化了这种印象，成为品牌与消费者之间建立信任的桥梁。因此，企业应高度重视对首发产品和首店的打造，积极借助人工智能和数字技术等手段，提供高标准服务，确保优质的客户体验，扩大品牌影响力。

在全球化背景下，"双循环"强调的是国内国际双循环相互促进，并非闭关锁国或主动脱钩，而是要进一步扩大对外开放。首发经济正是这样一种模式，既在国内市场发挥了巨大作用，也促进了外需市场的拓展。

中国通过举办广交会、进博会、服贸会、消博会等国际性展会，吸引了大量国际品牌选择在中国开设首店。这些国际性展会既是产业创新的展示平台，也反映出国际品牌对中国市场的认可和在中国发展的信心。此外，首发经济有助于提升城市的商业活力和国际竞争力，越来越多的城市相继推出举措支持首发经济，如给予资金支持、开辟服务绿色通道、打造优质营商环境等。

为了更好地发挥首发经济在双循环新发展格局中的作用，还需要深化供给侧结构性改革，提高供给体系的质量和效率。这包括推动制造业高端化、数字化、绿色化发展，加强基础研究和关键核心技术攻关，开展新技术、新产品、新场景大规模应用示范行动等。通过这些措施，可以实现从创新展品到热销商品的转变，进而打造完整的首发经济生态链。

首发经济是激活内需市场、促进消费变革的关键力量，也是拓展外需市场、提升国际竞争力的有效途径。随着中国经济持续向高质量发展阶段迈进，首发经济将继续引领潮流，为中国乃至全球经济发展贡献力量。通过不断探索和发展首发经济，我们可以期待看到更多的创新成果转化为实际生产力，为中国经济注入源源不断的活力。与此同时，政府也需要继续优化政策环境，为企业创造更加公平、更有活力的市场条件，共同推动经济健康发展行稳致远。

首发经济与产业升级的联动路径

首发经济和产业升级之间的关系是相辅相成的，它们共同构成中国经济高质量发展的基石。首发经济通过推出新产品、新业态和新模式，带动了相关产业的技术进步和产品升级；而产业升级则为首发经济提供了坚实的基础和支持。这种良性互动既促进了技术革新，也推动了整个产业链条的协同发展。

在创新驱动产业升级方面，企业通过发布新产品来满足市场对高品质商品的需求，同时促进自身所在行业的快速发展。

由创新性和市场适应性决定的各类产品的划分如图6-2所示。

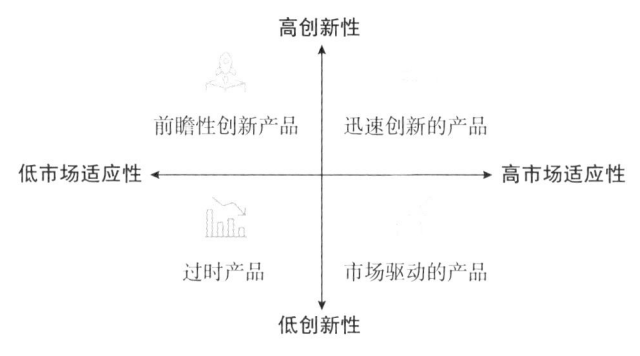

```
                  高创新性
                    ↑
       前瞻性创新产品 | 迅速创新的产品
                    |
低市场适应性 ←——————+——————→ 高市场适应性
                    |
         过时产品   | 市场驱动的产品
                    ↓
                  低创新性
```

图6-2　创新性和市场适应性决定产品划分

以智能手机行业为例，每次新旗舰机型的发布都会带来一系列技术创新，如更快的处理器、更清晰的屏幕以及更先进的摄像头等。这些创新既提升了产品的性能，也带动了整条产业链的发展。例如，小米公司凭借其高性价比的产品和出色的用户体验赢得了消费者的青睐。小米推出的智能穿戴设备，如手环和耳机，通过首发活动成功进入市场，并引领了智能穿戴设备的新潮流。这些创新产品极大地提升了消费者的使用体验，推动了整个行业的进步和发展。

除了传统的产品发布，首发经济还包括业态和模式的创新。共享经济和无人零售等新兴业态改变了传统的商业模式，推动服务业转型升级。比如，喜茶推出的健康型饮料"夺冠纤体瓶"，既契合了消费者对健康饮品的需求，激发了其购买兴趣，又促进了餐饮行业的转型。

此外，首发经济的链式发展模式涉及从研发到销售的完整产业链条，这有助于推动全产业链的协同创新和升级。

例如，某高端化妆品品牌的首发活动不仅提升了品牌形象，还带动了上游原材料供应商和下游销售渠道的共同发展。华为在北京王府井银泰 in88 开设的旗舰店就是一个典型的例子，它展示了从智能手机到智能家居的一系列产品线，让消费者能够沉浸式地体验各种场景的魅力。华为的成功案例表明，通过这样的链式发展，可以形成一个完整的生态体系，在提升品牌影响力的同时，带动上下游产业链的协同发展。

产业升级也为首发经济创造了更加有利的发展环境。随着技术革新和管理理念的进步，传统产业正在经历深刻的变革，这为首发经济提供了更广阔的舞台。特别是在数字经济快速发展的背景下，许多传统零售企业开始尝试线上线下相融合的新模式，通过大数据分析等手段精准把握消费者偏好，进而推出符合市场需求的新产品和新服务。

这种转变不仅仅是一次简单的商业模式调整，更是一场深层次的技术革命与商业思维重塑。

以数字化转型为例，它不仅改变了企业的运营方式，也从根本上改变了它们与消费者之间的互动模式。通过采用人工智能、大数据、云计算等前沿技术，零售企业能够更好地理解消费者的需求，并根据这些需求定制其产品和服务。例如，利用数据分析工具，商家可以追踪消费者的购买行为，了解他们的购物习惯，从而为其提供个性化推荐和精准的营销策略，极大地提升了顾客满意度和忠诚度。

同时，产业升级带来的不仅仅是技术上的进步，还有管理模式上的革新。企业通过优化内部流程和加强外部合作来提高整体效率。在"新零售"概念下，传统零售企业通过整合线上线下的资源，构建了一个无缝衔接的购物体验平台。这意味着无论是在线上还是在线下，消费者都能享受到一致的服务质量和便利的购物体验。盒马鲜生就是一个典型的案例，它通过将新鲜食品与即时配送服务相结合，创造了一种全新的消费体验，深受城市居民的喜爱。

此外，产业升级还促进了供应链的智能化升级。现代信息技术的应用使得供应链管理变得更加透明和高效。

比如，通过区块链技术，企业可以确保产品的来源可追溯，提高了消费者对品牌的信任度。而在物流环节，自动化技术和智能仓储系统的应用大大缩短了商品从仓库到消费者手中的时间，提高了交付速度和服务质量。

更重要的是，产业升级推动了不同行业之间的融合，催生了一系列新业态和新模式。

例如，在智能家居领域，家电制造商与互联网公司联手推出了可以远程控制的家庭设备，使用户的生活更加便捷舒适；在健康医疗领域，医疗机构与科技公司合作开发了移动健康管理应用，帮助人们更好地监控自己的健康状况。这些新兴业态既丰富了首发经济的内容，也为消费者带来了前所未有的体验。

总而言之，首发经济与产业升级之间存在着紧密的联系。通过新产品发布、业态模式创新以及产业链协同发展，首发经济既推动了相关产业的技术进步和产品升级，也促进了整个经济结构的优化。随着更多企业和品牌的积极参与，首发经济将继续与中国产业升级相互促进，成为中国经济高质量发展的新引擎。

从标杆化到区域化的战略延展

随着首发经济在推动经济高质量发展方面的作用日益凸显，其影响已从几个示范城市逐渐扩散至全国各地。这一过程既推动了中国经济的多元化发展，也为各地区提供了新的经济增长点。从标杆化到区域化的战略延展，强调了各地根据自身特点制定差异化发展策略的重要性。

中国一些城市通过实施首发经济策略取得了显著的成功。这些城市通常具备较强的创新能力、先进的基础设施以及优越的地理位置，这使得它们能够率先尝试并推广新型商业模式和技术革新。

例如，上海作为中国重要的国际金融中心和对外开放窗口，积极打造国际一流的营商环境，并通过一系列创新举措吸引了大量外资企业和跨国公司入驻。此外，北京凭借丰富的教育资源和科研实力，成为高新技术产业的重要基地；深圳则以科技创新为核心驱动力，致力于打造全球领先的科技城市。这些城市的成功经验为其他地区提供了宝贵的参考案例，展示了如何利用本地优势资源促进经济发展。

然而，仅仅复制标杆城市的模式是不够的。随着越来越多的城市参与到首发经济中，避免同质化竞争成为重要的课题。每个地区都有其独特的历史背景、文化特色和经济条件，因此需要根据实际情况制定差异化策略。例如，在广州，政府提出了建设"数产融合的全球标杆城市"的目标，旨在通过大力发展数字经济来提升城市的竞争力；在杭州，依托阿里巴巴等互联网巨头，这座城市形成了独具特色的电子商务生态系统，并以此为基础进一步拓展其他新兴产业领域。

具体以云南丽江为例，这座拥有世界文化遗产的古城，近年来通过挖掘传统文化和自然风光，推出了"丽江文创节"。在活动中，丽江市政府与多家文创企业合作，推出了具有当地特色的文创产品，如手工刺绣、民族服饰、手工艺品等。这些产品既展示了丽江的历史文化底蕴，又融入了现代设计理念，深受消费者喜爱。丽江文创节的成功，不仅提升了丽江的旅游吸引力，还带动了当地文创产业的发展，形成了一条完整的文创产业链。

为了实现从标杆化到区域化的有效转化，地方政府需重点关注以下几个关键因素（见图6-3）。

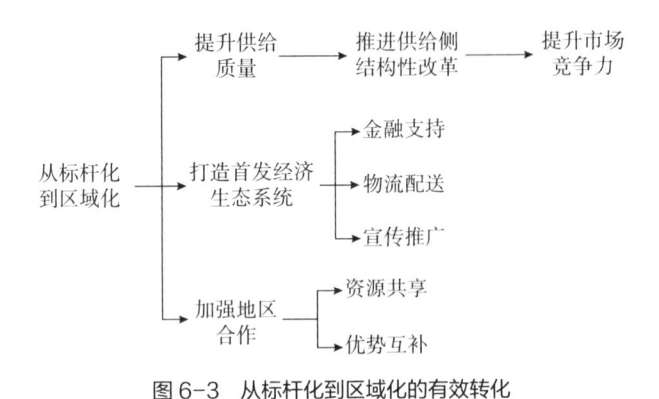

图6-3 从标杆化到区域化的有效转化

一、注重提升供给质量，满足消费者对高品质商品和服务的需求

通过推进供给侧结构性改革，提高产品质量和创新能力，增强市场的竞争力。例如，某市政府鼓励企业加大研发投入力度，推出更多具有创新性和独特性的产品。同时，政府还加强了对产品质量的监管，确保市场上流通的商品符合高标准要求。这种高质量供给，既提升了消费者的满意度，也促进了企业的可持续发展。

以杭州为例，作为中国电商之都，杭州在首发经济中非常注重提升供给质量，推动产业升级。2023年，杭州市政府出台了《杭州市人民政府办公厅关于促进杭州市新电商高质量发展的若干意见》[1]，鼓励电商平台和企业加大研发投入力度，推出更多创新型产品。阿里巴巴旗下的天猫平台，每年都会举办"天猫超级品牌日"活动，邀请国内外知名品牌参与，推出限量版产品和专属优惠。这些活动为消费者提供了更多的选择，也促使企业不断加大研发投入力度，推出更符合市场需求的产品。通过这种供需双向互动，杭州既提升了电商行业的整体水平，又增强了市场的竞争力。

二、打造一个完整的首发经济生态系统

该系统包括金融支持、物流配送、宣传推广等多方面的服务。例如，某县政府引入物联网技术和大数据分析平台，为商家提供精准的客流统计和消费行为分析服务，帮助他们更好地了解市场需求。此外，政府还与金融机构合作，出台专门针对初创企业和中小微企业的融资支持政策，解决了企业在发展初期的资金难题。通过构建综合服务生态，政府为企业提供了全方位的支持，促进了首发经济的健康发展。

以苏州为例，作为长三角地区的重要城市，苏州在首发经济中注重构建综合服务生态，推动产业发展。2023年，苏州市政府与多家金融机构合作，推出了"苏州首发贷"项目[2]，为初创企业

---

[1]《杭州市人民政府办公厅关于促进杭州市新电商高质量发展的若干意见》，杭州市人民政府门户，2022-06-02。

[2]《构建科技金融"苏州生态圈"》，《苏州日报》，2024-11-26，第A03版。

和中小微企业提供低息贷款和融资担保服务。同时，苏州还建立了"智慧物流平台"，利用物联网技术和大数据分析技术，实现了物流配送的智能化管理。这些措施既解决了企业的资金难题，又提高了物流配送的效率，促进了首发经济的快速发展。此外，苏州还通过举办各类展会、论坛等活动，搭建起企业和消费者之间的沟通平台，推动了市场的健康发展。

三、不同地区加强合作，形成资源共享、优势互补的良好局面

各地可以与周边城市联合举办大型首发活动，共同打造区域性消费中心，提升整体影响力。通过区域合作，各地可以共享市场资源和技术成果，实现互利共赢。此外，政府还应鼓励企业之间开展合作，共同开发新产品和新技术，营造协同创新的良好氛围。这种跨区域的合作模式，既扩大了市场的覆盖面，也提升了企业的竞争力。

以长三角地区为例，上海、杭州、南京等城市通过加强区域合作，共同推动首发经济的发展。2023年，长三角三省一市（江苏、浙江、安徽、上海）联合举办了"长三角首发经济峰会"，吸引了来自全球的知名企业、专家学者和政府官员参与。峰会上，各方就如何加强区域合作、推动首发经济高质量发展进行了深入交流。会后，上海、杭州、南京等城市签署了合作协议，共同打造"长三角首发经济带"，推动区域内资源共享、优势互补。通过

这种跨区域的合作模式，长三角地区不仅提升了自身的竞争力，还为中国乃至全球经济注入了新的动力。

从标杆化到区域化的战略延展对中国经济发展具有重要意义。通过学习标杆城市的成功经验，各地可以根据自身特点制定差异化的首发经济发展策略，避免同质化竞争，挖掘地方特色，提升供给质量，构建综合服务生态，加强区域合作。同时，政府应搭建灵活的政策框架，根据实际情况进行动态调整和优化，确保政策的有效性和针对性。

未来，各地应继续探索符合本地特色的首发经济发展模式，共同推动首发经济的繁荣，为中国乃至全球经济注入新的动力。

第三部分

实践与案例

第七章
首发经济的整体市场情况

作为推动消费变革、产业创新和城市发展的新兴力量,首发经济的影响力与日俱增。从繁华都市的时尚新品发布,到科技领域的前沿技术首展,其不仅是企业展示创新成果、塑造品牌形象的重要舞台,更是连接供给与需求、推动经济结构优化升级的关键纽带。首发经济浸润之处,无不激发着市场的无限活力,吸引着各方的目光。

随着数字化的深入发展,消费者的需求日益多样化和个性化,市场竞争也越发激烈。在这样的背景下,首发经济凭借其独特的创新性和引领性,既为企业提供了抢占市场先机的宝贵机遇,也为消费者带来了全新的消费体验与选择。无论是新兴品牌崭露头角,还是传统企业转型升级,首发经济都在其中发挥着不可或缺的作用，成为众多企业在新的商业浪潮中脱颖而出的重要战略选择。

从总体上了解首发经济的市场情况，不仅有助于企业精准把握发展趋势、制定科学合理的市场策略，而且能为政府部门制定相关政策提供有力依据，从而进一步优化市场环境，促进首发经济的持续健康发展。为此，本章将从规模与增长、行业分布、市场环境以及不同城市的差异化表现等多个维度，介绍首发经济整体市场现状，或可从中领略这一新兴经济形态的发展态势与无限潜力。

规模与增长：首发经济新势力

在繁华都市的商业中心，一场新品发布会正在火热进行。知名品牌推出的新款电子产品，凭借其独特的设计、卓越的性能，瞬间吸引了众多消费者的目光。发布会现场人潮涌动，线上直播也吸引了数百万观众的围观。产品正式发售时，门店前早早排起了长队，线上销售平台更是在短时间内销售额就突破千万元。这便是首发经济的一个生动缩影，其正以蓬勃之势在经济发展的舞台上大放异彩。

从全国总体情况来看，近年来首发经济的规模呈现出显著增长态势，相关维度及基本趋势见表7-1。

表 7-1　首发经济增长相关维度及基本趋势

维度	基本趋势
市场范围拓展	从一线城市向二、三线城市拓展
企业参与程度	企业数量增多。传统零售企业和新兴产业的企业积极参与
规模增长原因	·消费者追求新鲜和个性化 ·企业创新意识增强，加大研发投入力度 ·各地政策支持
未来发展趋势	·科技进步催生新产品 ·消费者需求持续增长，首发经济占比提升，带动消费和产业升级

一、市场范围拓展

从市场范围来看，首发经济不再局限于少数一线城市，而是逐渐向二、三线城市乃至更广泛的区域拓展。曾经，只有在北上广深等大城市，才能看到国际大品牌的新品首发活动。如今，在武汉、成都、杭州等新一线城市，各类首发活动也频繁上演。

比如，一些国际知名化妆品品牌，会选择在成都的春熙路商圈开设首店，并同步推出限量版新品；一些科技企业在武汉举办新品发布会，展示最新研发的智能产品。这极大丰富了当地的商业业态，也让更多消费者能够近距离接触到首发产品和服务。

二、企业参与程度

在头部企业和一线城市的带动下，越来越多的企业意识到首发经济的潜力，纷纷加大在新产品研发、新服务推出以及新门店开设等方面的投入力度。传统的零售企业，如大型商超、百货公司，不再满足于常规的商品销售，而是积极引入各类首发品牌，举办首发活动。如永辉超市，在部分门店设置品牌专区，专门展示和销售新上市的特色商品。

一些新兴的互联网企业、科技企业更是首发经济的积极参与者，其凭借创新的技术和理念，不断推出具有创新性的产品和服务。例如，一些在线教育平台，率先推出融合人工智能技术的个性化学习课程；一些共享出行企业，在特定城市率先投放新型的智能交通工具。

三、规模增长原因和未来发展趋势

首发经济规模增长的背后有着多方面的原因，消费者对新鲜事物的追求是重要的驱动力之一。随着生活水平的提高，人们的消费观念发生了很大变化，不再仅仅满足于基本的物质需求，而是更加注重消费的品质、体验和个性化。首发产品往往具有独特的设计、新颖的功能或创新的服务模式，能够满足消费者对新鲜感和独特性的追求。在购买服装时，消费者既要求服装舒适、耐穿，也希望其具有独特的设计、时尚的元素，能够展现自己的个性和品位。这种消费升级的趋势，使得首发经济中的新产品、新服务、新模式更容易获得消费者的青睐。限量版运动鞋独特的配色和设计，吸引了众多运动鞋爱好者抢购。沉浸式的戏剧演出，让观众身临其境地感受剧情，带给其全新的文化体验。首发的高端智能家居产品，凭借其智能化的控制、个性化的服务，满足了消费者对高品质生活的追求，一经推出便受到市场的热烈追捧。

企业创新意识的增强为首发经济的发展提供了有力支撑。在激烈的市场竞争中，企业为了脱颖而出，不断加大研发投入力度，积极探索新的技术、产品和服务模式。这种创新精神使得企业能够不断推出具有首发价值的产品和服务，推动首发经济的繁荣。

数字化的快速发展，为首发经济提供了强大的技术支持和创新动能。互联网、大数据、人工智能等技术的广泛应用，改变了企业的生产、营销和服务模式，为首发经济带来了新的机遇。通过大数据分析，企业能够精准了解消费者的需求和偏好，从而开发出更符合市场需求的首发产品。利用人工智能技术，企业可以实现生产过程的智能化、自动化，提高产品的质量和生产效率。数字化营销手段的不断创新，如社交媒体营销、直播带货等，为首发产品的推广和销售提供了更广阔的渠道。

地方支持也为首发经济的发展创造了良好的环境。各地政府纷纷出台相关政策，鼓励企业开展首发经济活动。一些城市对引入的首店、首发活动予以资金补贴，降低企业的运营成本；一些城市优化审批流程，为企业提供便捷的服务，加快首发项目的落地速度。如上海出台《关于进一步促进上海全市首发经济高质量发展的若干措施》，对符合条件的首店予以一次性资金奖励，鼓励品牌在沪举办首发、首秀、首展活动,并按实际投入的一定比例给予补贴。这些政策的出台,极大地激发了企业参与首发经济的积极性。

面向"十五五"及未来,首发经济的规模有望继续保持增长态势。随着科技的不断进步,新的产品和服务将不断涌现,为首发经济提供丰富的内容和多种多样的形式。不断发展的人工智能、大数据、物联网、区块链等技术,将催生更多智能化、个性化的产品和服务。如智能家居系统,能够根据用户的生活习惯自动调节家居设备,为用户带来更加便捷、舒适的生活体验;智能健康监测设备,可以实时监测用户的身体指标,并为其提供个性化的健康建议。这些新产品和服务将进一步推动首发经济的发展。

消费者对首发产品和服务的需求也将持续增长。随着消费观念的不断升级,人们对新鲜事物的接受度越来越高,对首发经济的关注度和参与度也将不断提升。首发经济在经济体系中的占比将持续提升,成为推动经济发展的重要力量。这将带动消费市场的繁荣,并促进产业的创新升级,为经济的可持续发展注入新的活力。

行业分布:多元领域创新融合

首发经济如同充满活力的种子,在众多领域生根发芽,绽放出绚丽的花朵。其行业分布广泛,涵盖零售餐饮、科技、文旅等多个领域,各行各业都展现出独特魅力和发展潜力。

一、零售餐饮

在零售餐饮领域,首发经济的身影随处可见。走在繁华的商业街,一家家新开业的首店吸引着人们的目光。这些首店往往能带来独特的产品、服务以及全新的消费体验。一些网红奶茶店,会在首店推出限定口味的奶茶、独特配方和精美包装,吸引众多消费者前来打卡。

零售餐饮行业的产品更新速度极快,为了满足消费者不断变化的口味和需求,企业需要不断推陈出新。新品首发成为企业吸引消费者、提升品牌知名度的重要手段。例如,知名咖啡品牌,会定期推出新口味的咖啡饮品,每次新品上市都会引发消费者的关注和购买热潮。

一些餐饮企业也会结合首发经济,推出新的经营模式和服务理念。例如"共享厨房"模式,消费者可以在这里自己动手制作美食,享受烹饪的乐趣。这种创新模式,既满足了消费者的个性化需求,也为餐厅带来了新的客源。

二、科技领域

谈起首发经济的重要阵地,不能少了科技领域。科技的快速发展,使得新产品、新技术层出不穷。从智能手机到智能家居,从人工智能到区块链,每一次科技的突破都为首发经济带来新的机遇。

在科技领域，首发经济在推动技术进步和创新的同时，还能带动相关产业链的发展。以新能源汽车为例，企业首发新款车型时，在促进新能源汽车技术进步的同时，还带动了电池、电机、自动驾驶等相关产业的发展。

科技企业在首发经济中，注重技术的引领和创新，通过首发新产品、新技术，抢占市场先机，提升企业的核心竞争力。

三、文化旅游

文旅与首发经济的融合，为人们带来了丰富多彩的文化旅游体验。旅游景区推出的新景点、新活动，文化场馆举办的新展览、新演出，都属于首发经济的范畴。

上海迪士尼乐园的"疯狂动物城"主题园区首发，吸引了大量游客前来体验。这个全新的园区，以电影《疯狂动物城》为背景，打造了逼真的场景和精彩的游乐项目，让游客仿佛置身于电影世界。

一些博物馆推出的沉浸式展览，利用虚拟现实、增强现实等技术，让观众更加直观地感受历史文化的魅力。

文旅行业的首发经济，既能够满足人们对精神文化生活的需求，提升旅游的品质和体验，同时也能促进文化的传承和创新，并推动文旅产业繁荣发展。

四、其他行业

在推进首发经济方面,不同行业可谓各擅胜场。除了零售餐饮、科技和文旅领域,其他诸如时尚、金融、教育等领域的首发经济,也具有各自的特点和优势。不同行业在首发经济中的表现各有千秋,见表7-2。

表7-2 不同行业首发经济表现

行业	首发经济表现	特点优势	影响因素
时尚	品牌发布新系列(时装周展示),新兴品牌借此打开市场	引领潮流,满足个性表达,传播品牌文化	消费者追求时尚变化、产业竞争国际化、营销传播助力
金融	机构推出新理财产品和科技服务(余额宝),举办创新论坛(外滩金融峰会)	满足理财需求,推动金融创新,促进市场繁荣	市场开放、技术进步、政策监管引导
教育	机构推出新课程模式(个性化在线辅导),企业发布智能产品(智能学习硬件)	适应教育变革,满足个性化需求,推动教育智能化	教育改革推进、科技助力教育、市场需求推动

这些行业分布并非偶然,而是受到多种因素的影响。首先,随着生活水平的提高,人们对消费的品质、体验和个性化要求越来越高。时尚、金融、教育等行业通过首发新产品、新服务,满足消费者的多样化需求。其次,科技的进步使新产品的研发和生产成为可能。人工智能、大数据、物联网、区块链等技术,为时尚、金融、教育等领域的首发经济提供了创新的手段和方法。最后,各地政府出台支持首发经济的政策,鼓励企业在不同领域开

展首发活动，促进了首发经济在各行各业的多元化发展。

各具特色：不同城市的差异化表现

在首发经济的发展进程中，不同城市凭借各自独特的资源禀赋、经济基础与市场环境，展现出差异化的发展路径与特色。其中，一线城市凭借雄厚的实力引领潮流，二线城市借助自身优势迅速崛起，其他城市也在挖掘潜力中崭露头角。

不同城市在首发经济领域有着差异化的表现（见表7-3），它们共同构成了首发经济丰富多样的发展格局，为经济增长注入多元活力。

一、引领潮流的一线城市

在首发经济的赛道上，一线城市无疑是当之无愧的先锋。北京、上海、广州、深圳，这些城市犹如璀璨的明星，闪耀在首发经济的天空。凭借丰富的资源、强大的消费能力和国际化的视野，这些城市成为首发经济的核心阵地。

一线城市拥有得天独厚的资源优势。这里汇聚了国内外顶尖的商业资源，众多国际知名品牌将其视为进入中国市场的桥头堡。在上海的南京路步行街，各类高端品牌旗舰店鳞次栉比，从时尚的服装品牌到奢华的珠宝品牌，应有尽有。这些品牌在这里开设

表 7-3 不同城市首发经济的表现

城市层级	代表城市	发展优势	发展策略	典型案例	对城市的影响	面临的挑战与应对策略
一线城市	北上广深	商业、文化、创新资源丰富，消费力强，观念超前	举办国际展会，吸引高端品牌首发	上海全球首发新品品牌多；北京三里屯大量高端品牌首发	提升城市形象，促进经济增长	竞争激烈，需创新；需求多变，需加强调研和调整策略
二线城市	杭州、西安等新一线城市	杭州数字经济与文化优势；西安历史文化资源；武汉产业优势；长沙年轻化市场和夜经济优势	结合优势打造特色项目	杭州云栖大会阿里云推出新服务；西安唐代文物展览；武汉汽车新品发布；长沙网红奶茶新口味首发	推动特色产业发展，提升城市特色形象	面临与一线城市竞争的压力，需差异化；资源有限，需整合和精准定位
其他城市	部分地级市、县级市	了解本地需求，有特色的农产品或本土品牌潜力	用绕本地需求，开展区域合作，精准定位市场	某地级市本土服装品牌首发；某县级市有机蔬菜首发	促进经济多元化，提升居民生活品质	资源少、市场小，需开展区域合作，精准定位市场，提高成功率

第七章　首发经济的整体市场情况

首店，举办新品首发活动，吸引着全球的目光。一线城市还拥有丰富的文化资源和创新资源。北京作为中国的文化中心，拥有众多的博物馆、艺术场馆和文化创意产业园区，为文化类首发活动提供了成长的土壤。798艺术区经常举办各类艺术展览和文化活动，许多艺术家会在这里首发自己的作品，展示独特的艺术风格。

强大的消费能力是一线城市发展首发经济的重要支撑。一线城市的居民收入水平较高，消费观念也较为超前，对新鲜事物的接受度高，愿意为高品质、个性化的产品和服务买单。在深圳，科技爱好者热衷于追逐最新款的电子产品，苹果、华为等品牌的新品发布会总是能引起大量消费者的关注。每当有新品发布，消费者都会早早地来到门店排队，期待第一时间拥有最新的产品。这种强大的消费能力，使得首发产品在一线城市能够迅速打开市场，取得良好的销售业绩。

一线城市发展首发经济的策略和举措也是多种多样的。举办国际级展会是一线城市吸引首发活动的重要手段。上海的中国国际进口博览会，吸引了众多国际品牌展示最新的产品和技术。许多品牌会在进博会上进行全球首发，展示其创新成果。进博会为品牌提供了展示的平台，同时为消费者带来了全新的消费体验。吸引高端品牌首发也是一线城市的重要策略。北京的三里屯商圈，通过优化营商环境、提供优质的商业服务，吸引了众多高端品牌在此开设首店和举办首发活动。在这里，消费者可以看到最新款的时尚单品，品尝到全球美食，感受到国际化的消费氛围。

上海的全球新品首发季是一线城市首发经济的成功案例。每年的全球新品首发季，都会吸引大量国际国内品牌参与，涵盖时尚、科技、文化等多个领域。在首发季期间，各种新品发布会、时尚秀、艺术展览等活动精彩纷呈。某国际知名时尚品牌在首发季推出最新款的服装系列，邀请国际知名模特进行走秀展示，吸引了众多时尚爱好者和媒体的目光。这些活动既提升了上海的城市形象，也促进了消费市场的繁荣。

一线城市首发经济对城市发展产生了深远影响，提升了城市的形象和知名度。通过举办各类首发活动，一线城市向世界展示了其时尚、创新的城市形象，吸引了更多的人才和投资。上海作为国际消费中心城市，其首发经济的发展使得城市的国际影响力不断提升。首发经济带动了相关产业的发展，如零售、餐饮、文化娱乐等，为城市创造了更多的就业机会和经济收入。如北京的王府井商圈，首发经济的发展使得商圈的销售额逐年增长，成为城市经济的重要增长点。

二、特色崛起的二线城市

在首发经济的浪潮中，二线城市异军突起。特别是其中的杭州、成都、武汉、西安等几座被第一财经·新一线城市研究所依据商业资源集聚度等五大指标划定的新一线城市，正以其独特的魅力和潜力，成为首发经济发展的中坚力量。结合本地文化和产业优势，推出特色首发项目，这些城市在首发经济领域崭露头角。

杭州，这座充满活力的城市，凭借其发达的数字经济和浓厚的文化底蕴，在首发经济中独树一帜。依托阿里巴巴等互联网巨头，杭州成为数字经济的首发高地。每年的云栖大会，都会吸引全球的目光。在云栖大会上，众多科技企业会发布最新的技术和产品，如人工智能、大数据、云计算等领域的创新成果。阿里云会在大会上推出新的云计算服务，为企业提供更高效、更安全的计算资源。这些数字经济领域的首发项目，在推动杭州数字经济发展的同时，也为全国乃至全球的数字经济发展提供了新的思路和方向。杭州还注重文化与首发经济的融合。西湖边的湖滨银泰，经常举办时尚文化活动，一些国际知名品牌会在这里首发与杭州文化相关的产品。某品牌推出的以西湖十景为主题的限量版服装，将杭州的美景与时尚元素相结合，深受消费者喜爱。

西安，这座古老而又现代的城市，将丰富的历史文化资源与首发经济巧妙融合。依托历史文化名城的优势，西安的首发经济在首展方面表现突出。包括高频举办各类展会活动，其中不乏与历史文化相关的展览。在西安博物院，不仅有《气象长安》宣传片的首发，也有关于唐代文物的首展，吸引着众多游客前来参观。通过现代化的展示手段，许多首次公开展出的唐代文物，让游客仿佛穿越时空，感受唐代的辉煌气象。西安还打造了大唐不夜城、大明宫等特色消费街区，将历史文化与商业消费相结合，一些商家还会在这里推出与唐代文化相关的首发产品，如唐代风格的手工艺品、文创产品等，让游客在游玩的同时感受到历史文化的魅力。

随着城市知名度的提升和消费市场的扩大，以新一线城市为代表的二线城市吸引了越来越多品牌商家的关注。一些国际知名化妆品品牌，开始在成都、武汉等城市开设首店，并推出新品，这为其首发经济发展提供了机遇。由于这些城市在资源、消费能力等方面不具有一线城市的优势，因此只有在特色和差异化上下功夫，积极利用自身优势，打造独特的城市名片，才能在竞争中脱颖而出。

武汉作为汽车工业重地，充分发挥其在智能制造、汽车产业、新能源等领域的优势，吸引科技类新品在此发布。武汉经济技术开发区成为智能网联汽车产业链头部企业的聚集地，许多汽车企业会在这里举办新品发布会，展示最新款的智能汽车。这些首发项目推动了武汉汽车产业的发展，提升了城市的科技形象。长沙凭借年轻化的市场和夜经济优势，在网红品牌和消费类品牌的首发方面表现突出。长沙的五一广场是年轻人的聚集地，这里汇聚了众多网红品牌。一些网红奶茶店、火锅店会在长沙首发新口味、新菜品，吸引大量年轻人前来打卡。长沙的夜经济也十分发达，许多酒吧、夜市会举办首发活动，如首发新的音乐演出、特色小吃等，为消费者带来独特的夜生活体验。

三、其他城市：挖掘潜力的新力量

在首发经济的版图中，三线及以下城市虽然规模相对较小，但却蕴含着巨大的发展潜力。注重本地需求，发展区域特色首发经济，这类城市以独特的方式在首发经济的舞台上崭露头角。

这类城市的首发经济发展，需要紧密围绕本地需求展开。在一些地级市，本土品牌首发也成为一道亮丽的风景线。某地级市的一家本土服装企业，注重产品的设计和品质，以当地的传统文化为灵感，推出具有地方特色的服装系列。在首发活动中，其邀请当地的模特展示服装，通过社交媒体进行宣传推广。由于服装独特的设计和高品质，吸引了众多消费者的目光，订单量不断增加。这个本土品牌的首发成功，既提升了企业的知名度和影响力，也为当地的服装产业发展注入了新的活力。

在一些县级市，特色农产品首发成为亮点。某县级市以其优质的水果而闻名，当地的农业企业会在水果成熟的季节，举办特色农产品首发活动。通过线上线下相结合的方式，将采摘的新鲜水果推向市场。其在首发活动中不仅展示了水果的品质和口感，而且介绍了水果的种植过程和营养价值。消费者可以通过电商平台下单，购买到新鲜的特色水果。这种特色农产品首发活动，既满足了本地消费者对优质农产品的需求，同时将本地的特色农产品推向更广阔的市场，增加了农民的收入。

然而，这类城市发展首发经济也面临着一些困难。资源有限是中小城市面临的主要问题之一。与一线城市和二线城市相比，它们在资金、技术、人才等方面资源相对匮乏，这限制了首发项目的规模和影响力。市场规模小也使之在吸引品牌和消费者方面面临挑战。一些国际知名品牌可能更倾向于在大城市进行首发，因为大城市的消费市场更大，能够获得更高的销售额。

加强区域合作是这类城市发展首发经济的重要策略。一些相邻的中小城市可以联合起来，共同举办首发活动。通过整合资源，共同打造具有区域特色的首发项目。几个城市联合举办农产品展销会，可以展示各地的特色农产品，吸引更多的消费者和采购商。通过区域合作，中小城市可以扩大首发项目的影响力，提高市场竞争力。精准定位市场也是中小城市发展首发经济的关键。相关城市可根据本地的消费特点和市场需求，选择适合的首发项目。如果当地的消费者对健康养生产品有较高的需求，那么这些城市可以引进相关的健康养生品牌，举办首发活动。通过精准定位市场，这些城市可以提高首发项目的成功率，满足消费者的需求。

再如，某县级市的特色农产品首发就是一个成功的案例。该县级市以种植有机蔬菜而闻名，当地政府和企业联合举办了特色农产品首发活动。通过邀请专业的电商团队，搭建线上销售平台，将有机蔬菜推向全国市场。其在首发活动中还邀请了营养专家，介绍有机蔬菜的营养价值和烹饪方法。通过一系列的宣传推广活动，特色农产品首发取得了巨大的成功。有机蔬菜的销售额大幅增长，切实增加了农民的收入，县级市的知名度也得到了提升。

首发经济发展前景广阔，对当地经济的推动作用也十分显著，可以促进地方经济多元化发展。通过发展首发经济，相关城市可以引进新的产业和项目,丰富当地的经济结构。首发的文化创意产业项目,可以带动当地文化旅游、艺术设计等相关产业的发展。首发经济也可以提升当地居民的生活品质,让他们享受到与大城市居民相同的消费体验,不断提高生活的幸福感。

第八章
首发产品的市场动力

首发产品作为首发经济的核心驱动力，往往以其创新性、独特性和高需求性为市场带来颠覆性变化。其不仅仅是新产品的简单推出，而是通过精准把握市场的需求波动、引领潮流、激发消费者的购买欲望，推动了整个产业的快速发展。

本章将深入探讨这些首发产品背后所蕴含的市场动力，从消费者心理、技术创新到市场传播机制，揭示这些因素如何共同作用，促成首发产品在竞争激烈的市场中脱颖而出。

我们将首先分析首发产品的市场需求形成机制，随后探讨创新的产品特性和定价策略如何创造独特的市场吸引力。此外，还将研究社交媒体和口碑传播等因素如何加速产品的市场渗透、提升消费者认知，进而推动整个行业的变革。通过这些层次的分析，希望能全面剖析首发产品如何驱动市场，从而为未来的商业战略提供有益的借鉴。

首发经济对市场的重要影响

首发经济是市场中最重要的一个特定商业环节，市场内生的动力需求促使首发经济出现，而首发经济的繁荣则能有效推动市场向前发展。具体而言，首发经济对市场的影响，集中表现在引领消费潮流、推动产业升级、激发经济活力三个方面。

一、引领消费潮流

衣、食、住、行各个方面，首发产品的出现总是能吸引最多的关注，带动前沿的消费热潮。

在传播力上，新鲜本身就具有强大的吸引眼球的力量，再结合为产品打造的特定包装和宣传，可以迅速获得消费者的关注。在产品力上，首发产品则大多根据消费者需求进行调整改造，更加符合消费者在特定时期的购买偏好和行为趋势。二者相互结合，促使首发产品形成引领消费潮流的能力。

在诸多品类中，前沿科技产品无疑是最容易成为潮流浪头的角色。从历史上的电视机、吸尘器、洗衣机，到今天的智能手机、智能手表手环、智能驾驶汽车，都是时代之中首发产品引领消费潮流的典型代表。

2024年9月，华为Mate XT上线，创意性的三折叠屏幕让市场重新关注到折叠屏、柔性屏的应用潜力，超薄机身也进一步展示了屏幕类产品轻薄的前沿标准。自这一产品问世之后，折叠屏手机真正进入了大众消费者的选择范围，华为手机也借助这一极具独特性的新产品，真正回归了高端手机市场。

今天，还有很多科技产品正在进行市场探索，寻求引领性突破。新能源汽车领域，智能驾驶的实用性在不断提升，无人出租车已经开始试运营；科大讯飞依托语音识别、AI大模型等软件工具，开发了办公本、AI键盘、AI鼠标等一系列智能化办公产品；以苹果为代表的许多厂商正在尝试开发带有AR、VR、语音等功能的可穿戴设备；智能家居系列也在逐步渗透进各种家电产品。

除科技产品外，各行各业都有"首发"逻辑下形成消费潮流的案例。那些具有代表性的首发产品，还具有引领市场消费喜好、改变用户习惯的能力。

2022年开始全国扩张的"国潮茶饮"霸王茶姬带起了原叶茶饮的潮流[1]；2023年走出湖南的费大厨在全国带起了一轮"湘菜"热[2]；无Logo内衣、鲨鱼裤、德绒保暖内衣等改变了消费者对贴身、保暖衣物的选择和穿着习惯；露露乐蒙（Lululemon）等新潮

---

[1] 《门店突破6 000家，7岁的霸王茶姬活成新茶饮范本》，央广网，2024-11-21。
[2] 吴容：《湘菜才是雄霸全国连锁餐厅的菜系》，界面新闻，2023-07-30。

第八章　首发产品的市场动力

运动品牌打破了运动服和日常通勤服装之间的边界，让"舒适"变成了人们选择日常着装的第一标准。

从大量案例中可以看到，对于企业而言，引领消费潮流意味着凭借对消费者具体实际需求的深刻洞察，更新旧产品、创造新功能、打造新体验，满足消费者需求，从而获得竞争优势。而符合市场需要的首发产品，则能够迅速借助首发优势，为品牌树立形象和口碑，助力品牌快速成长。2020年以来部分行业首发产品／服务概况见表8-1。

表8-1　2020年以来部分行业首发产品／服务一览

行业类别	具体首发产品／服务	备注
信息技术	鸿蒙操作系统由华为捐献给开放原子开源基金会	鸿蒙生态自2020年9月开始构建，至2024年底已汇聚超过10亿台设备，吸引了720万开发者参与
金融服务	ETP（交易所交易产品）市场扩容，包括QDII（合格境内机构投资者）型、债券型、红利类ETF（交易型开放式指数基金）等新产品	2024年中国境内ETF市场规模达到3.7万亿元，非货币ETF规模增长显著，尤其是宽基ETF，如沪深300、中证A500等
消费电子与零售	京东C2M（Customer to Manufacturer）定制化商品和服务	通过大数据分析消费者需求，实现从用户端到制造端的反向定制，提高产品的适销性和用户体验
新能源汽车	富特科技的智能直流充电桩电源模块	专注于车载电源领域的研发与生产，推动新能源汽车行业向智能化方向发展
电子商务	京东新品策略下的各类新品发布	包括手机、数码、服饰等多个品类的新品推出，反映了中国消费市场从"量变"到"质变"的转变趋势

续表

行业类别	具体首发产品/服务	备注
农业	种子轮和 A 轮创业项目保持活跃	这里提到的是种子阶段的投资活动，但也可以理解为农业领域内新兴技术或模式的初步尝试，比如精准农业、智能温室等
在线知识问答	在线知识问答平台为企业客户提供多维度的服务解决方案	通过企业答疑和互动服务等形式，帮助企业更好地解决运营中出现的问题，促进知识传播和技术交流

二、推动产业升级

首发产品"新"的概念，在产品表现上是新功能、新体验、新理念，在商业生产层面，则表现为对产业链条的升级推动。这种推动作用主要表现在以下几个方面。

第一，首发产品能提升整个市场的产品标准。每一个新产品在设计中都融入了对消费者需求的理解，而一旦特定的消费需求得到满足，相应的需求应对功能就会成为行业的新标准。此后，其他产品只能选择跟进，或者被逐渐边缘化。

如华为手机定义了电池续航和信号强度标准，阿迪达斯椰子鞋定义了运动鞋的舒适度标准，三只松鼠定义了坚果类零食的质量和价格标准。当首发产品不断发掘新的标准，并通过新的首发产品持续对标准进行更新，相应行业和产业的标准就会在潜移默化中不断提高。

第二，首发产品能推动相关产业链条的升级。现代工业生产的特点是长链条、多环节的标准化协作，每个首发产品背后，都需要诸多原材料、半成品环节的配合，而首发产品建立、提升的新标准，也同时影响着相关的整条产业链。

新能源车的快速发展推动着芯片、电池等各种相关行业的快速进步，餐饮行业对"新鲜"的追求影响着农业种植和养殖的标准，舒适贴身衣物的发展提高了整个纺织行业的材料开发、纺织工艺。每一个首发产品的出现，都代表着一条产业链的变化和提高。

第三，首发产品能带来商业模式的创新。为了提升首发产品的竞争力，新产品往往既需要在消费需求上进行有针对的调整，也需要在价格、利润和市场影响力方面有所突破。在一定程度上，价格和利润也是消费需求的一部分。在价格和利润空间上进行拓展，意味着首发产品的生产者需要寻找新的产业链条组织方案。革新方法可能包括而不限于：降低原材料、运输成本，集中大量采购，采用新技术和新生产线，降低管理成本等。

链条中每个环节的改变，都能在现代商业模式中变化为整个行业方式的改变，进而推动商业模式的不断创新。

企业在推出首发产品的过程中，提高了产品的行业标准，促使产业链和商业模式不断升级改造，淘汰落后产能，优化资源配置，推动产业整体向着更加高效、绿色、创新的方向发展。这既有利于企业的可持续发展，也符合社会经济发展的总体趋势，彰显了新品首发在推动产业升级和经济发展中的核心价值。

相关代表性行业及其产业链条与新标准详情见表8-2。

表 8-2　代表性行业及其产业链条与新标准

行业名称	产业链条概述	新标准及标准化工作进展
新一代信息技术	上游：芯片设计、制造设备、原材料供应 中游：半导体制造、封装测试 下游：终端应用（如智能手机、计算机、物联网设备）	推动5G、人工智能、云计算等技术的应用和发展； 加快制定和完善相关技术标准，确保信息安全和数据隐私； 加强国际标准合作，提升中国在全球标准制定中的话语权
新能源汽车	上游：锂矿开采、电池材料生产 中游：动力电池制造、整车组装 下游：充电桩基础设施建设、售后服务网络	制定统一的充电接口标准，打通不同品牌之间的兼容性； 建立健全新能源汽车安全性能评价体系； 推广绿色制造标准，减少生产过程中的环境污染
大容量电池	上游：正负极材料、电解液、隔膜等关键材料 中游：电芯制造、模块集成 下游：储能系统、电动汽车等领域应用	提高电池能量密度和循环寿命的标准； 加强对废旧电池回收处理的技术规范； 完善电池管理系统（BMS）的相关标准，保障使用安全
工业链条	上游：钢铁生产和改制行业 中游：工业加工制造 下游：农机、交通运输、轻纺工业、冶金、矿山机械及仪表工业等	优化产品规格和技术参数，满足多样化市场需求，推进智能化生产和自动化装配线的应用； 加强与国际标准对接，推动中国标准"走出去"

三、激发经济活力

首发产品能够带来行业标准的提升和相应产业链的联动式升级，而首发经济的整合发展则能极大地激发经济活力，促使总体经济向好向上。

首先，城市对首发经济的支持，能够聚集企业的首发力量，提升城市商业活力和知名度。以率先提出"首发经济"概念的上海为例：2024年发布的上海首发经济2.0政策，通过支持国内外品牌开设首店、举办首发首秀首展活动、构建专业服务生态圈等一系列举措，当年新增各类首店1 269家[1]，国际一线品牌覆盖率达到98%，位列全球城市第二。积极推动首发经济发展，帮助上海迅速恢复了经济活力，2024年前三季度GDP（国内生产总值）增长4.7%，第三产业增加值增长5.8%，其中交通运输、仓储和邮政业增加值同比增长19.6%，信息传输、软件和信息技术服务业增加值增长11.8%。[2]

其次，首发经济提升了全行业竞争力，激发了经济和技术发展的内在动力。企业以加入首发经济为目标，就是成为市场中不断游动的"鲇鱼"，通过新产品、新模式、新宣传，向同行和相关产业链条不断发起挑战。在不断推进的竞争中，更先进的技术、更新颖的设计、更舒适的体验、更具文化内涵的理念、更符合绿色环保要求的方案都在不断生发，带动经济的潮流持续向前。就像华为是通信、智能前沿技术的"鲇鱼"，小米是使用习惯和性价

---

[1]《详解2024上海经济，2025高质量发展划重点！一起来看这场"经济"主题发布会》，第一财经，2025-01-16。
[2]《经济运行总体平稳，高质量发展扎实推进2024年前三季度上海市国民经济运行情况解读》，上海市人民政府门户，2024-10-23。

比的"鲇鱼",在各行各业许多"鲇鱼"的促进效应下,经济总体运行也能具备更强的动力。

最后,首发经济能够促进经济流动,推动技术、产品、普遍生活的良性循环。每个具体的人都同时是经济活动中的消费者和生产者,首发经济激发的经济浪潮,既能够提高大众的生活品质和消费体验,也能以市场的方式让资金和资源流动起来。资金的流动带来宏观活动效应,推动经济不断正向循环,迸发出更强的活力。

营销方式与消费者行为的变革

首发经济通过提供新的功能、体验、服务,影响着消费者的选择和习惯,相应的,消费者的需求和消费行为也在根据自身经济、生活体验不断调整,决定着首发经济的创新、变革方向。

所有消费者的首要追求都是高性价比。无论具有何种消费能力,怎样的消费需求,消费者都希望在自己愿意支付的价格范围内得到最好的产品、功能、服务和体验。

在基本的衣、食、住、行等生活消费需求得到满足之后,消费者会更加注重社交、尊重和自我价值实现等高层次需求。这时,消费者在做购买决策时,既会考虑产品的功能和价格,也会关注产品所带来的情感和心理满足。消费者也因此愿意为商品和服务背后的文化内涵、环保理念、情绪心理价值等要素支付对价。

除这些共通的消费选择趋势外,在不同地区、发展阶段的市场中，不同阶层的消费者也有不同的消费习惯。在世界经济进入新一轮调整的大背景下，这些消费者的行为、心理在环境影响下产生了不同的变化。

一、原有发达国家市场

随着美国经济内部和外部失衡越发明显，西方发达国家依托全球化的经济运行遇到阻滞，发达国家的产业、市场正在进行剧烈调整。总体来看，发达国家市场中不同群体的消费行为调整呈现以下几个特点。

首先，原有资产阶级、精英群体的消费能力依然存在。这些群体长期为具有高附加值、高技术和文化内涵的精品、新品买单，其也是奢侈品的主要用户群体。在经济前景预期不明的背景下，他们的消费倾向开始从生活、情感享受向理财、保值倾斜。因此，近年来国际黄金、宝石的价格不断升高，而其他奢侈品服装、高端日用品等主要表现出销量下滑的趋势。

其次，中产阶级的家庭经济基础遭到破坏，这些群体对价格的敏感度随之提高。长期以来，中国强工业化的生产能力，为西方发达市场的消费者提供了大量廉价优质的生活商品。然而随着经济情况发生变化，中产群体消费力因受其影响而下降，他们对新品、品牌、文化理念带来的溢价越发敏感，转而更青睐高性价比的实用型产品。同时，他们长期形成的对生活舒适、精神满足的消费追求还未发生根本变化，在相关品类方面的消费也未受到根本影响。他们的改变，正是国内品牌名创优品、Temu（拼多多的跨境电商平台）等在国外迅速获得市场的背景因素。

二、国内市场

在国际经济环境发生变化的同时，国内也面临经济结构调整、转型，叠加疫情影响的余波，经济增速放缓，大量传统行业受到冲击。一段时间内，许多群体对经济的感受较冷，舆论中也充斥着大量消费降级的声音。

但就总体趋势而言，国内经济依然在不断发展，高新技术产业和服务行业规模在不断扩大，城镇化继续推进，中等收入阶层扩大，低收入阶层的收入水平也在持续提高。

因此，国内市场仍在进一步升级和发展。具体而言，国内市场表现出以下特征。

1. 消费标准提升与理性消费同时存在

经过 40 多年经济发展，国内市场已有一定积累，消费者越来越追求品质感，追求生活舒适度和体验感的提升。同时，现代社交媒体带来的信息快速流动，使市场能够迅速对各类消费品的各种维度特征进行解析和传播，消费者一方面对于不符合需求的奢侈消费迅速祛魅，另一方面快速筛选出更符合需求和品质标准的产品或服务。

因此，对国内消费市场的更准确定义并非"便宜"，而是给足够优秀的品质、服务以合理的定价。高品质生活和精神产品的市场潜力巨大，亟待深度开发。

2. 个性化需求和精神需求不断增加

过去相当长时间内，国内文化、审美、体验相关消费市场一直在不断扩大。其中，文旅市场除2020—2022年受到疫情影响外，持续增长，实现了从2020年的2.23万亿元到2024年的5.75万亿元的市场规模增长。国内自主研发游戏的销售规模从2020年的2 786.87亿元增长至2024年的3 257.83亿元（见表8-3）。国内文创行业市场规模从2020年的774亿元增长至2023年的880亿元，2024年度还在持续增长。

表8-3　2020—2024年国内主要休闲娱乐市场规模变化情况

年份	文旅（万亿元）	游戏（亿元）	潮玩（亿元）	网文（亿元）
2020	2.23	2 786.87	294.8	249.8
2021	2.92	2 965.13	384.3	267.2
2022	1.72	2 658.84	487	389.3
2023	4.18	2 688.43	600	404.3
2024	5.75	3 257.83	763*	419.9*

*2024年潮玩、网文市场规模实际数据截至本书写作时尚未公布，表中为预测数据。

数据来源：文旅数据来自国家统计局、中国旅游研究院、文化和旅游部，游戏数据来自中国游戏产业研究院，潮玩数据来自中研普华研究院、观研报告网、艾媒网等，网文数据来自36氪、雪球、腾讯新闻、钛媒体、华奥网、澎湃新闻、中国音像与数字出版协会等。

从消费群体划分的角度观察，国内经济快速发展时期成长起来的年青一代在文化休闲娱乐方面的消费理念与长辈之间有着根本差异，其更有意愿为个性化、定制化的精神文化需要付费。手工定制的各种手办、玩具，个性化的旅行、游玩路线和方式等，都是年轻群体根据自身需求催生出的潜力市场。

3. 中式文化复归影响消费理念

在国内外经济发展关系调整、文化摩擦加剧的环境下，国内中式文化的复归具有全方面的综合性影响。中式文化与国人的文化、民族自信高度相关，中式审美本身则有着千年历史积累，内涵丰富。在满足国内消费者精神、文化、审美需求方面，中式、古典、国潮等概念表现出了独特的优势。同时，"天人合一"等中式文化理念也在影响着消费者的消费行为，中式环保、养生等概念也在逐渐形成规模化市场。

三、其他发展中国家、地区

在全球经济、政治局势变化之下，发展中国家得到了新的发展机会，"全球南方"成为东西方先发国家竞相争夺的潜力市场，广大的第三世界市场被统一称为"新兴市场"。

总体而言，新兴市场的主流需求依然在于服务基本的生活、工作，消费者对价格因素具有更谨慎的考量，对价格变动相对较为敏感。价格亲民、质量可靠、功能实用的产品是这类市场中消费者的主要选择。近年来，我国对非洲市场出口了平价手机、电视、基础药品、蚊帐、塑料日用，以及化工产品等，市场规模可观。

然而"新兴市场"是一个极为概括性的概念，世界不同区域、国家有着非常不同的地理环境、文化背景，当地消费者也有迥异的消费需求和习惯。中东地区有着庞大的高端奢侈品消费阶层，宗教文化深刻影响着普通消费者的行为习惯；非洲是具有庞大潜在基础消费需求的市场，文化差异和消费需求高度多元化；东南亚市场经济发展迅速，消费需求变化快，受中国、日本等区域经济大国和美欧发达经济体文化辐射影响较大。

因此，企业很难用同一套设计、生产、经营逻辑适配整个新兴市场。针对不同国家、地区，企业必须深入了解当地生活和文化，对产品、服务进行适应性调整。消费者心理、行为模式决定了市场的根本需求，在这一基础之上，创意营销是将企业与市场联系起来的"首发"要素。社交网络、视频直播和人工智能极大改变了全球信息的流通方式和范围。新型电商带来的订单管理、销售流程、运输方式的改变，也在重塑各行业的产业链和营销结构。在科技发展和文化理念协同改变之下，企业需要充分运用新手段、新方案，借助"首发经济"的机会，制订影响消费者购买决策的升级方案。银泰百货、雅诗兰黛等商场、品牌通过线上智能个性化推荐与线下体验试用相结合的模式，帮助消费者找到更适合自己的产品，提高转化率，这就是一种有价值的尝试。

典型案例中的"首发"逻辑

在竞争激烈、瞬息万变的市场环境下，"首发经济"作为一种商业战略，可以成为企业获得竞争优势的重要手段。通过首发产品，企业满足了消费者的生活、工作、心理、情感需求，通过升级或开发新的产品、服务，不仅树立起自身的品牌形象，也推动了市场不断向前。

当下，市场中已经出现了一些极具代表性的典型企业，它们综合运用"首发"逻辑，获得了市场的积极反馈。

一、山姆、盒马鲜生及胖东来：新型零售的探索

商超、零售作为日常生活消费品的经营者，从根本上影响着人们的生活品质和购物习惯。在电商快速发展的冲击之下，传统商超面临巨大挑战，各大传统超市品牌逐渐衰落。与此同时，一些新兴的商超品牌因其各自的特色，受到市场的接受和认可，形成了强大的市场和社会影响力。其中山姆、盒马鲜生和胖东来，代表了三种不同路径的发展探索。

山姆是沃尔玛旗下的高端会员制仓储式零售商。在沃尔玛原有的商品供应链基础上，山姆开创性地通过高品质、大包装加相

对优惠价格的商品定位，结合多层次会员制的销售模式，针对中高收入家庭日常生活提供服务。会员制带来了用户的高黏性，大包装保证了商品销售量，低单价和高品质又为品牌口碑打下牢固基础，仓储式的店面则提高了空间利用率，结合现代化仓库管理系统，有效降低了运营成本。

进入中国后，山姆在保持其会员制特色的基础上，根据中国消费者的需求不断调整商品种类，尤其在高品质进口生鲜方面用澳大利亚牛肉、智利车厘子等特色商品奠定了品牌风格。通过"巨型泡面""超大乐事薯片"等限量特色产品，山姆在社交网络上掀起了传播热潮，进一步巩固了其大份、产品丰富、单价合理的商业形象，完成了商业版图的迅速扩张。

作为阿里巴巴旗下的生鲜零售品牌，盒马鲜生选择了与山姆有所差异的路线。从品牌创立初期，盒马鲜生就依托阿里巴巴成熟的电商系统，确定了线上线下一体化的 OMO 模式[①]。"30 分钟达"是其主要卖点之一，盒马鲜生充分迎合了当代消费者追求即时性、便利性的心理。

与山姆不同的是，盒马鲜生配合便利性、即时性的特点，选择了较小包装，搭配国内优质商品。通过在供应链上游建立买手制度，保证了商品的品质和特色，进一步通过"日日鲜"等品类概念，提升了消费者对"生鲜"的放心度。

---

① OMO 模式是一种行业平台型商业模式，旨在实现行业效率的最大化。

与山姆、盒马鲜生的大规模扩张路线不同，胖东来通过控制规模、自有品牌和优质服务实现了商业和口碑的正向循环。建设自有品牌，严格把控了商品的品质标准和渠道价格；提升服务质量，在帮助消费者选择更符合自身需求商品的同时，获得良好的消费体验，以满足其心理需求。

同时，胖东来因其员工福利和高于当地标准的薪资而受到关注，借助社交媒体和大众关于现代职场、企业利润分配等议题的情绪，达到了广泛的传播效果，为企业带来话题度。

三家新型商超虽然商业模式、发展路径有所区别，但其商业模式都体现出一定的共同特点：这些企业都绕开传统营销链条，改变了传统的批发商、经销商体系，通过这种改变，缩短了生活消费产品从源头到消费者的距离，降低了产品中转环节的成本，实现了品质控制。在提升商品品质的同时，各自满足了消费者对于性价比、便利性、体验性和适配度的需求，打造了各自的经营模式。

同时，三家都在营销上积极利用社交媒体的传播潮流，实现了品牌的形象树立和口碑传播。

二、小米的市场变革之路

从 2011 年发布第一代智能手机开始，小米始终坚持智能电子产品"性价比之王"的品牌定位。独具特色的产品定位、价格设置标准和营销模式，使小米每进入一个新的领域，都能形成首发效应，带动一波消费浪潮，并成为市场中最具影响力的"鲇鱼"。也是通过一项又一项的首发产品，小米巩固了品牌形象，在市场中获得了许多坚定支持。

首先，小米始终坚持"行业高标准"的产品质量定位。从手机、空气净化器、智能小家电，到SU7新能源汽车，小米产品对标的一直是行业内标杆级别的产品。虽然配置、设计有所不同，但在充分探讨消费者需求的基础上，产品功能基本满足行业的优质标准。功能和品质是小米稳定口碑的根本。

其次，小米产品在价格定位上始终坚持"首发"概念。在主流智能手机普遍超过4 000元的市场中，小米1定价为1 999元，对手机市场和定价标准造成颠覆性冲击。小米空气净化器问世时，百元级别定价对比其他产品超千元的普遍价格，也是一个标准的"异类"。价格优势带来的天然吸引力，使得在保证品质的前提下，持续维持较低价格，成为小米推出"首发产品"的不二法门。

最后，小米在营销方案上始终敢于进行新鲜尝试。

一方面，首款手机上市时，凭借"饥饿营销"方案，小米"制造"了供不应求的市场现象，提升了产品在市场中的热度和话题性，实现了其极致性价比形象的快速传播。另一方面，聚集用户反馈，根据用户需求不断优化手机功能和特性，让消费者感受到自己意见对产品研发的作用，这种让用户参与产品更新的做法，拉近了品牌与消费者的距离。

新能源汽车 SU7 上市时，品牌借助雷军个人在社交网络上树立的正面形象，积极拥抱直播电商模式，开创了"老板直播带货"的营销方式，在国产新能源汽车厂商中掀起了"车企老板直播潮"，一度成为宣传、营销范本。产品定位上，雷军大胆表示要做"50 万元以内最好开的车"，驾驶体验和外观设计对标保时捷和特斯拉，再一次将"首发产品"和品牌形象高度结合，打造了小米的又一个爆款。

小米的经营案例证明，首发经济并不绝对意味着技术要求、创意设计必须达到市场最前沿。只要深刻洞悉消费者需求，针对消费心理找准品牌特色立足点，以适合的方式为首发产品积极宣传造势，就可以形成强劲的首发效应，为企业和市场创造更大的想象空间。

三、百联 ZX：谷子经济引领者

2023 年 1 月，百联股份将上海南京路步行街上的华联商厦改造为百联 ZX 创趣场，以"谷子经济"为概念，打造了以二次元文化为主体的零售、餐饮、娱乐、社交空间。

商场经营以内容运营为核心，聚集了大量国内外二次元头部 IP，成为品牌线下活动、体验、互动、销售的场地。通过深入二次元精神世界，商场打出"Play Together"的概念，为在动漫文化中成长的年轻客户提供精神互动"圣地"。

开业以来，商场组织了上海次元漫游节、百联 ZX 国潮盛典、Bilibili（哔哩哔哩）跨年干杯夜等活动，不定期组织各品牌的主题快闪、积分大赏、角色扮演等活动，充分激活了线下空间的同好互动功能。

同时，商场经营深化了线上线下的结合，设置了线上预约、线上销售、线上社群等功能，有效提高了经营成果和用户黏性，带来了良好的经营成果。

项目转型前，华联商场日均客流为 6 000 人次，转型后平日客流达 2 万~3 万人次，节假日客流达 3.5 万~6 万人次，增加了 3~8 倍。2023 年全年客流达到 950 万人次，商场会员数达到 20 万，年度总销售额达到 3 亿元。[1] 据统计，2024 年 1—11 月，百联 ZX 创趣场销售同比增长 76%，客流同比上升 40%。[2]

2024 年 12 月，百联 ZX 造趣场改造了五角场商圈的悠迈生活广场，并正式开业。作为百联旗下第二家"谷子经济"商场，造趣场的营业面积更大，入驻"首店"比例更高。据统计，造趣场已经入驻的品牌商户中，有 1 家全球首店、10 家全国首店、9 家上海首店，以及近 30 家区域首店，首店占比近 80%。

凭借深入二次元文化、迎合年轻群体消费需求、起用年轻人、

---

[1] 《百联股份：2024 年净利预增 257% 到 328% 次元文化迸发开辟谷子经济新赛道》，《上海证券报》，2025-01-23。

[2] 茶饮消息：《数读 2024：从爆发到熄火？谷子经济的未来将走向何方？》，凤凰网，2025-01-22。

打造年轻人喜欢的活动空间等经营方法，百联 ZX 成为国内"谷子经济"的开创者、国内老牌商场改造的标杆型企业，也成为上海首发经济倡导模式下的标志性成功案例。

以上三个典型案例说明：在快速变化的消费市场中，坚持"首发"理念，积极拥抱变化，深入消费者的关键需求，打造企业和品牌特色，是创造正向积极循环、提升经营活力的根本。"首发经济"理念中的"新"要与变化和市场需求、消费心理高度结合，在固化的现代商业链条中不断发现新的着力点，持续对产业、行业、商业进行改造。真正符合首发经济理念的商业产品、服务方案，往往能够得到市场的积极回应。

第九章
首发业态的变革与创新

随着首发经济的不断发展，市场中涌现出许多全新的业态，这些创新性的商业模式改变了传统行业的运营方式，深刻影响了消费者的购物体验和商业生态结构。本章将探讨首发经济如何推动各行业业态的变革与创新，尤其是在零售、电子商务、娱乐和科技领域中产生的深远影响。

从线上首发活动到限量发售，从专属体验到社交互动，首发业态的创新不仅仅是对产品发布方式的革新，更是对整个商业流程、供应链管理以及消费者关系的重新定义。

我们将分析这些创新业态如何通过技术赋能、个性化需求和数字化转型，形成了独具特色的市场现象，并探讨它们如何在提升消费者满意度的同时，为企业创造新的盈利机会。

本章将结合多个行业案例，深入剖析这些业态变革如何加速市场竞争的升级，并推动全球化进程中的新兴商业模式发展。通过这些分析，有望更全面理解首发经济的创新性力量，及其在塑造未来商业格局中的关键作用。

新业态与服务方式的首发试验

首发试验，作为一种创新手段及首发经济的重要组成部分，在新兴业态中，具有非常重要的价值。它通常指的是在某个特定条件下首次进行的试验，旨在探索新的理论、验证假设或者测试新技术的有效性和可行性。这类试验往往处于创新的前沿，对于推动未来业态的发展至关重要。

所谓新业态，指的是基于技术创新、商业模式变革或消费者需求变化而形成的新型业态。这些新业态往往打破了传统行业的界限，融合了多个领域的元素，打造出全新的服务方式和消费体验。例如，共享经济、电子商务、智能制造等都属于新业态的范畴。

一、市场对新业态的需求来源

一是随着信息技术革命的推进，传统产业面临着转型升级的压力，需要寻找新的增长点；二是消费者需求日益多样化和个性化，促使企业提供更加定制化的产品和服务；三是在全球经济一体化背景下,市场竞争加剧,迫使企业不断创新以保持竞争优势。

新业态尝试的关键在于准确把握市场需求、充分利用现有资源以及勇于探索未知领域。首发试验在新业态中的应用,完美解决了上述问题,它既能够帮助企业探索新的商业模式和技术路径,又能够促进业态之间的融合与创新,推动整个行业的转型升级。

二、新业态中首发试验的价值体现

首发试验在新业态中的价值包括创新基础、识别潜在问题、建立行业标准和激发创新灵感四点(见图9-1)。

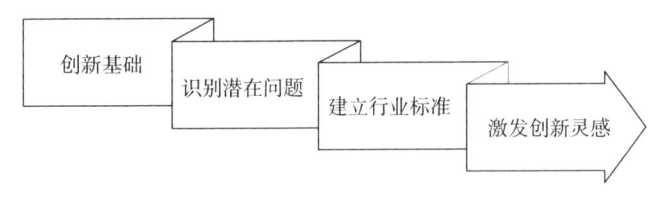

图9-1 首发试验在新业态中的价值体现

1. 首发试验是创新的基础

任何新兴业态的发展都离不开基础研究的支持,而首发试验正是这些基础研究的重要组成部分。例如,在开发一种新型的人工智能算法时,研究人员需要通过一系列的首发试验来确定该算法的性能边界及适用范围。这既有助于技术本身的进步,也为后续的应用研究提供了坚实的理论依据。

2. 首发试验能够帮助识别潜在的问题和风险

由于新业态往往涉及前所未有的技术和商业模式，因此在实际应用之前进行充分的试验测试显得尤为重要。比如，在医疗健康领域，一项新的治疗方法或药物在进入临床试验前必须经过严格的实验室阶段的首发试验，以确保其安全性和有效性。这样做可以有效降低风险，避免不必要的损失。

3. 首发试验对建立行业标准和规范有着不可替代的作用

当一个新的技术或服务被引入市场时，如果没有相应的标准来指导实践，则可能会导致市场的混乱和消费者的不信任。通过首发试验积累的数据和经验，可以帮助制定合理的技术标准和服务规范，从而促进整个行业的健康发展。

4. 首发试验能够激发更多的创新灵感

创新本质上是一个不断迭代的过程，每一次成功的试验都会为下一轮研究提供新的思路和方向。尤其是在当前快速变化的商业环境中，企业需要不断地寻找差异化的竞争优势，首发试验提供的新发现就成了创新的源泉。例如，星巴克在中国推出的"玩味冰调"系列就是对传统咖啡和茶饮边界的突破，这种创新不仅吸引了大量消费者的目光，也为其他品牌树立了榜样。

首发试验新业态尝试及相关案例情况见表9-1。

表 9-1 首发试验新业态尝试及相关案例

新业态类型	具体形式	案例
新型零售业态	概念店与旗舰店	优衣库上海淮海中路全球旗舰店举办多场新品首发活动，刷爆社交媒体，吸引众多年轻消费者现场参与；乐高在上海进行全球首发的悟空小侠系列，引发全球 20 亿人次关注
新型消费场景	沉浸式体验	成都东郊记忆打造沉浸式娱乐场景
新型服务业态	定制化服务	服装定制：红领集团首创的 C2M 定制模式将传统纺织服装产业"先产后销的高库存模式"转变为互联网信息时代"先销后产的零库存模式"，创造了一套适合工业流水线大规模生产的个性化定制方法。 旅游定制：携程等旅游平台可以根据客户的需求，制定私人旅游行程，包括酒店预订、路线安排、导游服务等
新型产业业态	未来产业新品首发	亿航智能在"交个朋友"淘宝直播间首发上架"空中的士"，直播当晚累计成交 12 架次 EH216-S 无人驾驶载人航空器 3.99 万元意向金；小鹏汇天的旗舰产品"陆地航母"分体式飞行汽车首次亮相
新型文化业态	文化主题店	法国珠宝品牌梵克雅宝将全球第三座珠宝艺术中心落户在上海新古典风格的历峰双子别墅，其品牌创作风格与建筑风格深度融合

新业态作为现代经济发展的重要驱动力，既是对传统模式的挑战，也是适应时代发展的必然选择。无论是首发试验的价值体现，还是市场对新业态的需求，都表明了持续创新对于企业和国家经济增长的重要性。

消费体验的首发升级

一、消费体验首发升级的相关案例

新经济浪潮中,消费体验的首发升级成为企业竞争的新高地。

首发经济不仅仅是新产品的推出,更是一种全新的消费体验的打造。这种体验,从个性化服务到沉浸式场景,从物质消费到精神文化享受,都在不断重塑消费者的购物旅程。

首发经济的核心在于个性化和定制化。随着消费者需求的多样化,品牌通过限量版产品、个性化定制服务来满足这些需求,为消费者提供独一无二的消费体验。这种差异化服务增强了消费者的归属感,提升了品牌忠诚度。一些时尚品牌通过首发活动推出与艺术家合作的限量系列,其产品往往一经上市便迅速售罄,背后的原因在于它们让消费者拥有了一种独特的身份标识和审美体验。

泡泡玛特作为经典成功案例,其 IP 的独特性、丰富性、不确定性,都狠狠"拿捏"了年轻人追求与众不同、"欧皇体质[1]"的

---

[1] 欧皇体质:指在网络游戏中运气特别好的人。欧指的是欧洲人,一般认为欧洲人脸白,运气好。皇则指的是欧洲人的皇帝,代指欧洲人当中运气最好的人。所以欧皇就是用来指代那些在游戏当中,运气特别好,能在游戏中开出独特的稀有道具,而让别人眼红的人。

特点，吸引了大批消费者为其买单。

"饭圈文化"中的"小卡"也具有类似特点，小卡仅类别就多达十几种，专辑卡、特典卡、周边卡、打歌卡、自制卡、巡回卡、快闪卡、语音卡等，不同卡由于数量不同、意义不同，某些限量并具有特殊意义的小卡在价格动辄上万元的情况下，仍有大批粉丝出价购买。

沉浸式和体验式的场景创造，是首发经济提升消费体验的另一大利器。品牌通过结合文化、艺术、科技等元素，打造新的消费场景，为消费者带来了前所未有的感官享受和情感体验。

银泰百货通过增强现实技术，让消费者在购买前能够虚拟试穿服装或试用化妆品，这种创新的服务方式提高了购物的便捷性，也增加了购物的乐趣。

得物 App 推出的线上试穿模拟"平替"了消费者线下购物的部分满足感，让消费者足不出户就能试穿新鞋，判断其是否适合自己，从而在一定程度上克服了消费者在网络购物过程中的犹豫心理，有利于产品售出。

更多消费体验首发升级案例及效果见表 9-2。

表 9-2　消费体验首发升级案例及效果

消费体验类型	案例	效果
沉浸式演绎	《又见平遥》	通过沉浸的演艺形式，让观众仿佛置身于历史场景，极大地提升了观众的观演体验，吸引了大量游客前来观看，成为当地的热门旅游项目

续表

消费体验类型	案例	效果
沉浸式夜游	西安大唐不夜城	利用灯光、音乐、表演等元素，营造出梦幻般的夜游氛围，让游客在夜晚也能体验到丰富的文化活动，吸引了大量游客，提升了景区的知名度和影响力
沉浸式展览展示	上海天文馆	通过先进的科技手段，如虚拟现实、增强现实等，为观众提供沉浸式的观展体验，使观众能够更加直观地了解天文知识，吸引了众多游客前来参观
沉浸式街区/主题娱乐	西安"长安十二时辰"主题街区	以唐朝文化为主题，打造了一个集文化、休闲、娱乐于一体的沉浸式街区，让游客能够体验到唐朝市井生活，吸引了大量游客，成为当地的热门旅游景点
智慧购物体验	湖北武汉京东MALL购物中心	通过多屏互动系统、自助收银、智慧家电体验等智慧元素，为消费者带来购物、休闲等全场景沉浸式购物体验，提升了购物的便利性和消费者的满意度
个性化推荐服务	Zalando（大型网络电子商城）的AI助手	通过对话式工具，为顾客提供个性化的产品推荐，使顾客能够轻松找到符合自己风格和需求的服饰，提升了顾客的购物体验和满意度
内容营销	年糕妈妈	通过专家型KOL答疑解惑、传递知识，提供更良好的营销体验，提升了客户的信任感和品牌的认可度，积累了大量粉丝，覆盖多个内容分发平台
完善的客服链路	戴森	通过整合微信小程序等新渠道，重新设计客户服务链路及CRM（客户管理系统），实现高效沟通和主动服务，提高了潜客触达和转化率
大数据适配	百丽	在门店投放脚型测量仪器，基于脚型数据为消费者提供定制化鞋子，提升了消费者的购物体验和满意度
先进供应链管理	鲜丰水果	通过先进的生产基地管理及供应链仓储物流系统，保障水果品质和食品安全，提升了消费者的购物体验和满意度

第九章 首发业态的变革与创新

二、首发经济推动消费者转向服务和精神文化消费

随着中等收入群体的扩大，消费者对精神层面的需求日益增加。首发经济中的各种活动，如首展、首秀等，营造了独特的场景氛围，传递了品牌文化，满足了消费者对精神消费的需求。这种转变不仅提升了消费的品质，也为品牌带来了更深层次的市场机会。

近年来，小米等数码产品的发布会总能在网络上吸引大批观众，从产品的性能、外观到价格，消费者的关注点逐渐多元，并希望能够成为第一批使用者。华为宣传 Mate 60 Pro 时提出的"遥遥领先"一度成为互联网热词，产品宣发成功勾起消费者的购买欲望，手机销量可观。

在数字化的推动下，首发经济的发展趋势指向了线上线下相融合的新商业模式。线下品牌积极拓展线上渠道，利用社交媒体的力量来增强品牌效应，而线上平台则通过首发活动迅速触达更广泛的消费者，提高了消费效率。这种线上线下的融合发展，既为品牌带来了更广阔的市场空间，也为消费者带来了更加便捷和丰富的消费体验。例如，美妆品牌韩束将目光投向了短剧，通过赞助的形式提高了企业的出镜率，增加了曝光度。

从企业自身的角度出发，首发经济在推动消费变革的同时，也促进了企业转型升级，并为优质品牌提供了展示和宣传的舞台。首发经济能够在短时间内带来聚客效应，并激发消费者的消费意愿和需求，从而倒逼生产端与品牌方不断优化产品供给，加大研

发投入力度、进行技术创新和产品设计，为消费者提供更时尚、更新潮、更优质的产品和服务，满足消费者日益多样化、个性化、品质化的消费需求。

消费体验首发升级是新经济时代下企业创新和市场适应的重要表现。通过首发经济，企业不仅带来了更优质的消费体验，满足了消费者对高品质生活的追求，而且推动了整个消费市场的繁荣和发展。首发经济的未来发展，将继续以创新和体验为核心，不断推动消费变革和产业协同转型，为构建一个更加可持续和充满活力的消费市场奠定坚实基础。

塑造商业新业态：首发模式聚力新经济

新经济时代，商业模式的创新成为企业转型升级的关键。尤其是在互联网普及率大幅提高的信息社会，能够"掀起巨浪"的首发模式会引起行业的模仿、学习，塑造商业新业态。

一、红山动物园文创发展：内容创意与园内资源的有机联动

2020年，因疫情闭园51天，红山动物园直接经济损失超过1 300万元。[1] 面对运营困难，红山动物园开始寻求转机。通过

---

[1] 牛其昌，《南京红山动物园亏损3 000万引关注，园方：困难确实有，但不至于闭园》，界面新闻，2021-01-28。

"Zoo 直播"、园长直播等方式,动物园受到了全国越来越多网友的关注,进而开启了文创生意,围绕园内的动物明星推出了一系列创意周边产品。

从最初的动物造型冰箱贴开始,红山动物园不断增加商品类别,持续推出包括毛绒玩偶、服饰、日用品、盲盒手办等在内的 200 多个品类的商品[①],几乎涵盖了生活的方方面面。

这些文创产品高度还原动物园中的明星动物,结合动物外形、习性特征和商品功能,在为日常生活增添乐趣的同时,将动物科普等知识信息渗透到日常生活。比如,将便笺纸设计成动物脚印的形状,每一张纸上都有动物小知识,既能方便记事,又能在使用时学到有趣的动物科普知识。

随着业务量不断增长,动物园与多个知名品牌展开了合作,推出了一系列联名产品。

2023 年与喜茶联名,共同推出了一款以动物为主题的限定饮品。饮品的包装上印着红山动物园的明星动物形象,搭配动物造型的吸管杯、帆布袋、徽章等一系列联名文创产品。这次联名活动轰动一时,吸引了大量喜茶粉丝和红山游客的目光,饮品和联名文创双双取得销售佳绩。

2024 年,红山动物园与彩妆品牌橘朵的跨界联手,更是让人眼前一亮。推出的萌趣动物"有生气"联名彩妆系列,包括眼影

---

① 徐昇:《靠"小文创",做出"大生意"》,《扬子晚报》,2024-06-21,第 A11 版。

盘、腮红、口红等产品。眼影盘的颜色搭配以动物的毛色为灵感，将腮红的包装设计成了动物的脚印形状，口红上则印有动物的唇印图案。产品在设计上既保留了橘朵彩妆的高品质，又融入了红山动物园的动物元素，深受年轻消费者的喜爱，进一步提升了红山动物园文创的品牌影响力并扩大了市场份额。

目前，红山动物园的文创产品总共有800多个SKU（最小存货单位）[①]，并且还在不断推陈出新，根据不同的季节、节日和动物主题，适时推出新的文创产品，以满足消费者日益多样化的需求。

红山动物园文创的成功，离不开其精准而独特的营销模式。结合明星动物IP打造、新媒体线上营销、线下场景化设计，红山动物园建立了一套综合营销模式。

在打造动物IP方面，红山动物园无疑是佼佼者。

动物园开始直播后，白面僧面猴"杜杜"因其独特的长相在网络上迅速蹿红。经营团队敏锐地捕捉到这一商机，大力开发以"杜杜"为原型的周边产品。从冰箱贴到手机支架，从钥匙扣挂件到毛绒杯套，每一款产品都紧紧围绕"杜杜"的形象进行设计，并且融入了当下流行的元素和色彩搭配。产品一经推出，便受到了广大游客的热烈追捧，许多游客甚至为了购买"杜杜"的周边产品而专程前往动物园，促使园区客流量大幅提升。

在新媒体与线上营销领域，红山动物园更是积极探索，勇

[①] 徐昇：《靠"小文创"，做出"大生意"》，《扬子晚报》，2024-06-21，第A11版。

于创新。

通过"Zoo 直播"、园长直播等形式，网友能够实时看到动物们的生活状态，了解动物园的日常运作。在直播过程中，主播还会适时地介绍文创产品的设计理念和背后的故事，激发网友的兴趣和购买欲。

同时，红山动物园还积极利用社交媒体平台，鼓励游客分享游园经历和文创产品的使用体验。其推出的游园护照打卡活动，吸引了众多游客参与。游客在园内特定区域盖章后，会在社交媒体上分享自己的打卡照片和感受，给红山动物园做免费的宣传，吸引了更多潜在游客前来参观和购买文创产品。同时，线上动物认养活动也取得了巨大的成功。"合法认养一只老虎"这一活动话题在社交媒体上广泛传播，成了年轻人的社交货币。许多年轻人纷纷参与认养活动，在获得一份独特的情感寄托，且更加深入地了解了保护动物的重要性同时，也为红山动物园的文创产品推广带来了新的契机。

在园内的线下销售渠道，除了原有的文创门店，动物园在 2024 年 1 月下旬又新开了熊猫馆、考拉馆等四个文创店以及中心广场店。新门店的位置分布更加合理，方便游客在游览过程中随时购买文创产品。

每个门店的装修风格都与周边的动物场馆相呼应，营造出独特的购物氛围。例如，熊猫馆的文创店以竹子为主要装饰元素，店内摆放着各种熊猫主题的文创产品，使游客在购买时仍能够身临其境。园内还设置了摊车和自助机，摊车分布在各个热门景点附近，售卖一些轻便的文创小物件，如钥匙扣、徽章、明信片等，方便游客在游玩过程中随时购买。自助机则提供了 24 小时的购物服务，游客可以通过自助机购买一些热门的文创产品，大大提高了购物的便捷性。

因为产品开发精心、销售宣传用心，红山动物园文创的营业额从刚开始的一个月 1 万多元，增长到 2021 年的全年 100 多万元。2022 年，动物园逐渐拥有了稳固的"粉丝"群体，吸引了全国各地大量的动物爱好者、环保爱好者，全年销售额突破 200 万元。到了 2023 年，销售额爆发式增长，仅上半年销售额就已超 500 万元。

值得一提的是，文创产品的部分收入被用于建造新的动物场馆、改善动物的饲养条件、开展动物保护研究等。同时，红山动物园还积极与学校、社区合作，开展动物保护教育活动，让更多人关注和参与动物保护事业，实现了商业发展与社会责任的有机统一。

二、"剧本杀"桌游：娱乐新业态打造"戏精"舞台

1. 市场规模爆发式增长

2016 年，因综艺《明星大侦探》火爆，线下剧本杀游戏开始出现。自 2018 年起，市场规模呈现出爆发式增长。2018 年中国线上剧本杀市场规模为 65.3 亿元，到 2019 年便突破 100 亿元，2021 年更是飙升至 170.2 亿元，2022 年则达到 238.9 亿元。随着行业规模迅速扩大，一些市场问题开始暴露，2023—2024 年，行业进入

分化发展期，其中优秀的店铺和作品依然表现良好，艾媒咨询预测，2025年行业市场规模预计达到448亿元。[①] 图9-2展示了全国剧本娱乐行业商户数量排名前十的城市情况。

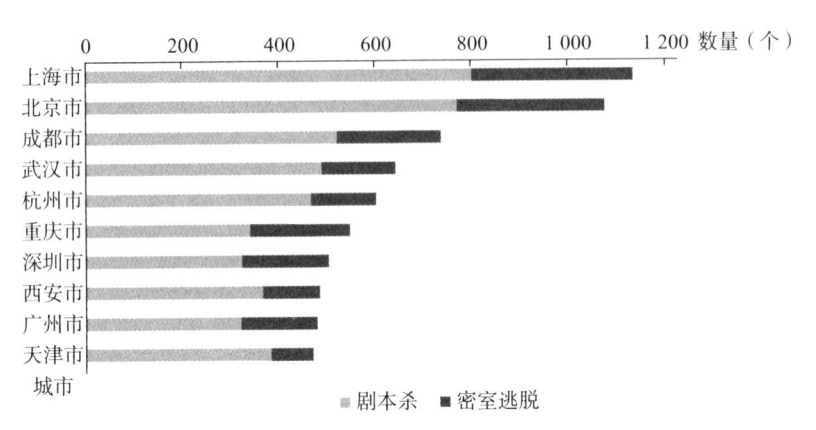

图9-2　剧本娱乐行业商户数量排名前十的城市

数据来源：美团研究院。

剧本杀游戏最初仅限于线上组队互动，与其他桌游类似，在微信小程序或专门软件中应用匹配机制组成临时"剧团"。伴随着需求增加，线上剧本杀开始与线下实体店相互补充、融合发展。线上剧本杀突破了时空限制，能同时开展多个场次游戏，节省了高昂的租金成本，虚拟DM[②]的应用也进一步降低了经营费用，其

---

① 观研天下：《中国剧本杀市场现状深度分析与投资战略调研报告（2023—2030年）》，2023。

② 剧本杀中的DM是Dungeon Master的缩写，通常被称为主理人。DM是整个游戏的掌控者和组织者，对玩家的游戏体验起着至关重要的作用。

便捷性吸引了大量玩家。

线下剧本杀则主打"沉浸式体验",通过精致的换装环节,让玩家仿佛瞬间穿越到剧本中的时代和场景,极大地增强了代入感。在需求引导下,剧本杀小程序应运而生,实现了线上组局、一键预约等实用功能。玩家能够线上"拼车",并实时关注组局是否成功。既拓宽了流量入口,优化了服务流程,又为线下门店精准导流,显著提升了营业利润。

2. 剧本创作与运营呈现多元化态势

剧本类型丰富多样,从普通盒装本到城市限定本和独家本,题材更是涵盖悬疑、推理、情感、历史、科幻等各个领域,充分满足了不同玩家的兴趣偏好。为提升竞争力,商家不断推陈出新,实景剧本杀备受青睐。其中,沉浸式实景剧游《华新1907——寻箱》,以当地华新水泥公司的发展历程为蓝本,在"华新1907"文化公园内开展实景互动,让玩家身临其境感受故事背景与情节,极大地提升了游戏体验。

3. 对传统商业业态产生了显著冲击与重塑效应

在对传统娱乐行业的影响方面,它改变了消费者的娱乐选择倾向。相较于传统的KTV、电影院等娱乐方式,剧本杀具有更强的社交属性和互动性。玩家在游戏过程中能够深度参与,结交新朋友,锻炼逻辑思维与表达能力,而不再是被动地接受娱乐内容。

越来越多的年轻人将剧本杀作为休闲娱乐的首选，致使传统娱乐场所客流量出现不同程度的下滑。

剧本杀也为文旅市场注入了新的活力。许多地方巧妙地将当地的历史文化、民俗风情等元素融入剧本杀创作中，打造出独具地方特色的文旅剧本杀项目。温州大学学生易锦晖创作的黄石第一个乡村红色剧本游戏《曹家晚1929》以及围绕"大冶兵暴"历史事件创作的红色剧本内容，在鄂东南第一个农村党支部旧址曹家晚实地开展互动式情景剧游，让游客在游戏中深入了解当地的历史文化，有力地推动了当地旅游业的发展，实现了文化传承与旅游消费的双赢。

4. 面临的挑战和规范化发展

在内容质量方面，由于市场扩张迅速，剧本数量急剧增加，但质量却参差不齐。部分剧本存在逻辑混乱、情节低俗、抄袭等严重问题，不仅极大地影响了玩家的游戏体验，也对整个行业的声誉造成了损害。为解决这一问题，一些平台和商家开始加强对剧本的审核与筛选，同时积极鼓励原创剧本的创作，以提升剧本的整体质量。

随着行业的发展，剧本杀受到的行业监管也日益加强。鉴于其涉及文化内容传播和人员聚集等情况，2022年，文化和旅游部等五部门联合发布《关于加强剧本娱乐经营场所管理的通知》，首次将剧本杀、密室逃脱等剧本娱乐经营场所新业态纳入全国范围的管理体系中,规定"剧本娱乐经营场所应当自经营之日起 30 个自然日内将经营场所地址以及场所使用的剧本脚本名称、作者、简介、适龄范围等信息,通过全国文化市场技术监管与服务平台,报经营场所所在地县级文化和旅游行政部门备案。新增剧本脚本,或者剧本脚本的故事背景、剧情等主要内容发生实质性变化的,应当自使用之日起 30 个自然日内将剧本脚本的上述信息报原备案部门备案。文化和旅游部负责制定剧本娱乐活动备案指南",为行业的规范发展提供了有力的制度保障。

三、快手科技的微短剧布局:内容创新与平台资源的深度融合

"快手星芒计划"成功的关键,在于其对内容的精心打造和对用户需求的深刻理解。截至 2023 年底,快手星芒累计上线短剧近千部,其中播放量破亿的短剧就达到了 326 部。[①] 2024 年,微短剧成为大众剧集消费的新风口,而早在 2019 年,快手就推出了"快手小剧场",正式进入微短剧行业[②]。

这是一个大胆的举措,因为在当时,微短剧还是一个非常新的领域,但快手凭借其对市场趋势的敏锐洞察,迅速确立了发展方向。2020 年,快手进一步推出"快手星芒计划",这是行业内首

---

① 《快手星芒短剧扶持计划升级,构建短剧精品化支持体系》,新浪新闻,2024-01-25。

② 何玺:《微短剧+,快手进化的新动力》,CSDN 博客,2024-04-28。

个针对微短剧创作者的分账政策，为创作者提供了流量分账、奖金激励、品牌招商等多方面的支持，完善了变现链路，打造了一个健康长效的商业化生态。

《造浪少年》全网累计曝光量达到了惊人的4.4亿，而排名第十的《再一次璀璨人生》曝光量也已过亿。

这些短剧题材丰富，涵盖时代旋律、国韵古风、青春励志、家庭共情、都市职场等多个领域，满足了不同用户群体的多元化需求。它们在为创作者带来荣誉和收益的同时，也为快手平台带来了更多的用户和内容。

通过内容定制、品牌剧场、话题活动等规模化内容布局，快手为精品剧打造了多样化的变现模式。合作品牌覆盖了母婴、食品、美妆、快消、电商、大健康等多个行业领域，实现多元化商业变现，为快手带来了经济效益，使星芒计划进入良性循环，也为短剧创作者提供了更多的发展机会。

在平台、创作者的共同努力和用户的支持下，短剧在今天业已成为大量视频内容创作者的首选，吸引了众多资本力量。

以上不同类型的首发经济模式共同揭示着：在新经济时代，首发模式、首发业态、首发体验成了企业快速占领市场，获得新增长点和竞争优势的重要方式。而首发和创新的基础，恰恰来自对企业自身能力和用户需求的深度挖掘。

与浪潮共舞，在时代中不断发展，是每个经营者在新时代最应当选择的道路。

第十章
首发经济的场景化构建

在首发经济高速发展的过程中，场景化构建逐渐成了连接企业与消费者的重要桥梁。单纯的产品推出已经不能满足市场的需求，如何通过精心设计的场景来提升消费者的沉浸感与参与感，成了推动首发经济创新的关键。本章将探讨首发经济如何通过场景化设计，实现产品与消费者需求的深度融合，以及这种融合如何创造出独特的商业价值。

从线上到线下，从虚拟到现实，首发场景的构建不仅仅是通过空间布局或数字化平台的搭建，更是通过创造情感共鸣、提升消费体验、强化品牌认同等手段，让每一个首发活动都成为一次有意义的体验。

无论是时尚界的发布会、科技新品的沉浸式体验馆，还是娱乐行业的线上首映，场景化设计都在不断地重塑消费者的期待与参与方式，为其带来前所未有的互动与情感体验。

本章将通过具体案例分析，探讨场景化构建在首发经济中的多种形式，包括数字技术的应用、虚拟与现实的结合，以及如何通过精确的场景营销实现品牌价值的最大化。此外，我们还将深入分析消费者在这些场景中的行为模式及其背后的心理动因，以揭示场景化构建对首发经济未来发展的深刻影响。

首发活动策划与社交传播

在首发经济中，活动策划既是一个展示产品的场合，也是品牌塑造、市场预热和消费者互动的关键节点。随着社交媒体和数字平台的普及，传统的产品发布会逐渐转型为多元化、跨平台的社交传播活动。在这一过程中，如何通过精心设计的首发活动引发广泛关注，如何通过社交传播实现口碑效应和品牌曝光，成了企业在竞争激烈的市场中脱颖而出的重要手段。

一、首发活动策划：精准定位与创意驱动的完美融合

在竞争激烈的商业环境中，首发活动策划不仅仅是一项简单的任务，实际上更是一项具有深远战略意义的工作，对于企业来说至关重要。它要求策划者具备敏锐的市场洞察力，能够准确预

测市场趋势，并结合企业自身的品牌定位和产品特性，设计出能够吸引目标客户群体的活动方案（见图10-1）。此外，首发活动策划还涉及与合作伙伴的协调工作，包括媒体、供应商以及销售渠道等，要能确保活动的顺利进行和高效传播。

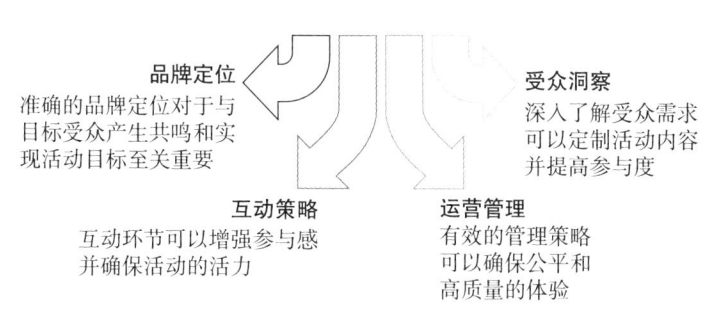

品牌定位
准确的品牌定位对于与目标受众产生共鸣和实现活动目标至关重要

受众洞察
深入了解受众需求可以定制活动内容并提高参与度

互动策略
互动环节可以增强参与感并确保活动的活力

运营管理
有效的管理策略可以确保公平和高质量的体验

图10-1 确保首发活动成功的因素

精准把握品牌定位与深入洞察目标受众需求是活动成功的关键要素。

以2024年12月26日名创优品携手"TwinkleFair"（潮玩）与游戏《恋与深空》的联名快闪活动为例，名创优品作为大众消费品牌，长期致力于为年轻消费者提供时尚、实用且价格亲民的产品，其目标受众主要为追求潮流且注重性价比的年轻群体。而"TwinkleFair"专注于二次元文化领域，拥有一批对二次元文化充满热情、追求独特消费体验的忠实年轻粉丝。此次合作基于双方品牌定位的契合点，精准锁定了年轻消费群体中的二次元爱好者和潮流追随者，为活动的成功开展奠定了坚实基础。

1.对目标受众聚集地进行深入研究是活动选址的重要依据

上海世茂广场所在的南京路商圈，是上海的商业核心地带和时尚潮流的汇聚之处。每日有大量年轻消费者在此购物、休闲，该区域人流量密集、消费氛围浓厚，年轻客群高度集中，与联名活动的目标受众特征高度匹配，为名创优品与"TwinkleFair"的联名活动提供了理想的举办场地，确保活动一经推出便能吸引众多目标消费者的关注，为后续活动的顺利进行创造了有利条件。

2.构思创新元素，为消费者打造独特的沉浸式体验空间

其中，现实与虚拟的融合是此次活动的核心创意亮点。通过巧妙还原游戏内的娃娃机，将虚拟游戏中的热门元素转化为现实中的互动体验，这一举措精准契合了玩家对游戏的热爱以及对新奇体验的追求。消费者在现实中与游戏元素互动，既能切实感受到游戏的乐趣，又能加深对"TwinkleFair"品牌的认同。这种跨次元的互动方式紧密围绕《恋与深空》的游戏内容展开，将游戏中的快乐延伸到线下，使消费者沉浸其中，流连忘返。

在场景布置方面，从户外到室内，每一处细节都经过策划团队的精心雕琢。户外广场的巨型气膜设计具有强烈的视觉冲击力，成为吸引路人目光的关键因素。其与商场阳台的气膜遥相呼应，营造出全方位的梦幻氛围，使消费者在尚未进入活动现场时就被深深吸引，激发了他们的好奇心，促使他们主动参与活动并分享到社交媒体上，从而迅速扩大活动的影响力。

室内快闪主题店的布局和商品陈列遵循严谨的策划逻辑。上架的百款联名商品经过精心挑选，涵盖毛绒公仔和各类精美周边，既满足了消费者对产品多样性的需求，又确保每一款商品都能充分体现联名特色。在商品设计上，巧妙融合了名创优品的简约风格与"TwinkleFair"的二次元元素，使消费者既获得了物品本身，更拥有了独特的文化体验。这一逻辑旨在通过产品传递品牌文化，强化消费者对品牌的记忆，进而提升品牌忠诚度。

3. 互动环节和运营策略是提升消费者参与感和确保活动顺利进行的重要保障

设置互动体验区，为消费者提供直接参与活动的机会。例如，娃娃机抓取毛绒公仔、与定制毛绒墙合影等互动项目，让消费者置身于充满趣味与惊喜的环境中。在体验过程中，消费者能够深入了解联名品牌的文化内涵，与品牌建立情感连接。这种互动设计基于消费者对参与感和个性化体验的需求，通过让消费者亲身参与活动，获得独特的体验，从而提高他们对活动的满意度和对品牌的好感度。

玩偶巡游作为上海的限定彩蛋，丰富了互动形式。这一环节提高了活动的趣味性，为消费者提供了与玩偶零距离互动的机会，满足了他们对与二次元文化中的角色进行互动的期待。加入惊喜元素有效提升了消费者在活动中的情绪体验，使他们对活动留下深刻印象。

4.预约制限流入场和商品限购机制是保障活动质量和消费者公平体验的关键策略

预约制能确保活动现场人流量在可控范围内，避免过度拥挤影响消费者体验。商品限购机制能保证更多消费者有机会购买到心仪的联名商品，避免商品被少数人抢购一空导致其他消费者失望。这一系列运营策略体现了对消费者权益的重视和对市场需求的精准把握，有助于提升品牌形象和声誉。

从首发经济的角度看，此类活动的策划逻辑具有多方面价值。尤其是对于品牌而言，活动首日的客流高峰和产品热销带来了显著的商业效益。联名品牌借助活动热度提升了品牌知名度和产品销量，同时通过跨领域合作扩大了消费群体，为名创优品和"TwinkleFair"在年轻消费市场赢得了更多关注和市场份额，也为首发经济的场景化构建提供了值得深入研究和借鉴的成功案例。

二、社交传播：搭建品牌与消费者的即时互动桥梁

在当今数字化时代，社交媒体已成为首发活动传播的核心渠道，为品牌与消费者搭建起即时互动的桥梁。小米公司在筹备新款手机首发时，充分发挥微博、抖音、小红书等多个社交媒体平台的优势，构建了全方位的传播矩阵。其背后一定程度体现了Web3.0下品牌社群的应用逻辑（见图10-2）。

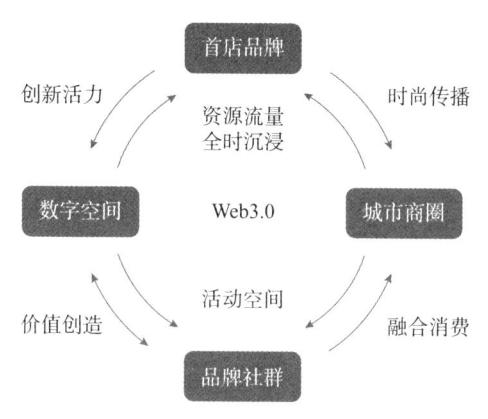

图 10-2　Web3.0 下品牌社群的应用逻辑

在新品发布前数月，小米就在微博上开启预热，通过发布神秘海报、透露产品部分特性，引发粉丝热议与猜测，激发粉丝对新品的兴趣。在抖音平台上，小米邀请科技博主提前上手体验工程样机，并制作趣味短视频展示产品亮点，吸引用户点赞、评论，有效传播了产品优势。在小红书上，小米则聚焦于新品外观设计、拍照功能提升等方面，发动美妆、生活类博主种草分享，精准吸引女性用户群体的关注。

2024 年 10 月 29 日晚，小米开启多平台同步直播，邀请知名主持人、产品经理详细解读新品，设置互动抽奖环节，鼓励观众实时分享观看感受。据统计，发布会期间，微博相关话题阅读量突破数十亿，抖音直播观看人次超千万，小红书种草笔记数以万计，在首发后的短时间内新品销量便突破百万台，社交媒体强大的传播力彰显无遗。

粉丝社群作为品牌的忠实拥趸，在首发活动中扮演着口碑发酵的关键角色，其热情参与和自发传播为新品推广注入了源源不断的动力。以动漫IP《火影忍者》周边产品首发为例，品牌方提前建立专属粉丝社群，为新品推广奠定了坚实基础。

在新品筹备阶段，品牌方在社群内发起预热讨论，分享设计理念、制作过程，激发粉丝兴趣。同时，举办线上绘画比赛、剧情续写等活动，邀请粉丝为新品助力，提升其参与感。

首发当日，品牌方第一时间在社群内分享购买链接、开箱视频，粉丝纷纷晒单分享喜悦，交流使用感受。品牌还特别设置粉丝专属福利，如限量版徽章、签名海报等，鼓励粉丝邀请好友加入社群。通过粉丝的口碑传播，该系列周边产品迅速在动漫爱好者圈子中走红，新品预售一空，还带动了品牌其他IP周边产品的销售，显著提升了品牌在动漫周边市场的知名度与美誉度。

三、活动策划与社交媒体传播的联动效应

1. 精准触达目标受众

社交媒体平台凭借庞大的用户基数和精准的定位功能，使首发活动策划能够依据目标受众的特征进行精准推广。

2. 增强用户参与感

社交媒体通过提供多样化的互动方式，如点赞、评论、分享、

投票等，使消费者深度参与首发活动。消费者在参与过程中表达自身看法和感受，与品牌及其他消费者互动交流，进而增强对活动的参与感和对品牌的认同感。例如，小米手机首发活动中的微博话题讨论、抖音短视频互动以及小红书种草分享，极大地提升了用户的参与热情。

3. 提升品牌传播效率

社交媒体传播速度快、范围广，用户的分享行为能使活动信息在短时间内迅速扩散。成功的首发活动在社交媒体上可引发用户主动传播，形成口碑效应，以较低成本获得更好的传播效果。例如，动漫周边产品首发时，粉丝社群内的口碑传播使产品迅速在动漫爱好者圈子中走红，吸引更多潜在消费者关注。

4. 方法与模式多种多样

制定整合营销策略。将首发活动目标与社交媒体传播目标有机统一，确保线上线下活动协同配合。例如，品牌举办线下首发活动时，同步在社交媒体上直播、互动，吸引线上用户参与，实现线上线下无缝对接，扩大活动影响力。

选择合适的平台。依据目标受众和活动性质挑选适配的社交媒体平台。时尚品牌适宜在视觉效果突出的平台如 Instagram（照片墙）上展示新品图片和穿搭示范；科技产品首发可选择在专业科技类平台或微博、抖音等大众平台推广，以覆盖更广泛目标受众。

制作吸引人的内容。创作多样化内容,包括图片、视频、文字、直播等,注重创意、趣味性和价值性。例如,品牌可制作精美的产品宣传视频、有趣的互动 H5 页面,撰写详细的产品评测文章等,吸引用户关注与分享。

加强用户互动。及时回复用户评论和私信,举办问答、抽奖、挑战等互动活动,增进与用户的沟通交流。例如,品牌在社交媒体上开展"新品问答"活动,解答用户关于产品的疑问,并设置奖品激励用户参与,提高用户黏性。

鼓励用户生成内容(UGC)。发起话题挑战、征集用户故事或作品等,引导用户创作与首发活动相关的内容并分享。例如,某旅游品牌在首发新线路时,发起"最美旅行瞬间"话题挑战,鼓励用户分享旅行照片和故事,用户生成的丰富的活动内容,吸引了更多潜在消费者参与。

首发活动策划与社交媒体传播相辅相成,共同推动品牌在市场中快速发展,在消费者心中留下深刻印记。只有精心策划首发活动,融入创新元素,优化互动与运营策略,并充分发挥社交媒体平台和粉丝社群的作用,品牌才能在首发经济的浪潮中脱颖而出,实现与消费者的深度互动,赢得市场青睐,开创辉煌的商业未来。典型品牌活动案例及其传播转化情况见表 10-1。

表 10-1 品牌活动案例及其传播转化情况

品牌	活动名称	策划亮点	社交媒体传播策略	传播效果（数据示例）	销售成果
名创优品号"TwinkleFair"	《恋与深空》联名快闪活动	现实与虚拟融合，还原游戏元素；精心布置场景，营造梦幻氛围；推出特色联名商品	微博、小红书等平台发布活动信息和精美图片，吸引用户关注；利用话题标签引导用户分享	微博话题阅读量达5 000万，小红书相关笔记点赞收藏数共30万	活动首日客流高峰，联名商品热销，提升品牌知名度和市场份额
小米	新款手机首发	多平台预热，发布神秘海报和产品特性；邀请博主体验并制作短视频；多平台同步直播	微博开启话题讨论和抽奖，抖音发布趣味短视频，小红书进行产品种草，直播设置互动环节	微博话题阅读量突破80亿，抖音直播观看人次超1 500万，小红书种草笔记达5万	首发后短时间内销量突破百万台，提高市场占有率
动漫IP《火影忍者》	周边产品首发	建立专属粉丝社群，预热讨论设计理念；举办线上活动增强参与感；设置粉丝专属福利	社群内及时分享活动信息和福利，鼓动粉丝邀请好友加入；粉丝自发在社交媒体上晒单分享	社群人数在首发期间增长20万，相关话题在动漫爱好者圈子内广泛传播	新品预售一空，带动其他IP周边产品销售，提升品牌知名度和美誉度

第十章 首发经济的场景化构建

场景经济对首发价值的放大

一、场景经济的内涵与特征

场景经济是一种以消费者为核心，通过整合时间、空间、人物、事件等多种要素，构建出特定场景，从而满足消费者在特定情境下需求的经济模式。它不仅仅是为消费者提供产品或服务，更是创造一种与消费者情感、需求高度契合的体验环境。

1. 明确的主题是场景经济的核心

主题决定了场景的整体风格和氛围，能够吸引特定的目标受众。例如，以动漫为主题的咖啡馆，会围绕热门动漫元素进行装修、设计菜单和举办活动，吸引动漫爱好者前来消费。包括物理空间的布局、装饰、灯光等，以及虚拟空间的构建（如线上购物平台的界面设计），营造出与主题相匹配的氛围。密室逃脱场所通过精心策划的房间布局、道具布置以及音效和灯光的运用，营造出一种神秘而紧张的氛围。这种设计鼓励消费者积极融入场景，通过互动体验来提升他们对场景的认同感和归属感。一些手工制作工作室提供材料和指导，让消费者亲自制作手工艺品，享受创作过程。为消费者提供社交机会，使他们能够在场景中与他人交流互动，分享体验。

2. 个性化的场景体验是吸引消费者的关键

根据不同消费者的需求、兴趣和偏好，场景设计者致力于打造独一无二的体验。例如，基于用户的历史浏览和购买记录，线上旅游平台能够推荐个性化的旅游线路和酒店，为用户量身打造旅行场景。这种做法强调消费者在场景中的直接感受和体验，视觉、听觉、触觉等多感官刺激，可以给其留下难忘的印象。虚拟现实游戏体验中心则让玩家沉浸在游戏世界中，享受前所未有的体验。这些体验注重唤起消费者的情感共鸣，使他们在场景中形成情感上的联系，进而提升其对品牌或产品的忠诚度。而一些品牌通过讲述动人的品牌故事，在特定的场景中传递情感价值，从而赢得消费者的心。

二、场景经济对首发价值的放大效果

在场景经济中，产品不再是孤立的存在，而是与场景紧密融合，从而提升其附加值。如在高端时尚秀场的场景中展示和推广一款普通的香水，其品牌形象与时尚、奢华的场景相联系，此时消费者购买的不仅仅是香水本身，更是一种时尚的生活方式和身份象征，使香水的价值得到提升。

场景能够激发消费者的情感和需求，使其更容易产生购买冲动。以家居用品为例，在精心布置的家居展示厅中，消费者可以直观地看到家具、装饰品等搭配在一起，形成一个温馨舒适的家的场景，这种直观的体验更容易让消费者想象自己使用这些产品的情景，从而激发购买欲望，相比在普通商店中看到单品，购买的可能性大大增加。

场景经济为首发活动开辟了更多的消费场景，突破了传统的销售渠道和时间限制。线上直播带货就是打造了一种全新的消费场景，消费者可以在直播过程中实时观看产品展示、听取主播介绍，并与其他观众互动，随时随地进行购物。同时，一些品牌在地铁站、商场中庭等公共场所举办快闪活动，将首发产品带到消费者身边，拓展了消费场景，增加了产品与消费者接触的机会。

独特而富有吸引力的场景能够塑造品牌个性，加深消费者对品牌的印象和认知。例如，苹果公司在新品首发时，通过打造简洁、科技感十足的展示场景，配合精心策划的产品发布活动，向消费者传递苹果创新、高端的品牌形象，使消费者在体验场景的过程中，对苹果品牌产生更强烈的认同感和好感度，进而提升品牌的知名度和美誉度。

当消费者在一个独特的场景中经历了别样的体验，他们更倾向于与他人分享，进而促成口碑传播。当某家店因别致的装潢或一段感人的故事而被冠上"网红店"的名头时，大量顾客便乐于在社交媒体上分享自己在"网红店"的所见所感。这既提升了品牌的知名度，又吸引了更多访客，进一步增强了品牌影响力。这种口碑传播的方式对于新产品的首发或品牌的推广，具有不可估量的价值。

综上，场景经济对首发价值的放大效果如图10-3所示。

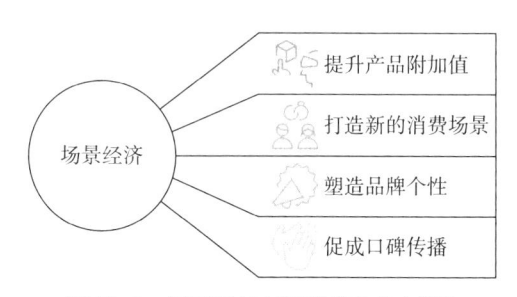

图10-3 场景经济对首发价值的放大效果

三、场景经济的逻辑机制

首先，消费者在场景经济中追求的不仅仅是产品的功能价值，更注重在特定场景下获得的体验和情感满足。例如，在参加户外音乐节时，消费者享受音乐表演，沉浸在现场热烈的氛围以及与其他音乐爱好者的互动中，从而获得快乐、兴奋等情感体验，这种体验成为他们选择参与活动的重要因素。

其次，场景经济能够根据消费者的个人喜好和需求，提供个性化的产品和服务，满足他们对独特性的追求。如定制化的珠宝首饰，消费者可以参与设计过程，选择自己喜欢的宝石、款式等，在专属的定制场景中满足个性化需求。

再次，场景经济为企业提供了创新的营销模式，打破了传统的广告宣传和产品推销方式。通过构建场景，企业可以将产品或服务融入消费者的生活场景，以更加自然、生动的方式展示产品优势，吸引消费者购买。以车展为例，通过模拟城市道路场景，展示汽车在不同路况下的性能，同时设置亲子活动区、美食区等，吸引家庭消费者前来。这种将汽车营销与生活场景相结合的方式，可以有效提升营销效果。

最后，场景经济有助于企业创造更多的商业价值，既可以直接促进产品销售，又能带动相关产业的发展。例如，迪士尼乐园通过打造各种主题园区场景，吸引大量游客前来游玩，除了门票收入，还通过园内餐饮、住宿、商品销售等多个环节实现盈利，同时带动周边酒店、餐饮、纪念品等产业的发展，形成完整的产业链，实现商业价值最大化。

场景经济促进首发经济的逻辑机制详情如图10-4所示。

提升品牌影响力的成功实践

一、泡泡玛特：线上线下全渠道场景布局

从2010年创立开始，泡泡玛特迅速成为潮玩第一品牌。随着品牌的不断成长，其营销策略越来越朝着场景化的方向发展，并在线下和线上进行了双重布局，形成了体验、社交、传播的整体性互动方案。

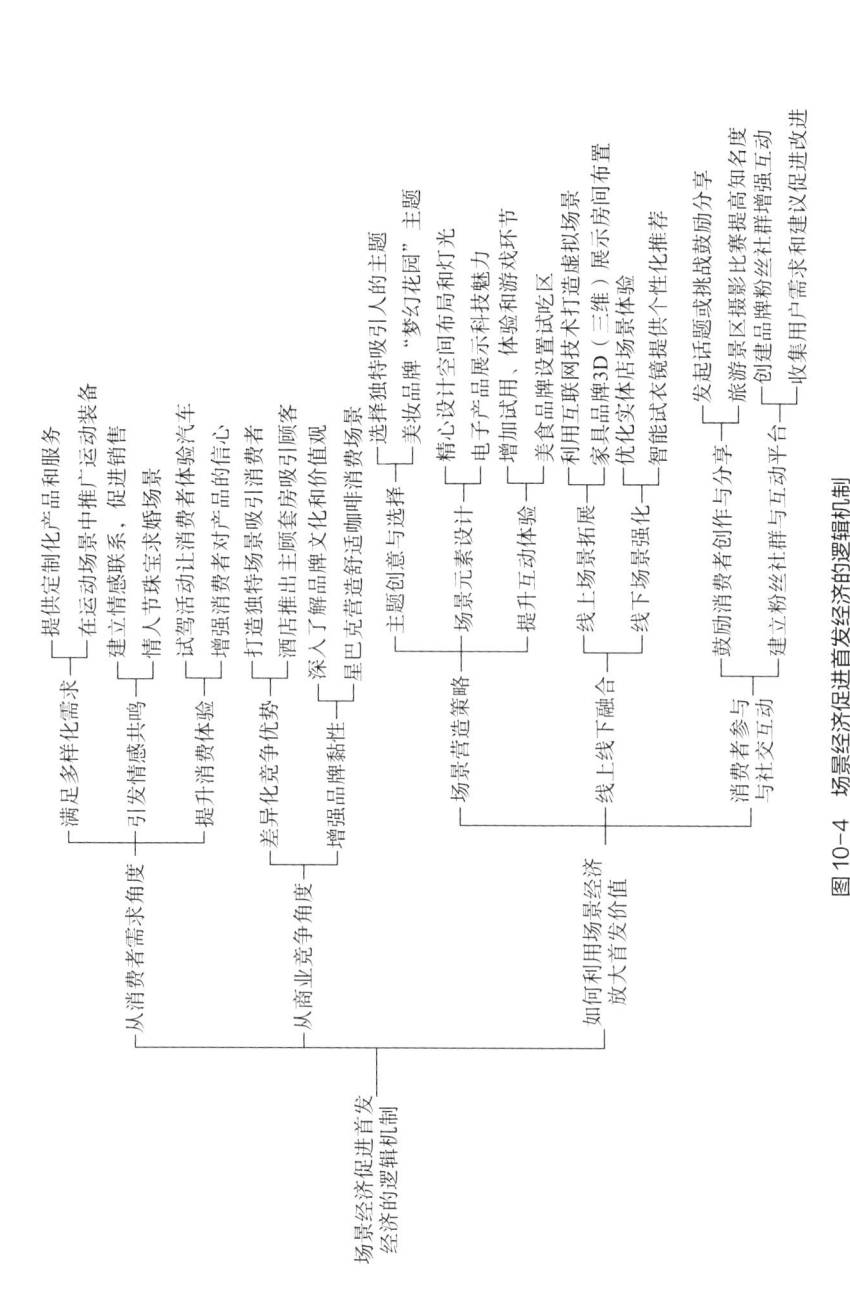

图 10-4 场景经济促进首发经济的逻辑机制

场景经济促进首发经济的逻辑机制

从消费者需求角度

- **满足多样化需求**
  - 提供定制化产品和服务
- **引发情感共鸣**
  - 在运动场景中推广运动装备
  - 建立情感联系，促进销售
- **提升消费体验**
  - 试驾活动让消费者体验汽车
  - 增强消费者对产品的信心

从商业竞争角度

- **差异化竞争优势**
  - 打造独特主题套房吸引顾客
  - 酒店推出主题套房吸引顾客
- **增强品牌黏性**
  - 深入了解品牌文化和价值观
  - 星巴克营造舒适咖啡消费场景

如何利用场景经济放大首发价值

- **场景营造策略**
  - 主题创意与选择——选择独特吸引人的主题——美妆品牌"梦幻花园"主题
  - 场景元素设计——精心设计空间布局和灯光
  - 提升互动体验——电子产品展示科技魅力——增加试用、体验和游戏环节
- **线上线下融合**
  - 线上场景拓展——美食品牌设置试吃区——利用互联网技术打造虚拟场景——家具品牌3D（三维）展示房间布置
  - 线下场景强化——优化实体店试衣镜提供个性化推荐——智能试衣镜提供个性化推荐
- **消费者参与与社交互动**
  - 鼓励消费者创作与分享——发起话题或摄影比赛提高知名度——旅游景区摄影比赛提高知名度
  - 建立粉丝社群互动平台——创建品牌粉丝社群增强互动——收集用户需求和建议促进改进

第十章 首发经济的场景化构建

225

在线下，泡泡玛特结合专卖店、快闪店、城市乐园、主题展览、粉丝见面会等丰富形式，打造潮玩的场景化交互环境。

专卖店的装修风格时尚、潮流，充满了艺术感和创意元素，与泡泡玛特的品牌形象高度契合。店内陈列布局精心设计，按照不同的 IP 系列和主题进行分区展示，营造出沉浸式的购物环境，让消费者能够直观感受泡泡玛特的产品魅力。结合盛大的首发活动、限量版首发产品等新店宣传，吸引大量粉丝和消费者排队购买，营造出热烈的游玩氛围，在日常经营中不断提升品牌的社会感知力。

快闪店则为高端产品线、联名产品线和特定限量产品线量身打造，在城市热门商圈，与前沿设计师合作定制店铺装饰风格，在"快闪"期间营造短期节庆游乐氛围。限定时间、限量供应的艺术效果和商品，在持续为粉丝和商圈消费者提供新鲜体验的同时，也让品牌悄悄渗透进更多人群。

2023 年，泡泡玛特在北京朝阳公园的首家城市乐园开始运营。乐园包括城堡区、森林区、湖滨区和泡泡街四大区域，其中所有游乐设施、游戏活动、表演互动等均根据泡泡玛特热门 IP 进行设计，结合集徽章、赢奖品等激励方式，提高了游客的参与积极性。潮玩人物在现实场景中的具象化和互动感，也进一步提高了消费者对 IP 的黏性，促进了乐园中潮玩产品的销售。

主题展览通过打造沉浸式的展览空间，展示泡泡玛特的经典 IP 形象和系列作品，能够让消费者更加深入地了解泡泡玛特的品牌文化和产品魅力。

粉丝见面会则为粉丝提供了与设计师、品牌团队面对面交流的机会，提升了粉丝对品牌的认同感和归属感。

在线上，企业结合官方网站、私域小程序、平台账号、电商空间等综合设计，不断提升线上的"场景感"。

新产品首发前，泡泡玛特会通过微博发布倒计时海报、预告视频，引发粉丝的热烈讨论和期待，同时开展线上互动活动，如转发抽奖送首发产品等，吸引更多用户关注首发活动。首发当日，通过社交媒体实时分享发售情况、粉丝购买晒单等内容，进一步扩大活动影响力，吸引更多潜在消费者，实现品牌传播和产品销售的双重目标。

开箱视频能够让消费者更加直观地了解产品的外观和细节，提升产品的吸引力；粉丝互动活动如线上抽奖、话题讨论、创意征集等，能够增强粉丝的参与感和黏性。

二、大唐不夜城：让场景成为城市商业名片

2009年，西安市大唐不夜城建成并投入运营。景区位于西安市著名景点大雁塔脚下，总占地936万平方米，建筑面积65万平方米，南北长2 100米，东西宽500米，是一个以盛唐文化为背景的大型仿唐建筑群步行街。

建成后，由于街区采取开放、免费的经营方式，长期经营情

况并不理想。2018年，大唐不夜城被列入商务部11条步行街改造提升试点名单。在深入挖掘西安当地文化和特色之后，改造街区在2020—2022年逐步上线。[1]

在国内诸多仿古街区中，大唐不夜城的独特之处在于表演众多：每天晚上7—11点，表演种类共计15个，总场次43场[2]。随着"不倒翁小姐姐""石头人"等文化IP在社交媒体上的"走红"，大唐不夜城以"大唐迪士尼"为"昵称"吸引充沛流量，成为西安旅游热门打卡景区。

在经营上，大唐不夜城选择了一条与传统"商业理念"非常不同的道路。

为打造被称为"迪士尼"的乐园游玩感，大唐不夜城日常经营需要大规模的投入，如游乐设施、演艺人员等。因此，若仅看其运营方西安曲江文化旅游股份有限公司的账目，则该项目是持续亏损的。以2024年上半年为例，虽然景点运营收入7.7亿元，但总体亏损依然有1.87亿元。[3]

然而大唐不夜城也完美地完成了为西安"带流量"的任务。

2003年，西安曲江新区接待游客量为360万人次，随着大唐不夜城的开放，仅2023年上半年，接待游客人次就达到了4 244万。

---

[1] 大唐不夜城官方：《提振夜游经济，回顾大唐不夜城主题街区打造之路》，搜狐网，2023-03-23。
[2] 严张攀：《大唐不夜城的本质是不卖门票的迪士尼》，CBNData，2025-01-10。
[3] 同上。

这些游客也为西安兵马俑等传统景点带来了客流量，游客在西安的餐饮、住宿等消费随之节节攀升。仅2023年五一期间，西安市就实现了旅游收入107.46亿元[①]，全年总收入则达到3 350亿元[②]。

此外，游客带来的经济活力也兑现成为当地区域与城市的价值。在大唐不夜城经营成功后，其周边曲江新区的商业、住宅和土地竞拍价格也随之提高，2021—2023年，曲江新区政府土地出让金收入超过200亿元[③]。

三、线上卖场：把产品场景放进直播间

2016年，众多视频直播带货网红快速崛起，这一年也被称为"直播元年"。美妆、服装作为第一批为消费者"现场试用"的商品类型，成为第一批在直播间里拿下超高销售成绩的品类。第一代直播"顶流"也成为开创直播带货新赛道的创业者，在新电商历史中留下了姓名。

随着直播带货成为新电商的"标配"，直播内容和形式也在不断发生变化。从最开始的达人讲解、网红和明星推荐，逐渐向着产品本身功能、特点介绍和使用场景推荐的方向发展。

[①] 李卫：《西安"五一"假期接待游客1 330万人次 实现旅游收入107亿元》，群众新闻网，2023-05-06。

[②] 秦选红：《西安旅游业总收入3 350亿元 再创历史新高》，中宏网陕西，2024-04-17。

[③] 《曲江土拍大年：2024年土地成交创新高，远超前几年》，乐居买房，2024-12-13。

许多农产品、食品类商品，把直播间开到农田、工厂，将采摘、生产流程和产品品质直接展示给消费者，提高了食品的"安心"程度。

服饰类、日用品类，将直播间场景设置为日常生活场景，为产品提供合适的运用环境，提高了产品功能的"既视感"。

部分知名品牌尝试打造剧情类直播间，将商品的使用融入有人物、有剧情的故事中，为商品赋予使用价值，在提升直播间趣味性的同时，加深了观众对商品功能、特性的理解。

与特定地域、文化背景相关的商品，则选择把直播间放在相关环境中。例如在草原上介绍牛肉干、奶制品；在湖边、茶楼、茶室中介绍茶叶和茶具等。利用特定场景中营造出的特定氛围，使观众产生共鸣，提升消费意愿。

今天，视频、直播已经成为新电商销售中必不可少的环节，"可见"带来的场景化优势还在被不断开发，而场景化展示也从线下进一步走到线上，逐渐突破空间的限制，进一步增强了生产者与消费者之间的连接。

各种场景化消费场景的案例说明：对场景化的运用可以是多种多样的，场景化服务的对象也并无界限。在场景的设计上，"首发"的意义尤其重要，根据宣传目标而精心打造的场景，对于首发产品具有良好的宣传价值，为经典商品打造的"首发场景"能带来新鲜的体验感，激发新一轮消费浪潮。

积极、良好地运用线上线下的场景化手段，无疑能够为首发经济提供强大的支持。

第四部分
融合与未来

第十一章
拥抱"人工智能+消费"

从国际大都市的繁华商圈到新兴城市的活力街区,首发经济的身影无处不在,以"首"为特色,撬动着消费、产业和城市发展的巨大潜力。众多品牌通过新品首发、首店开设等方式,吸引消费者目光,塑造品牌形象,在市场竞争中抢占先机,进而带动产业链上下游协同发展,为城市注入新的商业活力。

人工智能的崛起如同一场科技革命风暴,正全方位地重塑着人们的生活与消费模式。从智能语音助手随时响应指令,到智能家居设备打造便捷生活场景,再到智能推荐系统精准推送符合心意的商品,人工智能已渗透至各个角落,不仅改变了消费者的购买决策方式,提升了消费的便捷性与个性化,而且为企业提供了更精准的市场洞察和更高效的运营手段。

2024年底召开的中央经济工作会议，强调了提振消费和"人工智能+"两个重要方向，但未点明两者的融合创新。而春节刚过，2025年2月10日召开的国务院常务会议则明确指出，要促进"人工智能＋消费"等新型消费发展，持续打造消费新产品新场景新热点。这一政策导向，既为首发经济与"人工智能＋消费"的深度融合提供了有力支撑，也为市场和企业进一步指明了发展方向。在首发经济的舞台上，"人工智能＋消费"正展现其巨大潜力，从产品创新到消费体验升级、从市场格局重塑到产业协同发展，人工智能都将产生深远影响。

如今，"人工智能＋消费"的融合趋势越发显著。两者的协同发展将碰撞出怎样的火花，又将如何重塑未来的消费市场，成为各界关注的焦点。

"人工智能＋消费"：首发经济新引擎

一、人工智能赋能首发产品创新

如果说首发经济是创新驱动的代名词，人工智能则为产品创新注入了强大动力。企业借助人工智能技术，能够以前所未有的精准度洞察消费者需求，从而开发出更具创新性和市场竞争力的首发产品。

通过对海量消费数据的深度挖掘和分析，人工智能可以精准把握消费者偏好、需求变化趋势以及潜在需求。以智能家电领域为例，企业利用人工智能分析消费者对家电功能、使用便捷性、节能环保等方面的需求数据，研发出具有智能语音控制、自动调节模式、远程操控等功能的新型家电产品。这些产品在首发时，凭借其创新功能迅速吸引消费者目光，满足了消费者对高品质、智能化生活的追求。

例如，某知名家电品牌收集消费者在社交媒体上对家电使用体验的反馈、电商平台的搜索关键词以及售后维修记录等多源数据，并利用人工智能算法进行分析，发现消费者对于空调在睡眠模式下的智能调温需求较高，于是研发出一款能够根据人体睡眠时的体温变化自动调节温度的智能空调。该空调在首发时，因其独特的功能在市场上引起了强烈反响，迅速获得了较高的市场份额。

在产品设计环节，人工智能的应用也极大地提升了创新效率。借助机器学习算法，人工智能可以快速生成多种产品设计方案，并根据市场反馈和消费者喜好进行筛选和优化。例如，在时尚设计领域，人工智能能够分析时尚潮流趋势、色彩搭配数据以及消费者身材特征等信息，为设计师提供创意灵感和设计建议，甚至直接生成服装设计初稿。这缩短了产品设计周期，使产品更符合市场需求，提升了首发产品的独特性和吸引力。

一些时尚品牌利用人工智能图像识别技术，分析全球时尚秀场、社交媒体上的时尚图片，提取流行元素和设计特点，然后通过生成对抗网络（GAN）生成全新的服装设计方案。设计师再根据这些方案进行进一步的创意加工和调整，推出的新品在首发时往往能引领时尚潮流，吸引众多消费者购买。

近年来新兴的 AI 大模型，为产品创新带来了更强大的助力。包括 DeepSeek 在内的大模型，具备强大的自然语言处理和数据理解能力。在文创产品设计中，企业可以加以运用，对大量文化素材进行分析，挖掘不同文化元素之间的潜在联系，从而设计出更具创意和文化内涵的首发文创产品。

比如，在以某历史文化名城为主题的文创产品开发中，DeepSeek 通过分析该城市的历史故事、传统艺术形式、特色建筑等信息，为设计师提供独特的设计思路，如将历史故事以新颖的叙事方式融入文创产品的图案设计中，或者根据传统艺术形式创造出全新的产品造型，使文创产品在首发时就能凭借深厚的文化底蕴和独特创意吸引消费者。

在游戏开发领域，人工智能则可以帮助游戏开发者分析玩家的游戏行为、喜好和反馈，生成更具趣味性和挑战性的游戏关卡、剧情以及角色设定。例如，根据玩家在不同类型游戏场景中的停留时间、完成任务的方式和频率等数据，为一款角色扮演类游戏设计出更符合玩家期望的剧情分支和隐藏任务，提升游戏的可玩性和沉浸感。当这款游戏首发时，凭借丰富有趣的内容可吸引大量玩家，在游戏市场中脱颖而出。

二、人工智能提升首发消费体验

消费体验是首发经济成功的关键因素之一，而人工智能在这方面发挥着重要作用，为消费者带来了前所未有的全新体验。

在购物过程中，人工智能驱动的虚拟试穿、试用技术让消费者能够在购买前直观感受产品效果。以服装和化妆品行业为例，消费者通过手机或店内的智能设备，利用 AR 和 VR 技术，即可实现虚拟试穿服装和试用化妆品。这一技术既解决了线上购物无法试穿试用的痛点，又为线下购物增添了趣味性和科技感，提升了消费者的购物决策效率和购买满意度。

比如，一些美妆品牌推出的 AR 虚拟试妆应用，消费者只需打开手机摄像头，对准自己的面部，就能在屏幕上看到各种化妆品的上妆效果，包括口红的颜色、眼影的搭配等。这种虚拟试妆技术让消费者在购买化妆品时更加自信，减少了因颜色不匹配等问题导致的退换货情况。在新品首发时，品牌通过社交媒体、线上广告等渠道宣传推广虚拟试妆功能，吸引了大量消费者尝试，提高了新品的销售转化率。

人工智能客服也在首发经济中扮演着重要角色。智能客服借助自然语言处理技术，能够实时与消费者进行沟通，为其解答疑问、提供产品信息和购买建议。它们可以 24 小时不间断工作，快速响应消费者需求，提供个性化的服务体验。在新品首发活动期间，智能客服能够及时处理大量咨询信息，有效缓解人工客服压力，确保消费者在购物过程中遇到的问题能得到及时解决，提升消费者的购物体验。

电商平台在新品首发时，智能客服通过对消费者咨询内容的分析，快速识别消费者的需求，自动推荐相关产品和解决方案。对于一些常见问题，如产品尺寸、材质等，智能客服既能够迅速给出准确答案，同时还能根据消费者的购买历史和浏览记录，推荐其他消费者可能感兴趣的产品，提高了其购物效率和满意度。

随着人工智能的发展，一些更具创新性的消费体验不断涌现。基于大模型的智能导购系统开始在一些高端零售门店应用。

在一些高端时尚品牌店中，消费者进入门店后，智能导购设备可以通过人脸识别技术识别消费者身份，结合其过往的购买记录和浏览偏好，利用人工智能算法为消费者提供个性化的穿搭建议和新品推荐。而且，借助DeepSeek等大模型对时尚潮流的深度理解，智能导购还能为消费者解读当季的时尚趋势，以及推荐的新品如何融入这些潮流，让消费者既能买到心仪的商品，又能获取时尚知识，提升消费体验。这种智能导购系统在首发新品时，能够更好地向消费者介绍新品的设计理念、独特之处，激发消费者的购买欲望。

此外，一些零售门店还利用人工智能打造沉浸式购物场景。通过虚拟现实技术，消费者可以身临其境地感受不同的购物环境，如在虚拟的巴黎时尚街区选购时尚单品，或者在充满未来感的购物空间体验科技与时尚的融合。这种沉浸式购物场景在提升购物趣味性的同时，也能让消费者更加深入地了解产品，提高购买意愿。

三、人工智能助力首发精准营销

精准营销是首发经济实现市场突破的重要手段，人工智能的发展为精准营销提供了更强大的工具和方法。

基于大数据和人工智能算法，企业可以对消费者进行精准画像，深入了解消费者的兴趣、爱好、消费习惯和购买能力等信息。通过精准画像，企业能够将首发产品精准地推送给目标消费群体，提高营销效果和转化率。例如，电商平台利用人工智能分析消费者的浏览历史、购买记录和搜索关键词等数据，为每个用户生成个性化的推荐列表，在新品首发时，将符合用户需求的产品推荐给他们，大大提高了产品的曝光率，增加了销售机会。

以具体场景为例，某电商平台通过对消费者数据的分析，发现了一位经常购买运动装备且关注跑步相关产品的用户，在一款新的智能运动手表首发时，平台向该用户精准推送了这款手表的信息，详细介绍了手表的运动监测功能、续航能力以及与其他运动设备的兼容性等，该用户看到推荐后，对这款手表产生了浓厚兴趣并最终购买，实现了精准营销。

人工智能还可以优化营销渠道和投放策略。通过对不同营销渠道的数据监测和分析，人工智能可以评估各渠道的效果，帮助企业合理分配营销资源，选择最有效的营销渠道进行首发产品的推广。

同时，人工智能还能根据实时市场变化和消费者反馈，动态调整广告投放策略，如调整广告投放时间、频率和内容，以达到最佳的营销效果。运用好像 DeepSeek 这样的 AI 大模型，企业的精准营销能力可以得到进一步提升。

DeepSeek 可以对社交媒体、新闻资讯等多渠道的海量文本数据进行分析，挖掘消费者对不同产品的情感倾向、关注点和话题热度。比如，在一款电子产品首发前，可以通过对社交媒体上相关话题的分析，了解消费者对该类产品的期待值和关注点，帮助企业制定更有针对性的宣传文案和营销活动。同时，DeepSeek 可以通过对不同营销渠道数据的深度分析，更精准地评估各渠道的引流效果和用户质量，为企业选择最佳的营销渠道组合提供依据，使首发产品的营销资源得到更合理的配置，提高营销效率和效果。

如某电子产品企业在推出一款新手机时，利用 DeepSeek 分析发现，在科技论坛和短视频平台上，消费者对手机的拍照功能和快充技术关注度较高。于是企业在这些平台上重点宣传手机的这两个优势，制作了一系列展示拍照效果和快充速度的短视频，并邀请科技博主进行评测和推荐。同时，根据不同平台用户的特点，调整广告投放的时间和形式，比如在科技论坛上选择在晚上用户活跃时段投放图文广告，在短视频平台上则选择在黄金时段投放沉浸式视频广告。通过这种精准的营销方式，新品首发取得了良好效果，手机销量远超预期。

"人工智能+消费"的多场景应用

一、智能家居领域的创新首发

智能家居是"人工智能+消费"的重要应用领域之一，在首发经济中展现出巨大潜力。随着人工智能技术的不断发展，智能家居产品日益丰富，从智能门锁、智能摄像头到智能家电、智能音箱等，涵盖了家居生活的各个方面。

小米推出的智能生态系统，以智能音箱为控制中心，实现了与家中各类智能设备的互联互通并进行语音控制。用户可以通过语音指令控制灯光、窗帘、电视等设备，实现智能化的家居生活。在新品首发时，小米通过线上线下相结合的方式，举办体验活动，让消费者亲身体验智能家居的便捷与舒适。同时，利用人工智能算法对用户数据进行分析，不断优化产品功能和用户体验，进一步提升了产品的市场竞争力。

通过收集用户对智能音箱的语音指令数据、设备使用频率以及场景设置偏好等信息，可分析出用户在不同时间段和场景下对智能家居设备的使用习惯。例如，发现很多用户在晚上睡觉前会同时关闭灯光、拉上窗帘并启动空气净化器。基于这些数据，小米优化了智能场景设置功能，推出了更便捷的"睡眠模式"，用户只需下达一个指令，就能实现多个设备的联动操作。这一优化在新品智能音箱首发时作为亮点功能进行宣传，吸引了更多消费者购买。

海尔则推出了具有智能健康管理功能的家电产品，如智能冰箱可以通过内置的传感器监测食材的新鲜度和营养成分，并根据用户的健康状况和饮食偏好提供个性化的食谱建议。在首发这类产品时，海尔借助人工智能技术进行精准营销，针对关注健康的消费群体进行重点推广，取得良好的市场反响。

利用大数据分析和人工智能算法，对用户的健康数据、饮食习惯以及购买记录进行综合分析，可以识别出关注健康的消费群体。然后通过与健康管理机构合作，在健康类 App、社交媒体健康群组等渠道进行精准的广告投放，宣传智能冰箱的健康管理功能，如食材过期提醒、个性化营养搭配建议等。同时，举办线下健康烹饪活动，邀请专业厨师使用智能冰箱中的食材制作健康美食，现场展示产品的功能，吸引目标消费者的目光，提高产品的首发成功率。

如今，借助前沿人工智能技术，智能家居领域不断有新的突破和首发产品出现。一些企业利用人工智能图像识别技术和深度学习算法，开发出了智能安防系统。该系统能够实时监控家中的安全状况，通过对监控画面的分析，识别异常行为并及时发出警报。例如，当有陌生人闯入时，系统可以快速识别并向用户手机发送警报信息，同时提供现场视频画面。

在首发这类智能安防产品时，企业可以利用人工智能对目标客户群体进行精准定位，如对有小孩或老人的家庭进行重点推广，强调产品对家庭安全的保障作用，提高产品的首发成功率。某智能安防企业通过对市场数据的分析，发现有小孩的家庭对家中安全监控的需求较高，且其更关注产品的易用性和稳定性。于是在产品首发前，针对这一目标群体进行产品优化，简化安装和操作流程，并增加了儿童安全区域设置功能。在营销方面，与母婴类媒体、社区合作，举办线上线下活动，宣传产品的安全性和便捷性，吸引了大量有小孩的家庭购买，使产品在首发期间取得了良好的销售成绩。

二、智能零售的变革与发展

智能零售是"人工智能+消费"在零售领域的创新应用，为首发经济带来全新的商业模式和消费体验。

亚马逊的无人超市 Amazon Go 运用先进的计算机视觉、传感器融合和深度学习技术，为消费者提供进店后无须排队结账的购物体验。当消费者拿起商品离开超市时，系统就能自动识别商品并完成结算。这种创新的零售模式在首发时引起了全球关注，为零售行业的发展带来了新的思路。

Amazon Go 通过在店内安装大量的摄像头和传感器，利用计算机视觉技术实时监测消费者的购物行为。深度学习算法对这些数据进行分析，准确识别消费者拿起和放回的商品，实现自动计费和结算。在首发这一模式时，亚马逊通过线上线下的宣传活动，展示无人购物的便捷性和创新性，吸引了大量消费者前往体验。同时，利用大数据分析消费者在店内的购物路径、停留时间和购买偏好等数据，不断优化商品陈列和库存管理，提高运营效率。

国内的盒马鲜生也将人工智能技术广泛应用于零售业务中。通过大数据分析，盒马鲜生能够精准预测消费者需求，优化商品采购和库存管理。同时，店内配备的智能设备为消费者提供了便捷的购物服务，如自助收银、智能导购等。在新品首发方面，盒马鲜生利用其线上线下融合的优势，通过线上平台进行宣传推广，吸引消费者到线下门店体验和购买，实现了新品的快速推广和销售增长。

盒马鲜生通过分析消费者的线上浏览记录、购买历史以及线下门店的到店频率和停留时间等数据，预测消费者对新品的需求。例如，在一款新的生鲜产品首发前，盒马鲜生根据数据分析发现某一区域的消费者对海鲜类产品有较高的需求且购买频率较高，于是在该区域的门店增加了新品的铺货量，并通过线上 App 向该区域的用户推送新品信息和专属优惠。同时，在店内利用智能导购设备为消费者介绍新品并提供烹饪建议，引导消费者购买。这种线上线下相融合的首发模式使得新品能够快速获得消费者的认可，提高了销售业绩。

在智能零售领域，人工智能的应用不断深化。一些零售企业开始利用 AI 大模型进行商品陈列优化。通过对消费者购物路径、停留时间、购买行为等数据的分析，结合大模型对消费心理的理解，企业可以确定最佳的商品陈列方式，提高商品的曝光率和销售量。

例如，某连锁便利店利用 AI 大模型分析发现，在特定时间段内，将早餐食品和咖啡放置在靠近门口的显眼位置，并搭配相关的促销信息，能够显著提高这些商品的销售额。在新品首发时，合理的商品陈列可以让新品更容易被消费者发现，增加销售机会。

此外，智能零售还借助人工智能实现了虚拟试衣镜、智能货架等创新应用，为消费者带来了更加便捷和个性化的购物体验。某时尚零售品牌在门店中安装了虚拟试衣镜，消费者站在镜子前，通过手势操作就能虚拟试穿店内的服装，还能查看不同服装的搭配效果。智能货架则可以实时监测商品的库存情况，当商品数量不足时自动提醒工作人员补货，并根据销售数据调整商品的陈列顺序。

这些创新应用在新品首发时，能够吸引消费者的目光，提高消费者的购物体验和购买意愿。

三、智能出行的创新与突破

智能出行领域在"人工智能+消费"的推动下，取得了显著的创新成果，并在首发经济中占据重要地位。

新能源汽车品牌特斯拉在智能驾驶领域一直处于领先地位，其 Autopilot 自动辅助驾驶系统利用人工智能技术，通过摄像头、雷达等传感器收集路况信息，结合深度学习算法实现车辆的自动巡航、自动泊车等功能。特斯拉在每次推出新的智能驾驶功能或车型时，都通过全球首发活动展示其技术创新和产品优势。同时，利用人工智能对用户的驾驶数据进行分析，不断优化和升级智能驾驶系统，提升用户的驾驶体验和安全性。

特斯拉通过收集大量用户的驾驶数据，包括行驶路线、驾驶习惯、路况信息等，利用深度学习算法对这些数据进行分析，不断优化 Autopilot 系统的性能。例如，通过分析发现在某些路段的特定驾驶场景下，系统的自动巡航功能可以进一步优化，以提高驾驶的舒适性和安全性。于是在后续的软件更新中，企业对这些功能进行了改进，并在新品发布时向用户重点介绍这些优化内容，增强了用户对产品的信心。

此外，共享出行领域也借助人工智能技术实现了创新发展。例如，滴滴出行利用人工智能算法对用户的出行需求、位置信息、历史订单数据等进行分析，实现更精准的车辆调度和乘客匹配，提高出行效率。

在推出新的服务模式或功能时，滴滴会通过线上平台进行推广，同时结合用户数据进行精准营销，吸引用户尝试新服务，推动了共享出行市场的发展。比如在推出新的拼车服务时，滴滴通过 App 向经常有短距离出行需求且对价格敏感的用户推送拼车服务的优惠信息和优势介绍，如价格更实惠、出行时间可预估等。同时，根据用户的出行习惯和时间偏好，合理安排拼车路线，提高用户的满意度。通过这种精准营销和服务优化，新的拼车服务在首发时获得了大量用户的尝试和认可，扩大了市场份额。

随着人工智能技术的进步，智能出行领域不断有新的突破。以自动驾驶技术为例，一些企业在研发更高级别的自动驾驶系统时，利用 AI 大模型对海量路况数据进行学习和分析，提升系统对复杂路况的应对能力。在首发搭载这类先进自动驾驶系统的车辆时，企业通过线上线下的宣传活动，向消费者详细介绍系统的功能和优势，如提高行车安全性、缓解驾驶疲劳等。同时，利用人工智能对潜在消费者进行精准定位，比如针对经常长途驾驶或对科技产品感兴趣的用户进行重点推广，提高产品的市场认知度和接受度。此外，智能出行领域还在智能交通管理、智能停车等方面不断创新，为消费者提供更加便捷、高效的出行服务。

一些科技公司与汽车厂商合作，开发出结合车路协同技术的智能交通解决方案。通过在道路基础设施中部署传感器，与车辆进行实时数据交互，车辆能够提前获取路况信息，实现更智能的驾驶决策。在首发这类智能交通产品时，企业可以与政府交通管理部门合作，在特定区域进行试点应用。通过展示实际应用效果，如减少交通拥堵情况、降低交通事故发生率等，吸引更多城市和消费者的目光。同时，利用社交媒体、科技媒体等渠道进行宣传，向公众普及车路协同技术的优势，提高市场接受度。

在智能停车领域，人工智能也发挥着重要作用。一些停车场利用人工智能图像识别技术，实现了自动车牌识别、车位引导和智能计费等功能。在首发这类智能停车系统时，停车场运营方可以通过与周边商业场所合作，向消费者宣传智能停车的便捷性，如无须停车取卡、快速找到空余车位等。同时，通过线上平台推出优惠活动，吸引消费者使用智能停车服务，提高用户黏性。

"人工智能+消费"驱动首发经济的挑战

一、技术发展面临的主要挑战

尽管人工智能在"人工智能+消费"与首发经济融合中发挥着重要作用，但技术发展仍面临一些挑战。

一方面，人工智能技术的发展还不够成熟，存在算法偏见、数据隐私保护等问题。算法偏见可能导致产品推荐不准确，使消费者错过真正符合其需求的产品，最终影响消费者体验；在数据隐私保护方面，一些企业可能因技术漏洞或管理不善，导致消费者数据泄露，给消费者带来经济损失或隐私被侵犯，从而引发消费者对个人信息安全的担忧，降低消费者对人工智能产品和服务的信任度。

另一方面，人工智能技术的应用需要大量数据的支持，但数据的质量和安全性面临挑战。数据质量不高可能导致分析结果不准确，影响产品研发和营销决策；数据安全问题则可能导致数据泄露，给企业和消费者带来巨大损失。低质量的数据可能包含错误信息、缺失值或重复数据，这些都会影响人工智能算法的准确性。

例如，在分析有关消费者购买行为的数据时，如果数据存在错误记录，可能导致企业对消费者需求的误判，从而影响产品研发方向和营销策略的制定。数据安全问题更是不容忽视，一旦发生数据泄露事件，在损害消费者利益的同时，也会对企业的声誉造成严重影响。

为应对这些挑战，企业应加大对人工智能技术研发的投入力度，加强算法优化和数据安全管理。建立严格的数据采集、存储和使用规范，确保数据的质量和安全性。同时，加强与科研机构的合作，共同攻克技术难题，推动人工智能技术的健康发展。例如，一些企业与高校的计算机科学和数据安全研究团队合作，开展关于算法公平性和数据隐私保护的研究项目，探索更先进的算法和加密技术，以提高人工智能技术的可靠性和安全性。企业可以采用联邦机器学习等技术，在不共享原始数据的情况下进行模型训练，保护数据隐私。同时，加强对算法的审核和监测，及时发现和纠正算法偏见问题。

二、市场接受度与消费者认知问题

消费者对"人工智能+消费"产品和服务的接受度和认知度，

也在一定程度上影响着首发经济的发展。

部分消费者对人工智能技术存在疑虑，担心产品的可靠性和稳定性。例如，在智能驾驶汽车方面，尽管技术在不断进步，但一些消费者仍然对其安全性持怀疑态度，担心系统故障或意外情况导致事故发生。此外，一些人工智能产品的操作相对复杂，对于部分消费者尤其是老年消费者来说，使用门槛较高，难以掌握，这也限制了产品的市场推广。

为提高市场接受度和消费者认知度，企业应加强产品宣传和教育，通过举办体验活动、发布科普信息等方式，让消费者更好地了解人工智能产品和服务的优势和使用方法。同时，注重产品设计的人性化和易用性，简化操作流程，降低使用门槛，提高消费者的接受度。在推广智能驾驶汽车时，企业可以组织消费者参与试驾活动，让消费者亲身体验智能驾驶的安全性和便捷性；对于操作复杂的人工智能产品，可以为消费者提供详细的操作指南和视频教程，或者设计更简洁易懂的用户界面，方便老年消费者使用。企业还可以通过社交媒体、线上直播等方式，邀请专家进行科普讲解，解答消费者的疑问，增强消费者对人工智能产品的信任。

三、行业规范与监管不足

目前，"人工智能+消费"领域的行业规范和监管机制还不够完善，给首发经济的发展带来了一定的风险。

在产品质量方面，由于缺乏统一的标准和规范，导致市场上的人工智能产品质量参差不齐，消费者难以辨别优劣。在数据使用和隐私保护方面，相关法律法规也有待进一步完善，以规范企业的行为，保护消费者的合法权益。

由于缺乏统一的标准，一些低质量的人工智能产品可能充斥市场，这些产品可能存在功能不完善、性能不稳定等问题，影响消费者的使用体验。在数据使用方面，虽然一些企业声称会保护消费者数据，但在实际操作中可能存在数据滥用、过度收集等问题，而现有的法律法规对此的约束还不够严格。

为解决行业规范与监管不足的问题，政府应完善相关政策，加大监管力度，建立健全相关法律法规和标准体系。加强对人工智能产品和服务的质量检测和监管，严厉打击假冒伪劣产品和侵犯消费者权益的行为。

同时，行业协会应发挥积极作用，加强行业自律，推动行业规范发展。例如，政府可以制定人工智能产品的质量标准和认证体系，要求企业的产品通过相关认证后才能进入市场；行业协会可以制定行业内的数据使用规范和自律准则，引导企业合法合规使用数据，保护消费者隐私。政府还可以加强对企业数据使用的监督检查，对违规企业进行严厉处罚，提高企业的违法成本。

"人工智能 + 消费"推进首发经济的展望

一、技术创新持续深化

随着人工智能技术的不断发展,"人工智能 + 消费"在首发经济中的应用将更加深入和广泛。未来,人工智能技术将在机器学习、自然语言处理、计算机视觉等领域取得更大突破,为产品创新和消费体验升级提供更强大的支持。

在产品研发方面,人工智能技术将实现更精准的需求预测和个性化定制。企业可以根据消费者的个人需求和偏好,生产出更加个性化的产品,满足消费者日益多样化的需求。在消费体验方面,人工智能将进一步提升虚拟试穿、试用的真实感和交互性,为消费者带来更具沉浸感的购物体验。

与此同时,智能客服将更加智能化和人性化,能够更好地理解消费者的情感和需求,提供更加贴心的服务。例如,未来的虚拟试穿技术可能并不局限于展示服装的穿着效果,还能模拟不同材质的触感和穿着舒适度,让消费者更真实地感受产品。智能客服将通过语音和文字交流,准确分析消费者的情绪状态,提供更具同理心的服务。

随着像 DeepSeek 这样的前沿 AI 大模型的不断发展和应用,技术创新将进一步加速。大模型在自然语言处理方面的优势将被更广泛地应用于消费领域。例如，基于大模型的智能客服将能够更好地理解消费者提出的复杂问题，做出更准确、更人性化的回答。

而且，大模型可以帮助企业进行更精准的市场趋势预测。通过对大量市场数据、行业动态和消费者反馈的分析，企业能够提前洞察市场变化，及时调整产品研发和首发策略，推出更符合市场需求的产品。同时还可以协助企业进行产品创意生成，通过对不同领域知识的融合和创新，为企业提供全新的产品概念和设计思路。

二、市场规模持续扩大

随着消费者对"人工智能+消费"产品和服务接受度的不断提高，以及技术创新的推动，"人工智能+消费"在首发经济中的市场规模将持续扩大。

在智能家居领域，随着人们对生活品质追求的不断提高，智能家居产品的市场需求将不断增长。智能家电、智能安防等产品将进一步普及，市场规模有望持续扩大。在智能零售领域，智能购物体验将吸引更多消费者，线上线下相融合的智能零售模式将成为主流，推动零售行业的持续发展。在智能出行领域，智能驾驶汽车和共享出行服务将不断完善，市场份额将逐步提高，为消费者提供更加便捷、高效的出行方式。

人工智能技术在消费领域的应用拓展也将带动新的市场需求。

例如，基于人工智能技术的个性化健康管理服务市场正在逐渐兴起。通过可穿戴设备收集用户的健康数据，利用人工智能技术进行分析和评估，为用户提供个性化的健康建议和健康管理方案。在首发这类服务时，企业可以通过与医疗机构、健身机构合作，提高服务的专业性和可信度，吸引更多消费者尝试。随着市场对这类服务认知度和接受度的提高，其市场规模将不断扩大。

此外，人工智能技术在教育、娱乐等领域的应用也将不断拓展，为首发经济带来新的增长点。在教育领域，智能教育辅导产品可以根据学生的学习情况提供个性化的学习计划和辅导内容；在娱乐领域，人工智能生成的内容如虚拟偶像、个性化音乐推荐等也将吸引大量消费者。

三、产业融合更加紧密

"人工智能＋消费"将推动首发经济与其他产业的融合更加紧密，形成更加完善的产业生态。人工智能与制造业的融合将推动智能制造的发展，实现生产过程的智能化和自动化，提高产品质量和生产效率。在首发经济中，智能制造的产品将更具创新性和竞争力。人工智能与服务业的融合将提升服务质量和效率，如智能金融服务、智能医疗服务等。在首发经济中，这些创新的服务模式将为消费者带来全新的体验，推动服务业的升级发展。同时，人工智能与文化产业的融合将创造出更多具有创新性的文化产品和服务，如智能音乐创作、虚拟现实影视等，丰富消费者的精神文化生活。

1. 人工智能 + 文化消费

以人工智能与文化产业的融合为例，未来可能会出现更多基于人工智能技术的文化创作和体验产品。利用 AI 大模型进行音乐创作，可以快速生成不同风格的音乐作品，为音乐产业带来新的创作思路和产品。在首发这类智能音乐产品时，企业可以结合线上音乐平台的推广资源，举办线上音乐发布会，邀请知名歌手演唱智能创作的歌曲，吸引大量音乐爱好者关注。同时，通过与线下演出机构开展合作，将智能音乐与现场演出相结合，打造独特的音乐体验活动，进一步扩大产品的影响力。

例如，音乐公司利用 AI 大模型创作了一系列融合多种音乐风格的作品，在首发时与线上音乐平台合作推出独家试听活动，并在线下举办主题音乐会，邀请歌手和乐队现场演绎这些人工智能创作的歌曲。音乐会通过虚拟现实技术为观众带来沉浸式体验，让观众仿佛置身于音乐创作的场景中。这类首发活动可以吸引大量音乐爱好者的目光，既可以提高智能音乐产品的知名度，也能够为音乐产业的发展开辟新道路。

2. 人工智能 + 医疗消费

在人工智能与医疗健康融合方面，智能医疗诊断系统、远程医疗服务等不断发展。在首发智能医疗产品或服务时，企业可以与医疗机构合作开展临床试验和应用试点，通过实际案例向市场展示产品或服务的有效性和可靠性。并且，利用人工智能对患者数据的分析，精准定位目标客户群体，如针对特定疾病患者或有健康管理需求的人群进行推广，提高产品或服务的市场接受度。

例如，企业研发了一款基于人工智能技术的皮肤病诊断系统，在首发时与多家知名医院合作进行临床试验。通过对大量皮肤病患者的诊断数据进行分析，验证了系统的准确性和可靠性。然后，利用人工智能技术对患者数据进行分析，筛选出有皮肤病诊断需求的潜在患者群体，通过线上线下的宣传活动，向这些目标患者介绍产品的优势和应用案例，提高产品的市场认知度和接受度。

3. 人工智能＋教育消费

人工智能与教育的融合也在不断推进，智能教育产品如个性化学习平台、智能辅导机器人等逐渐走进市场。这些产品利用人工智能技术分析学生的学习数据，提供个性化的学习方案和辅导服务。在首发智能教育产品时，企业可以与学校、教育机构合作，进行产品的试点应用，收集用户反馈，不断优化产品。同时，通过线上线下的宣传活动，向家长和学生介绍产品的优势，如提高学习效率、培养自主学习能力等，吸引更多用户购买和使用。

例如，教育科技公司推出一款智能辅导机器人，在首发时与多所学校合作进行试点应用。学校教师和学生在使用过程中提供了大量反馈，企业根据这些反馈对机器人的功能进行优化。同时，通过线上教育平台、社交媒体等渠道宣传产品的个性化辅导功能，吸引大量家长和学生关注，提高产品的市场占有率。

4. 人工智能+跨界创新

"人工智能+消费"还将推动跨行业的创新合作。例如，汽车制造商与科技公司开展合作，将人工智能技术应用于汽车内饰设计和娱乐系统中，打造智能化的驾乘体验。在首发这类融合创新产品时，企业可以整合双方的品牌优势和市场资源，通过联合营销活动扩大产品的影响力。利用人工智能技术对目标消费群体进行分析，制定精准的营销策略，如针对年轻消费者，突出产品的科技感和创新性；针对家庭用户，强调产品的舒适性和实用性。

汽车制造商可以与科技公司合作推出智能汽车，在车内配备先进的人工智能娱乐系统和个性化内饰。首发时，双方联合举办线上线下的营销活动，利用社交媒体平台发布宣传视频，展示汽车的智能功能和时尚内饰。同时，针对年轻消费者举办科技体验活动，让他们亲身体验汽车的智能科技；针对家庭用户，举办亲子试驾活动，强调汽车的舒适性和安全性。通过这种跨行业的合作和精准营销，产品在首发时就能获得广泛的关注和良好的市场反响。

四、多方协力共同发展

未来，"人工智能+消费"在首发经济中的进一步融合发展，需要社会和企业共同努力来推进。政府应加强对人工智能技术的伦理监管，制定关于人工智能伦理的法律法规，明确规定企业在数据使用、算法设计等方面的责任和义务。企业要积极承担社会责任，在产品研发和应用过程中注重伦理道德和用户权益保护，建立内部伦理审查机制，对产品和服务进行伦理评估。同时，加大对员工的培训投入力度，帮助他们满足新的工作需求。社会各界可以通过举办科普讲座、开展培训课程等方式，加强对人工智能知识的普及，提高公众对人工智能的认知和理解，增强公众的风险意识和应对能力，促进"人工智能＋消费"在首发经济中的健康、可持续发展。

"人工智能＋消费"为首发经济带来了前所未有的机遇和变革。从产品创新到消费体验升级，从市场规模扩大到产业融合发展，人工智能技术贯穿其中，成为推动首发经济发展的重要力量。尽管在发展过程中面临诸多挑战，但只要各方共同努力、积极应对，就能够充分发挥"人工智能＋消费"的优势，推动首发经济持续创新，为消费者创造更加美好的生活，为经济发展注入新的活力，引领未来消费的新潮流。

在此过程中，我们将见证更多创新产品和服务的诞生，体验到更加便捷、个性化的消费方式，"人工智能＋消费"将推动整个经济社会朝智能化、数字化方向迈进，开启一个精彩纷呈的消费新时代。

第十二章
跨界融合与新经济生态

在全球化和数字化浪潮的推动下,传统行业与新兴行业的界限日益模糊,跨界融合成为推动创新和商业变革的重要力量。在首发经济的背景下,跨界融合不仅是产品和服务创新的驱动力,更是打造新经济生态的关键因素。本章将探索跨界融合如何成为首发经济的核心引擎,推动不同产业、技术、资本和市场之间的深度联动,从而创造全新的经济生态系统。

跨界融合不是简单的行业叠加,它代表着不同领域之间资源、技术、理念的深度交会和碰撞。通过这种跨领域的整合,企业能够突破传统的商业模式,创造出全新的商业形态和消费体验。无论是在科技与金融、文化与娱乐,还是在传统零售与数字平台的结合中,跨界融合都为企业提供了更广阔的发展空间和更多的创新机会，推动市场需求的升级与消费者行为的转变。

2024年12月召开的中央经济工作会议明确提出"大力提振消费、提高投资效益，全方位扩大国内需求"，并把"积极发展首发经济、冰雪经济、银发经济"作为2025年要抓好的重点任务。本章将结合近年来兴起的低空经济、平台经济以及银发经济等新经济形态，从多个维度深入分析跨界融合在首发经济中的应用。包括如何借助跨界合作实现产品和品牌的创新突破，如何通过生态链的整合打造协同效应，如何通过技术与平台的融合开辟新的市场空间。

在此过程中，本章还将探讨跨界融合如何推动新经济生态的形成，如何帮助企业通过多元化的生态合作提升市场竞争力，以及在这一过程中企业主要面临的挑战与机遇。通过具体案例分析，方便读者理解跨界融合如何在首发经济中产生巨大效应，如何引导企业在新经济生态中占据一席之地，成为引领行业变革的先行者。

首发经济 + 低空经济：创造新的增长点

首发经济与低空经济深度融合，正在开创经济增长的新范式。通过创新驱动和场景重构，催生出全新的商业生态。这种融合不仅带来了技术与商业模式的革新，更重要的是打造了新的消费场景和市场空间，持续为经济发展注入动力。

低空经济是一种新兴的综合性经济形态。它以低空飞行活动为核心，以有人或无人驾驶飞行、低空智联网等技术组成的新质生产力与空域、市场等要素相互作用，带动低空基础设施、低空飞行器制造、低空运营服务和低空飞行保障等发展。关于低空经济的系统论述，详见笔者撰写的全国首部低空经济专著——《低空经济：新质革命与场景变革》，该书被新华社誉为"中国低空经济开山之作，填补新经济领域研究空白"。

在商业模式创新方面，低空经济与首发经济这两种经济形态的结合将产生显著的倍增效应。以eVTOL（电动垂直起降飞行器）为代表的智能飞行器可通过首发经济平台快速实现商业化验证，并在低空经济场景中找到落地应用，形成"研发—首发—应用"的创新闭环。这种模式可加快新技术的市场化进程，并带动整个产业链的协同升级。同时，通过数字技术赋能，实现传统产业与新兴业态的深度融合，打造出更具竞争力的商业生态。

在消费场景创新层面，首发经济和低空经济结合正在重构人们的消费习惯和体验方式。通过在零售配送、文旅观光、城市服务等领域的创新实践，不断开发新的消费场景和服务模式。例如，通过无人机配送的首发示范，培育消费者对空中物流的接受度，进而推动整个配送体系的升级革新。在文旅领域，低空观光与首发经济相结合，打造"体验+展示+消费"的综合性场景，催生更多新的消费增长点。

从供应链和产业协同的角度看，这种融合发展正在重塑传统的产业组织方式。通过首发经济的创新引领和低空经济的场景赋能，推动供应链向智能化、网络化方向升级，形成更高效的资源配置模式。同时，这种融合也促进了区域间的经济联系，通过空中交通网络的构建，突破了传统的地理限制，为区域协同发展提供了新的解决方案。

一、通过三个维度重构经济发展新格局

一是通过技术创新和商业模式创新，催生新的经济增长点；二是通过消费场景的创新重构，创造新的市场需求；三是通过产业链和供应链的优化升级，提升整体经济运行效率。这既为经济高质量发展提供了新动能，也为未来发展开辟了广阔空间。在低空经济和首发经济的共同作用下，这三个维度主要体现在运输服务、文旅产业、智慧城市三个板块。

1. 运输服务的创新引领

通过首发经济的示范效应与低空经济的场景实践相结合，加速运输服务模式升级。以深圳至珠海航线为代表的城际空中交通服务，率先引入最新型 eVTOL 等智能飞行器进行商业化首发和示范运营，创造了"空地联运"的全新商务出行模式。同时，美团、顺丰等头部企业也在积极开展无人机配送的首发试点，通过技术验证和模式创新，逐步构建起覆盖城市配送、偏远地区服务、应急物资运输的立体化物流网络。这种创新不仅提升了配送效率，

更重要的是通过首发经济的品牌效应，带动了整个低空物流产业链的发展。

2. 地方文旅产业的创新升级

首发经济为低空旅游注入了新的活力和创意。各地景区纷纷引入最新的低空观光项目和设备，打造独具特色的"首发打卡地"，吸引游客体验新型观光方式。通过首发活动的造势效应，快速培育市场认知和消费习惯。同时，围绕低空旅游开展航空体验、飞行培训等配套服务的首发，形成了"体验+培训+服务"的产业闭环。这种融合既打造了新的消费场景，又带动了周边住宿、餐饮等传统业态的升级转型，实现了文旅产业的整体提升。

3. 智慧城市服务的迭代突破

首发经济为低空城市服务提供了创新试验田。通过在环境监测、应急救援、基础设施巡检等领域率先引入新型无人机系统和解决方案，快速验证技术可行性和商业价值。这些创新应用在提升城市治理效能的同时，也为相关技术和产品的市场化推广积累了宝贵经验。特别是在智慧城市建设中，首发经济的品牌效应和示范作用，有效加快了低空服务解决方案的推广应用，推动城市管理朝智能化、精细化方向发展。

与此同时，这种融合发展模式正在形成良性循环：首发经济带来的创新活力和品牌效应，为低空经济开辟了市场空间；而低空经济提供的场景实践和产业支撑,又为首发经济的持续创新提供了坚实基础。通过两者的协同互促,不断催生新技术、新产品、新模式,为经济高质量发展注入强劲动力。

由首发经济和低空经济共同打造的动态经济生态系统如图 12-1 所示。

图 12-1 "低空经济 + 首发经济"动态经济生态系统

二、首发经济与低空经济融合发展的典范案例

前海—蛇口低空经济先导区就是首发经济与低空经济融合发展的典范案例,综合了运输服务、文旅产业、智慧城市三个板块的技术与产业升级迭代,展现了未来城市发展的创新方向。该先导区位于粤港澳大湾区核心区域,是深港现代服务业合作区的重要组成部分。此项目通过整合全球领先的航空科技企业资源,建立了一个集研发测试、首发展示、商业运营于一体的综合性创新平台。在空间布局上,示范区规划了多个垂直起降场(Vertiport),并配套建设了智能空管系统、充电设施、维护保障体系等基础设施,形成了完整的空中交通网络体系。

根据前海—蛇口低空经济先导区发展蓝图,前海—蛇口片区将规划打造海空一体客运枢纽、山海商业体验区、低空产业主题园区、境内物流枢纽、跨境物流枢纽和海岛低空配送先行区等六大功能区。

在运营模式方面，先导区创新性地采用"研发+首发+运营"的全链条业务模式。通过引入 eVTOL 制造商进行产品首发和示范运营，既为新型飞行器提供了实际验证场景，也为市场培育和商业模式探索提供了重要平台。同时，示范区积极构建"空中+地面"多式联运服务体系，打造航空科技创新展示中心，吸引全球新品首发活动。

先导区所在的南山区是"世界无人机之都"核心区，集聚了大疆创新、道通智能等一批领军企业，拥有低空经济企业超过 500 家，产值超 550 亿元，形成了集研发、制造、运营、服务于一体的、完整的无人机产业链。前海—蛇口片区既构建了完善的低空经济产业体系，也打造了独具特色的低空经济先导区。通过提供深港两地间的空中商务通勤服务，开发湾区城际空中观光旅游项目，支持航空科技产品测试验证，以及开展应急救援和城市服务等多元化应用，极大地提升了区域经济活力和创新能力。

在社会效益方面，先导区的建设显著提升了区域创新形象和国际影响力。通过改善城市交通出行体验，促进深港两地要素流动，为区域一体化发展注入了新动能。特别是在应急救援、城市服务等公共领域的创新应用，展现了低空经济服务城市发展的广阔前景。

项目的成功实施得益于多方面因素的支持。首先是政策支持，获得空域管理部门支持，划设低空试验空域，建立简化审批机制，为创新业态发展提供了良好环境。其次是技术创新，通过引入先进的 eVTOL 技术和运营系统，开发智能调度和安全管控平台，推进关键设备国产化研发，实现了技术突破和产业升级。最后是生态系统构建，通过吸引全球领先企业落户，建立产学研合作平台，培育专业服务机构，形成了完善的产业生态系统。

深圳前海—蛇口低空经济先导区的经验表明，首发经济与低空经济融合发展需要前瞻性规划和系统性布局，要统筹好空域资源和地面设施建设，协调好各方利益，形成发展合力。同时，要坚持技术创新和模式创新双轮驱动，鼓励多元主体参与，激发市场活力，注重安全和效率的平衡发展。这种创新发展模式既为其他城市提供了有益借鉴，也为未来城市发展指明了方向。

首发经济 + 平台经济：打造新经济生态

随着数字技术的深入发展和经济形态的持续演进，首发经济与平台经济的融合已成为推动经济创新发展的重要力量。这种融合既体现了数字时代的技术进步，更反映了商业模式创新和消费变革的时代需求。

平台经济通过其独特的技术优势和商业模式，正在从根本上改变首发经济的发展路径。

一、变革的三个关键维度

1. 价值创造

首发经济强调产品和服务的创新首发，而平台经济提供了高效的价值实现渠道。通过融合，首发经济获得了快速验证和规模化的能力，而平台经济则通过持续的创新供给提升了平台活力。这种优势互补形成了良性循环：平台为首发提供场景，首发为平台带来新价值，共同推动经济增长。

2. 资源整合

平台经济的核心优势在于其强大的资源聚合能力，能够汇集技术、资金、人才、数据等关键要素。首发经济通过嫁接平台的资源体系，大幅降低了创新成本和市场风险。例如，品牌商能够利用平台的大数据分析能力进行精准研发，通过平台的营销体系快速打开市场，实现资源的高效配置。

3. 协同发展

平台经济为首发经济构建了一个多方协作的生态系统，包括平台方、品牌商、服务商和消费者等主体。在这个系统中，各方通过数据共享和业务协同，形成了紧密的合作关系。平台提供技术支持和市场渠道，品牌商负责产品创新，服务商提供专业服务，消费者贡献使用反馈，共同推动创新发展。

二、融合发展的多元化路径

在首发经济与平台经济的融合过程中，已经形成了多种具有代表性的创新模式，这些模式展现了融合发展的多元化路径。

1."大企业建设，中小企业共享"的平台生态模式

在这一模式下，大型平台企业通过提供技术基础设施，为中小企业赋能。例如，阿里巴巴为中小企业提供的智能商业操作系统，帮助企业实现从产品开发到市场营销的全流程数字化管理，显著降低了中小企业的技术投入成本。

在市场渠道方面，平台企业通过其庞大的用户基础和完善的营销体系，帮助中小企业快速打开市场。数据显示，2023年在通过各大电商平台首发的新品中，有超过60%来自中小企业，其中不少企业实现了从零到千万元级销售额的快速增长。

同时，平台企业还为中小企业提供了包括品牌孵化、供应链管理、金融服务等在内的综合支持。如京东平台通过"星火计划"为创新品牌提供从产品研发到市场推广的全方位支持，帮助众多中小企业实现品牌升级。

2.跨界融合模式

数字平台打破了传统行业边界，促进了跨领域资源的深度整合。

在业务层面，电商平台与品牌商的合作已经从单纯的产品销售，扩展到产品研发、品牌营销、供应链管理等多个环节。例如，天猫平台就通过消费者洞察数据，帮助品牌商进行产品创新，实现精准研发，2023年通过平台数据指导的新品开发项目，成功率提升了40%以上。

在技术层面，平台通过持续创新，实现了不同领域技术能力的整合。拼多多通过农业科技平台，将电商技术与农业生产相结合，推动了农产品新品类的开发和市场化。

在资源整合方面，平台促进了各类资源要素的优化配置，提升了整体运营效率。美团通过即时零售网络，实现了商品、物流、支付等资源的高效协同，显著提升了新品上市效率。

3. 全渠道协同模式

这种模式通过线上线下渠道的深度融合，打造新的消费体验。企业通过数字平台实现了营销、销售、服务等多个环节的统一管理。星巴克通过数字会员体系，将线下门店与线上平台无缝衔接，为消费者带来全方位的服务体验。据统计，实施全渠道战略的品牌在多个关键指标上表现出显著提升趋势，客户覆盖范围提升了25%，转化率提升了87.5%，顾客复购率提升了83.3%。[①]

在资源调配方面，数字平台帮助企业实现了对库存、物流等

---

① 王媛媛：《线上线下融合背景下服装批发商场的全渠道营销策略研究》，《电子商务评论》，2024。

资源的统一管理。苏宁通过智慧零售系统，实现了全渠道库存的统一调配，大幅提升了新品的市场响应速度。

在消费者互动方面，全渠道模式为品牌提供了更丰富的互动场景，通过线上社区、线下体验店等多元触点，品牌能够与消费者建立更深入的互动关系，采用全渠道策略的品牌，其消费者复购率平均提高了25%。

这三种创新模式的发展与演进，既体现了首发经济在数字时代的发展特征，也展示了平台经济对传统商业模式的重塑作用。它们共同构建了一个更加开放、高效的商业生态系统，推动了经济的数字化转型和高质量发展。随着技术的进步和市场的发展，这些模式将继续深化和创新，创造更大的经济价值。

三、多元协作的生态系统

在首发经济与平台经济融合的过程中，一个多元协作的生态系统已经形成，其中各个主体在系统中扮演着独特而重要的角色。通过深入分析这些主体的功能定位和互动关系，我们可以更好地理解这个生态系统的运作机制。

数字平台作为生态系统的核心枢纽，主要承担三个关键功能。首先是技术赋能，平台通过提供云计算、大数据、人工智能等技术基础设施，降低其他参与方的技术门槛。例如，阿里云为生态伙伴提供的技术服务，帮助众多企业实现数字化转型。其次是流量分发，平台通过精准的用户匹配和智能推荐，帮助品牌触达目标用户。最后是数据赋能，平台通过收集和分析海量用户数据，为品牌商提供市场洞察，指导产品创新和营销决策。

其中，品牌商是生态系统中的创新主体，其核心职责是基于市场需求进行产品创新和品质提升。通过与平台深度协作，品牌商能够更精准地把握消费趋势，提高新品开发的成功率。以某美妆品牌为例，通过分析平台提供的消费者评论数据，该品牌在新产品研发中精准定位了空白市场，新品上市后6个月内销售额突破1亿元。同时，品牌商还通过平台获得实时的市场反馈，不断提升产品质量和服务体验。

服务商在生态系统中扮演着专业支持的角色，为整个系统提供多样化的增值服务。这些服务包括营销推广、供应链管理、物流配送、售后服务等多个方面。以营销服务商为例，他们通过整合平台资源，为品牌提供直播、短视频等新型营销解决方案。数据显示，2023年专业服务商帮助品牌实现的直播带货销售额超过2 000亿元。服务商通过持续创新服务模式，不断提升服务质量，为生态系统注入持续发展的动力。

消费者则是生态系统的价值终端和创新源泉。通过消费行为和反馈意见，消费者直接影响着产品创新和服务优化方向。平台通过收集和分析消费者的购物行为、评论反馈、搜索偏好等数据，帮助品牌更好地把握市场需求。例如，某家电品牌通过分析消费者对已有产品的使用反馈，发现了新的功能需求，开发的新品上市后获得了显著成效。

这些主体之间形成了紧密的协同关系，通过数据共享和业务协作，实现了资源的优化配置和价值的共同创造。例如，品牌商可以基于平台的消费者洞察进行产品创新，服务商可以根据实时的市场数据调整服务策略，平台则可以通过持续的技术创新提升整体服务能力。

生态系统的各个主体不是孤立存在的，而是通过数据流、业务流、资金流等多重纽带紧密相连。这种连接既体现为业务层面的深度协作，也体现为技术层面的能力共享。通过这种多维度的连接，生态系统形成了一个自我优化、持续进化的有机整体，推动首发经济的创新发展。

四、首发经济与平台经济深度融合

随着中国消费市场的快速发展，新品首发已成为品牌增长的重要引擎。以电商平台为例，通过建立新品创新平台，为品牌提供从研发到市场的全链路数字化支持，形成首发经济与平台经济深度融合的典型案例。平台的核心创新在于，利用数字技术重塑了新品首发的传统模式。在产品研发阶段，平台通过分析消费者的搜索行为、购买记录、评价反馈等数据，帮助品牌发现市场机会。例如，某美妆品牌通过平台数据发现年轻消费者对可持续护肤品的需求上升，迅速开发了一款使用环保包装的护肤产品，抢占了市场先机。这种数据驱动的研发模式显著提高了新品的市场契合度。

在营销推广环节，平台打造了多元化的新品首发场景。通过整合直播、短视频、社交媒体等渠道，打造沉浸式的营销体验。例如，某食品品牌在新品上市时，通过平台组织了线上品鉴会，邀请消费者在线参与产品体验和评测，既增强了用户的参与感，也收集了真实的市场反馈。同时，平台的"新品官"计划让消费者深度参与新品测评，建立了品牌与消费者之间的信任纽带。

在市场反馈方面，平台构建了高效的产品验证体系。品牌可以实时监测新品的市场表现，包括销售趋势、用户评价、复购率等关键指标。例如，某家电品牌通过分析平台反馈，发现用户对产品某项功能的改进建议，迅速进行产品优化，既提升了用户满意度，又带动了销量增长。这种快速反馈机制帮助品牌持续优化产品策略，加速产品迭代。该平台作为首发经济与平台经济深度融合的典型案例，体现了首发经济与平台经济融合的三个关键要素。

一是数据赋能，通过大数据分析提供精准的市场洞察；二是场景创新，通过多元化渠道提升新品影响力；三是反馈闭环，通过高效的市场反馈推动产品优化。

这种融合既帮助品牌提升了新品成功率，又推动了整个消费品行业的创新升级。

电商新品创新平台的案例，体现了数字化时代首发经济的发展方向。通过与平台经济的深度融合，首发经济在效率提升、创新加速和价值创造等方面实现了质的飞跃。这种模式既降低了品牌的创新成本，又加快了新品上市节奏，为消费市场注入了持续创新的动力。随着技术的进步和市场的发展，这种融合模式将继续深化，推动更多创新实践的涌现。

首发经济 + 银发经济：养老服务新纪元

在中国经济发展进入新常态的背景下，首发经济与银发经济融合发展正成为引人注目的新趋势。银发经济是随着人口老龄化进程加快而蓬勃发展的经济领域，涵盖老年人群体在生活、医疗、文化等方面的全方位需求。这两种经济形态融合，正在创造出前所未有的市场机遇和创新空间。

一、首发经济与银发经济呈现出五种融合发展路径

1. 技术赋能

首发经济通过引入人工智能、物联网、大数据等新技术，为传统养老服务注入新的活力。例如，智能可穿戴设备就是将健康监测技术与老年人的日常需求相结合，既保证了产品的创新性，又确保了其实用价值。通过技术创新，可显著提升养老服务的质量和效率，同时降低运营成本。

2. 服务创新

首发经济推动养老服务模式的创新升级，从单一的照护服务向综合性、个性化服务转变。新型社区养老服务中心就体现了这种融合，通过整合医疗、康复、文娱等多元服务，打造全方位的养老服务体系。这种创新既满足了老年人的多样化需求，又创造了新的商业价值。

3. 产品创新

首发经济带动养老产品朝智能化、高品质方向发展。智能康复设备就是一个典型案例，通过融入虚拟现实等新技术，既增强了康复训练的效果，又优化了使用体验。这种产品创新不仅符合老年人对高品质生活的追求，还推动了相关产业的升级。

4. 场景创新

首发经济通过创造新的消费场景，激发银发市场的潜力。智慧养老社区就是场景创新的体现，通过打造智能化的生活环境，为老年人提供更便捷、更舒适的生活体验。这种创新既改变了传统的养老方式，又创造了新的经济增长点。

5. 商业模式创新

首发经济推动养老产业商业模式的创新，形成新的价值创造方式。医养结合模式就是一个例证，通过整合医疗资源和养老服务，既提升了服务质量，又实现了商业可持续发展。这种模式既创新满足了市场需求，又推动了产业升级。

首发经济与银发经济融合是时代发展的必然产物。随着中国步入老龄化社会，老年人口规模持续扩大，到2023年，65岁以上人口已突破2亿大关，占总人口的15.4%。[①] 这一庞大的人口基数带来了巨大的市场需求，预计到2035年，银发经济市场规模将达到30万亿元[②]，约占GDP的10%。与此同时，老年群体的消费需求也在发生深刻变化，从基本的生存需求转向更高层次的发展需求，这为首发经济带来了广阔的创新空间。

首发经济与银发经济的五种融合发展路径，见图12-2。

商业模式创新
整合医疗与养老服务

技术赋能
通过新技术增强养老服务

场景创新
创造智能养老社区

服务创新
向综合性、个性化服务转变

产品创新
开发智能、高品质养老产品

图12-2 首发经济与银发经济融合发展路径

[①]《〈2023年度国家老龄事业发展公报〉显示养老服务人才培养力度加强》，《光明日报》，2024-10-12，第04版。

[②]《首季中国经济热点问答：老年人口近3亿，银发经济如何开启新蓝海？》，中国政府网，2024-04-22。

二、首发经济与银发经济融合体现了需求驱动和创新引领的双重特征

现代老年人不再满足于传统的养老产品和服务，他们渴望更智能、更便捷、更个性化的解决方案。这种需求的升级转型，推动着企业不断进行产品创新和服务创新。同时，科技的快速发展为这种创新提供了强大的技术支持，使得更多突破性的解决方案成为可能。

在实践中，这种融合已经展现出多样化的发展路径。上海市徐汇区"智能健康驿站"项目展现了科技创新如何有效服务老年群体。该项目由上海慧医科技与徐汇区政府合作开发，于2022年首次推出，是一个将人工智能、物联网技术与传统社区养老服务相结合的创新实践。"智能健康驿站"在社区内设立智能健康检测亭，配备了智能体检设备、远程问诊系统和健康管理平台。老年居民只需携带社区卡片就能进行15项基础健康指标的自助检测，包括血压、心率、血氧、体重等关键生理指标。系统会自动记录和分析数据，并通过人工智能算法对健康风险进行评估。同时，驿站还配备了专业的远程医疗团队，可以根据检测结果提供及时的健康咨询和指导。

"智能健康驿站"一方面体现了技术创新，项目采用了最新的人工智能健康监测技术和物联网设备，实现了健康数据的自动采集和分析；另一方面体现出服务和商业模式的创新，通过将传统的社区医疗服务与智能技术相结合，打造了全新的服务模式。项目采用政企合作的方式，既保证了公共服务的可及性，又实现了

商业运营的可持续发展。

在项目运营的第一年，徐汇区内安装的 50 个智能健康驿站，共服务老年居民超过 10 万人次，平均每个驿站每天服务 60～80 人次。通过及时的健康监测和干预，项目帮助社区发现并预防了近千例潜在的健康风险，为医疗系统节省了大量资源。此外，项目还带动了周边养老服务产业的发展，包括养老用品店、康复中心等配套设施，形成产业集群。

从社会效益角度来看，项目极大地提升了社区老年人的健康管理水平。根据后续调查，参与项目的老年人的健康意识明显提高，90% 以上的用户表示会定期使用驿站进行健康检测。同时，项目还提升了老年人对智能设备的接受度，为其他智慧养老服务的推广奠定了基础。首发经济与银发经济融合既能够创造可观的经济价值，更能够有效提升老年人的生活品质。通过技术创新和服务创新，可以更好地满足老年群体的健康需求，同时培育新的经济增长点。这个案例也为其他城市的智慧养老服务提供了有益的参考，展现了科技创新在解决人口老龄化问题中的重要作用。

三、首发经济与银发经济融合发展面临的诸多挑战

1. 产品适配的问题

创新产品在追求技术先进性的同时，必须考虑到老年用户的使用习惯和接受度。如何在这两者之间找到平衡点，是企业需要

深入研究的重要课题。

2. 服务供给的问题

专业服务人员短缺、服务质量标准不统一、运营成本居高不下等问题，都制约着创新服务的推广和发展。

3. 市场培育的问题

老年消费群体的消费观念相对保守，对新产品和新服务的接受程度普遍较低。这就要求企业在进行创新时，既要保持创新的前瞻性，又要充分考虑产品的可接受性，同时做好必要的市场教育工作。

推动首发经济与银发经济的深度融合，需要多方面的努力。在政策层面，政府应当完善相关法律法规，提供必要的财政税收支持，建立健全行业标准体系。在产业层面，需要加强跨界合作，推动资源整合，形成产业联盟，构建完整的产业生态系统。在创新层面，企业要加大研发投入力度，培养专业人才，提升技术创新能力。

当前，随着"新老年人"群体的崛起，他们对品质生活的追求和对新事物的接受程度都在不断提高。这为首发经济与银发经济的融合发展创造了有利条件。特别是在数字技术快速发展的背景下，智能家居、远程医疗、健康管理等领域都展现出巨大的创新潜力。

值得注意的是，在推动融合发展的过程中，我们需要始终坚持以人为本的理念。创新不是简单的技术堆砌，而是要真正满足老年人的实际需求。只有深入理解老年群体的特点和需求，才能开发出真正有价值的创新产品和服务。同时，也要关注不同年龄段、不同收入水平老年人的差异化需求，提供更有针对性的解决方案。

首发经济与银发经济融合发展既代表着一个充满机遇的新兴市场，也代表着经济高质量发展的重要方向。随着这种融合不断深入，必将催生更多创新性的产品和服务，在为老年人带来更美好生活体验的同时，也为经济发展注入新的活力。

展望未来，首发经济的发展将进一步深化与各类新经济形态的融合，形成更加开放和富有活力的发展生态。这种融合不再局限于简单的商业合作，而是朝着生态共建、价值共创的方向演进。在这一过程中，数字技术将发挥关键作用，推动传统产业转型升级，催生新的商业模式和增长点。同时，各类经济形态之间的协同效应将进一步增强，形成优势互补、互利共赢的发展格局。

随着新发展格局的深入推进，首发经济将在推动产业升级、促进消费变革、带动创新创业等方面发挥更大作用。通过与不同经济形态深度融合，首发经济将释放更大的发展潜力，为经济高质量发展注入新的动能。这既有助于培育新的经济增长点，也将为构建现代化经济体系提供重要支撑。未来，首发经济将继续发挥引领作用，推动经济发展方式的转变，为中国经济的创新发展和转型升级贡献更大力量。

第十三章
新空间与新业态的激荡

在全球经济格局深刻变革的新时代,区域经济发展呈现出前所未有的多元化、创新化特征。伴随着科技进步和产业变革的加速,新的经济形态不断涌现,为区域发展注入新的活力。其中,首发经济作为一种富有创新精神的经济形态,通过推出新产品、新业态、新模式、新服务、新技术,展现出强大的创新引领和示范带动作用,正成为推动区域经济高质量发展的重要动力。

首发经济的发展不是孤立的,而是与各种区域经济形态深度融合、相互促进的过程。在县域层面,为县域经济注入创新活力,通过培育特色产业、构建创新平台,推动城乡融合发展,激活区域经济内生动力;在海洋经济领域,依托丰富的海洋资源和发达的航运网络,推动传统海洋产业转型升级,培育新兴海洋产业,开拓发展新空间；在粤港澳大湾区，与湾区经济的融合催生了众多创新实践，通过完善的创新生态系统和强大的资源集聚效应，推动新技术、新产品的快速孵化和市场化。

多维度的融合发展模式，展现出经济发展的新图景。它既体现了创新在经济发展中的核心驱动作用，更反映了区域经济协调发展的内在要求。通过首发经济这一创新载体，不同类型的区域经济得以焕发新的生机，形成优势互补、协同发展的良好态势。

首发经济具体如何与县域经济以及海洋经济、湾区经济等典型经济形态实现深度融合？通过分析其发展路径、融合优势和典型案例，深入剖析首发经济在推动区域协调发展、促进产业转型升级中的重要作用，可以为理解新时代经济发展的内在规律和发展趋势提供新的视角。

这种多维度的分析，既有助于把握经济发展的新特征、新趋势，更能为各地因地制宜推进经济创新发展提供有益启示。在这场经济发展的新变革中，创新始终是主旋律，融合发展是新路径。对首发经济与不同区域经济形态融合发展进行深入分析，能够更好地理解和把握经济高质量发展的内在逻辑，为推动区域经济协调发展提供新的思路和借鉴。

首发经济 + 县域经济：区域振兴

在经济发展进入新阶段的重要历史时期，中国正积极推进高质量发展战略,着力构建新发展格局。在这一宏观背景下,县域经济作为国民经济的"微观基础",承担着承上启下的关键作用。既是连接城乡的重要纽带,更是实现区域协调发展的基本单元。

县域经济是以县(市)行政区划为地域单元的区域经济综合体,具有几个鲜明的特点:一是区域性,具有明确的地域空间范围;二是综合性,涵盖农业、工业和服务业等多个产业门类;三是基础性,是国民经济发展的基本单元;四是特色性,每个县域都有其独特的资源禀赋和产业优势。

一、当前县域经济发展面临着诸多问题

最突出的问题之一是基础设施建设的不均衡。特别是在镇村之间,公共服务设施和资源接入呈现明显的差异化特征。这种差异不仅表现在硬件设施方面,如道路、供水、供电等基础设施的覆盖程度,而且体现在教育、医疗、文化等公共服务资源的分配上。这种不平衡严重影响了县域经济的整体协调发展,制约着农村地区的现代化进程。

城乡收入水平差距的持续存在是另一个亟待解决的问题。虽然近年来我国通过各种政策措施努力缩小城乡差距,但由于产业结构、就业机会、公共服务等方面的差异,城乡居民收入水平的差距仍然明显。这种失衡既影响着社会公平,又制约着农村消费市场的扩大和农村经济的发展。同时,农村人才外流现象日益严

重，进一步加剧了城乡发展的不平衡。

区域间的"数字鸿沟"日益成为制约县域经济发展的重要因素。这种差距不仅体现在信息基础设施的建设上，更表现在数字技术应用能力、数字经济发展水平等方面。一些农村地区在数字化转型方面明显滞后，难以充分享受数字经济发展带来的红利。数字技术的应用不足也限制了农村电子商务的发展，影响了农产品的销售渠道拓展，减缓了现代农业的发展进程。

二、首发经济与县域经济深度融合的三条路径

在这样的背景下，首发经济作为一种新兴经济形态，展现出巨大的发展潜力。首发经济的创新性和引领性特征为县域经济的转型升级提供了新的思路。首发经济与县域经济在本质上具有很强的互补性。首发经济专注于创新和突破，而县域经济则具有完整的产业体系和广阔的市场空间。两者的结合能够实现创新成果的快速落地和规模化推广，形成良性互动的发展模式。这种互补性为解决县域经济发展中的各种问题提供了新的可能。

首发经济与县域经济的深度融合遵循特色引领、资源整合和生态构建三条主要路径，形成了独具特色的发展模式（见图13-1）。

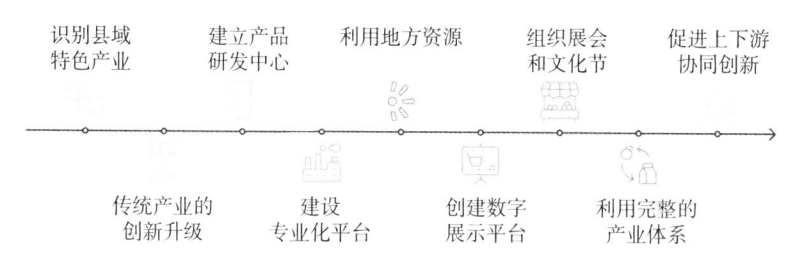

```
识别县域       建立产品      利用地方资源    组织展会      促进上下游
特色产业       研发中心                    和文化节      协同创新

传统产业的     建设          创建数字        利用完整的
创新升级       专业化平台    展示平台        产业体系
```

图 13-1　促进县域首发经济的发展链条

1. 以县域特色产业为基础，培育新产品的首发载体

县域特色产业是首发经济落地的重要基础。通过对传统产业进行创新升级，可以培育出具有独特竞争力的首发产品。例如，在农产品领域，通过开发精深加工产品，打造地理标志产品，形成特色农产品首发体系。同时，建立产品研发中心和创新实验室，加速传统产业与新技术的融合，不断推出新的产品形态。

在载体建设方面，县域可以规划建设特色产业园区、创新孵化基地等专业化平台，为新产品首发提供完整的配套服务。这些载体不仅承担着产品展示功能，还要整合研发、测试、营销等全链条服务，形成特色鲜明的首发产业集群。

2. 依托县域资源优势，打造差异化首发平台

每个县域都具有独特的资源禀赋，这为打造差异化首发平台提供了基础条件。一是可以利用自然资源和文化资源，开发特色文旅产品和文创产品，打造富有地域特色的首发品牌。二是依托本地产业基础，建设专业市场和交易平台，形成特色商品首发中心。

在平台建设过程中，要注重线上线下融合发展。通过建设数字化展示平台、直播基地等新型载体，扩大首发产品的影响力和覆盖范围。同时，举办特色展会、文化节等活动，为首发产品提供展示和交易的机会，提升平台的集聚效应和带动作用。

3. 利用县域完整的产业体系，构建首发经济生态圈

县域经济具有完整的产业体系和配套环境，为构建首发经济生态圈提供了良好条件。一是要充分利用产业链优势，推动上下游企业协同创新，形成创新链、产业链、价值链深度融合的发展格局。二是要完善配套服务体系，包括物流配送、金融服务、技术支持等，为首发经济发展提供全方位保障。

特别需要强调的是，首发经济生态圈的构建是立足县域实际，充分发挥本地优势，而非简单模仿和同质化竞争。要围绕特色产业打造创新链，通过产业链延伸培育新的增长点，形成具有本地特色的首发经济发展模式。同时，要注重与周边地区的协同发展，通过区域联动扩大首发经济的影响力和辐射范围。这三条融合路径相互支撑、相互促进，共同构成了首发经济与县域经济融合发展的基本框架。

在实践层面，成都的经验提供了重要启示。成都通过深化国际消费中心城市建设，积极推进首发经济发展。该市重点打造了数字化消费平台，将城市的消费资源与县域特色产品有机结合，促进了城乡要素的高效流动。同时，通过发展特色产业、完善基

础设施，实现了城乡融合发展的新突破。这种模式不仅带动了县域经济发展，而且提升了整个区域的经济活力。

广东的实践同样值得借鉴。作为新型城镇化试点省份，广东通过完善商业设施和县乡物流体系建设，大力发展电商直播等新经济业态，突出了地方特色产业发展。特别是在电商直播方面，广东的县域经济展现出强大的发展活力，为农产品销售打开了新的渠道，实现了传统产业的创新升级。

首发经济与县域经济的深度融合展现了区域经济创新发展的新路径。这种融合不仅能够激发县域经济的内生动力，更能为区域经济的高质量发展注入新活力。随着新发展理念的深入贯彻和实践经验的不断积累，首发经济必将在县域经济转型升级中发挥更加重要的作用，为实现共同富裕目标做出积极贡献。

展望未来，首发经济在县域经济发展中的作用将进一步凸显，其创新引领、示范带动效应将为县域经济发展开辟新的增长空间。这一融合发展模式将成为推动区域经济高质量发展的重要引擎，为中国经济现代化建设贡献新的力量。

首发经济 + 湾区经济：创新驱动

湾区经济是依托海湾地理优势发展起来的经济形态，其特点在于高度开放性、创新驱动性和产业集群化。美国旧金山湾区、纽约湾区和日本东京湾区等国际著名湾区，都是这方面的典型代表。

作为"湾区大国",在中国的众多海湾中,面积超过10平方千米的有150多个,超过5平方千米的有200多个(包括河口湾和潟湖)。从地理上看,由北往南,中国最大的三个湾区分别是:以北京市和天津市为"双核",包括胶东半岛、辽东半岛在内的环渤海大湾区;以上海市为核心,杭州市、宁波市和苏州市、南通市等城市为支撑的环长江口—杭州湾大湾区;以香港特别行政区、深圳市、广州市等城市为核心的粤港澳大湾区。此外,北部湾等更多湾区也蓄势待发。

以粤港澳大湾区为例,目前正以其独特优势与发展态势,初步成为中国海洋经济和湾区经济协同发展的典范。2023年,粤港澳大湾区地区生产总值(GDP)约为1.99万亿美元,人均GDP为2.29万美元,港口集装箱吞吐量超7 000万标准箱,具备参与世界知名湾区竞争的实力。[①]

粤港澳大湾区拥有优质的港口资源、发达的金融服务业,以及密集的科研机构和完善的创新生态系统,为首发经济的发展提供了理想的土壤。随着全球经济格局不断演变,粤港澳大湾区作为中国开放程度最高、经济活力最强的区域之一,正通过创新驱动战略重塑其发展路径。其中一个重要的依托就是与首发经济的深度融合,展现湾区经济的商业活力和创新能力。那么,其究竟是如何通过创新生态系统的构建、政策支持体系的完善以及多层

---

① 自然资源部南海发展研究院李宁、崔聪慧、杨晓鋆:《激活蓝色引擎 澎湃湾区经济》,《中国自然资源报》,2025-01-15,第5版。

次合作机制的建立，推动区域经济的转型升级？

粤港澳大湾区的创新生态系统建设，体现了系统性思维和战略性布局。

在研发投入方面，该区域的研发强度达到3.42%[1]，位居全国前列。这一高强度的创新投入体现在数量上，更重要的是其战略导向性：通过建立综合性国家科学中心和专项合作平台，粤港澳大湾区正在构建一个多层次、多领域的创新网络。

在技术创新领域，粤港澳大湾区表现出显著的优势。从2017年到2022年，该地区占据了中国海外发明专利授权的1/4以上，特别是在信息技术、新能源汽车和新材料等战略性新兴产业领域。这种创新优势的形成，得益于区域内完善的创新支持体系，包括研发中心的战略布局、人才培养机制的建立以及创新资源的优化配置。

基于优良的创新生态环境，粤港澳大湾区的首发经济往往与具有先进性和科技性的时代产品有关。例如，人工智能、生物医药等领域的创新成果往往选择在湾区首发，借助湾区的创新生态系统快速实现市场价值。

---

[1] 李小瑛：《解码粤港澳大湾区科技创新发展实践》，第一财经，2024-11-26。

一、三个湾区经济特色使得首发经济在湾区生根发芽

1. 依托湾区发达的商业体系，打造国际化首发平台

湾区独特的区位优势和成熟的商业生态为打造国际化首发平台提供了坚实基础。通过整合高端商业综合体、特色商圈和重点商务区，形成立体化的首发载体网络。例如，在核心商圈建设国际品牌首发中心，吸引全球知名品牌选择湾区作为新品首发地；在特色商务区打造新技术展示中心，为创新产品提供展示和交易平台；在商业综合体中设立创新产品体验区，让消费者第一时间接触最新产品和服务。

同时，通过举办国际性展会、时尚周、科技博览会等高规格活动，为首发经济提供常态化的展示平台。这些活动既能够吸引国际品牌和创新企业参与，又能带动周边商业的协同发展，形成良性的商业生态圈。

2. 利用湾区创新资源，促进研发与首发协同

湾区集聚了大量高校、研究机构和创新企业，为促进新技术、新产品的研发与首发提供了得天独厚的条件。通过建立产学研协同创新平台，推动创新资源的整合与共享。例如，建立联合实验室和研发中心，促进高校科研成果的转化和产业化；设立创新孵化基地，为初创企业提供从技术研发到产品首发的全流程服务。

此外，通过构建创新要素集聚区，吸引高端人才、技术、资

金等创新要素集聚。在这些区域内，创新企业可以享受到完整的创新服务链条，从研发设计到产品测试，再到市场首发，形成闭环的创新生态系统。这种创新资源的高度集聚既能够加快新产品的研发速度，又能够提高首发成功率。

3. 发挥湾区金融优势，提供全方位资金支持

湾区发达的金融体系为首发经济提供了多元化的融资渠道。通过设立创新产业基金、风险投资基金等专项资金，为首发经济提供直接的资金支持。这些基金不仅关注创新产品的研发阶段，而且支持产品首发和市场推广，帮助企业渡过创新产品从实验室到市场的"死亡谷"。

同时，湾区完善的资本市场体系为创新企业提供了多层次的融资服务。例如，通过发展创业板市场，为具有首发优势的创新企业提供上市融资渠道；通过发展私募股权市场，为处于不同发展阶段的创新企业提供针对性的融资支持。此外，还可以通过建立金融服务平台，为创新企业提供投融资对接、财务咨询等专业服务，降低融资成本和门槛。

这种多层次、全方位的金融支持体系，既能够满足创新企业在不同发展阶段的资金需求，又能通过市场化机制促进创新资源的优化配置，推动首发经济的持续健康发展。通过金融创新支持实体经济创新，形成良性互动的发展局面。

K11 MUSEA 作为全球首个艺术零售综合体，坐落于香港特别行政区维多利亚港畔，是首发经济与湾区经济深度融合的标志性项目。这座总面积约110万平方英尺[①]的建筑，通过创新性地整合艺术、文化、购物和餐饮等多元业态，开创了"艺术零售"的全新商业模式。

在商业创新方面，K11 MUSEA汇聚了超过250个国际品牌，其中40%以上的品牌将设立在这里的店作为大中华区首店或旗舰店。这些品牌包括独立设计师品牌、国际奢侈品牌以及创新科技品牌等。项目通过打造沉浸式艺术购物体验，成功吸引了大量高端消费者，2023年实现零售额同比增长超过30%。

在文化创意方面，K11 MUSEA组建了专门的艺术策展团队，定期策划独特的艺术展览和文化活动。许多世界级艺术家的作品都选择在这里进行首次亚洲展出，使其成为连接东西方文化的重要平台。例如，2023年举办的"数字艺术季"，首次将全球顶尖数字艺术带到香港，吸引了大量访客，销售和客流均有显著增长[②]。

相比之下，广州K11位于广州天河区核心商圈，是华南地区首个艺术商业综合体。项目总建筑面积约15万平方米，同样秉承"艺术·人文·自然"的理念，但更注重与本土文化的融合。在商业布局方面，广州K11创新性地引入了"首发经济"概念，设立专门的新品首发专区。截至2023年，已有超过100个品牌在此进

[①] 1平方英尺约合0.092 9米。——编者注
[②] 深度消息：《七城共赴创意之旅 文商融合激活消费复苏 五一假期K11客流销售额同比急升》，新浪网，2023-05-05。

行大湾区首发或新品发布，涵盖时尚服饰、美妆、科技等多个领域。特别值得一提的是，广州K11专门设立了"大湾区设计师品牌孵化区"，扶持本土创意设计力量。

在文化创新方面，广州K11打造了"岭南文化创意中心"，通过现代艺术的形式展现岭南文化特色。每年举办的"广州设计周"已成为大湾区重要的设计创意活动，2023年吸引了来自15个国家的设计师参展，首发作品超过200件。

二、首发经济与湾区经济的融合发展历程

回顾首发经济与湾区经济的融合发展道路，它展现了新时代区域经济创新发展的典范。自2019年粤港澳大湾区建设正式启动以来，首发经济作为一种新兴经济形态，在湾区独特的创新生态中获得了蓬勃发展的土壤。其融合历程大致可分为以下三个阶段（见图13-2）。

| 初步探索期：
香港K11 MUSEA开业
2019—2020年 | 快速发展期：
首发活动的扩展
2021—2022年 | 深度融合期：
与湾区经济的融合
2023年至今 |

图13-2 湾区首发经济的演变

第一阶段（2019—2020年）初步探索期。这一时期，以香港K11 MUSEA开业为标志，首发经济开始在湾区崭露头角。湾区各城市开始重视首店经济的带动作用，纷纷出台政策吸引国际品牌

首店落户。这个阶段的主要特征是以零售业态为主导，首发经济的内涵相对单一。

第二阶段（2021—2022年）快速发展期。随着湾区创新生态的完善，首发经济的内涵和外延都获得了显著拓展。除了传统的品牌首店，新技术、新产品的首发活动显著增多。广州K11等创新型商业项目的成功运营，进一步丰富了首发经济的表现形式。这一阶段，首发经济从单纯的商业模式向全产业链创新转变。

第三阶段（2023年至今）深度融合期。在这一阶段，首发经济与湾区经济实现多维度的深度融合。一方面，通过完善的创新支持体系，湾区成为全球创新产品和服务的重要首发地；另一方面，首发经济的发展也推动了湾区产业结构的优化升级，形成了独特的创新驱动发展模式。特别是在数字经济、文化创意等新兴领域，首发经济展现出强大的带动作用。

三、首发经济与湾区经济深度融合发展的重要助力

在这三个阶段的发展中，湾区政府政策支持体系和多层次合作机制的逐渐完善是首发经济与湾区经济深度融合发展的重要助力。

1. 政策支持体系的完善

政府政策在推动湾区创新发展中发挥着关键作用。通过建立

完善的政策支持体系，粤港澳大湾区正在营造一个有利于创新的制度环境。这包括降低港澳居民在内地发展的门槛、促进人才跨境流动、协调区域监管框架等多个方面。

有针对性的产业政策支持尤为重要。粤港澳大湾区重点发展人工智能、健康服务、金融科技、智慧城市和新材料等战略性产业，通过政策引导和资源倾斜，培育新的经济增长点。这种产业政策不仅关注技术创新，而且注重产业链的协同发展，通过上下游企业的协作推动整个产业生态的升级。

2. 多层次合作机制的建立

粤港澳大湾区的创新发展离不开多层次的合作机制。在区域层面，通过建立跨境创新联盟和标准化机制，促进了区域内创新资源的整合与共享。这种合作不仅体现在技术层面，而且延伸到人才、资本、信息等多个维度。产学研合作是另一个重要维度。粤港澳大湾区通过建立综合性科技创新中心，促进高校、研究机构和企业之间的紧密合作。这种合作模式既加快了科研成果的转化速度，又提高了创新的实用性和市场价值。

在市场竞争力方面，粤港澳大湾区的本土品牌正在通过创新提升其全球影响力。这些品牌在技术创新上投入巨大，注重将本土文化元素与现代科技相结合，形成独特的竞争优势。在全球经济格局不断演变的今天，粤港澳大湾区作为中国开放程度最高、经济活力最强的区域之一，正在通过创新驱动战略重塑发展路径。

通过创新生态系统的构建、政策支持体系的完善以及多层次合作机制的建立，湾区正加快推动首发经济与区域经济的深度融合。

随着湾区数字基础设施的完善和消费市场的不断升级，首发经济将在推动区域创新发展中发挥更加重要的作用。特别是在新零售、文化创意、科技创新等领域，首发经济将为湾区带来更多的发展机遇。通过持续创新和深化合作，首发经济必将成为推动湾区经济高质量发展的重要引擎。

首发经济 + 海洋经济：国际化布局

海洋已成为各国争相布局的战略新领域。作为依托海洋资源和空间开展的经济活动总和，海洋经济无疑是国民经济的重要组成部分。海洋经济，一般包括开发海洋资源和依赖海洋空间而进行的生产活动，以及直接或间接开发海洋资源及空间的相关产业活动，由这样一些产业活动形成的经济集合均被视为现代海洋经济范畴。

当前，资源开发、航运贸易、海洋旅游等传统海洋产业不断创新发展，海洋生物医药、海洋装备制造等新兴产业加速崛起，海洋经济的战略地位日益凸显，同时也正在经历深刻的转型升级。具体而言，海洋经济既涉及传统海洋产业，如航运贸易、渔业养殖、海洋旅游，也涵盖新兴海洋产业，如海洋生物医药、海洋装备制造、海洋新能源等多个领域。这种多元化的产业体系构成了完整的海洋产业链，为经济发展提供了广阔空间。

海洋经济具有鲜明的特征。其中最主要的是资源依托性，海洋提供了丰富的生物资源、矿产资源和可再生能源。海洋生物种类繁多，蕴含着巨大的开发潜力；海底矿产资源丰富，为工业发展提供重要原料；海洋可再生能源如风能、潮汐能等，为清洁能源开发提供了新选择。

在数字化转型的背景下，海洋经济正在发生深刻变革。数字技术的应用使得海洋资源勘探更加精准、海洋环境监测更加全面、航运物流更加智能，这些变化正在重塑海洋经济的发展模式，为首发经济与海洋经济的融合创造了有利条件。

首发经济与海洋经济的深度融合，为经济创新发展开辟了新的路径。这种融合不仅能够激活海洋资源潜力，推动海洋科技创新，还能够通过首发经济的创新属性，为海洋经济注入新的发展动能。特别是在数字技术快速发展的今天，这种融合催生了许多新的发展机遇。

一、首发经济与海洋经济的深度融合路径

首发经济与海洋经济的深度融合主要通过资源驱动、物流支撑和创新引领三条主要路径实现，形成了完整的融合发展体系（见图13-3）。

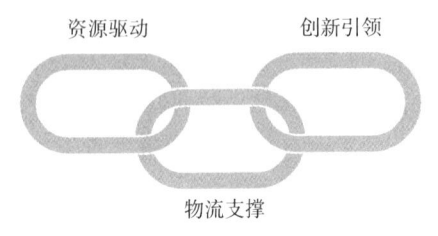

图 13-3　首发经济与海洋经济的深度融合

1. 以海洋资源为基础，培育新产品首发载体

海洋中蕴含着丰富的生物资源，为创新产品开发提供了广阔空间。例如，利用藻类资源开发功能性食品和生物材料，通过海洋微生物提取活性物质研发新型药物、开发海洋生物基新材料等。这些创新产品的开发既满足了市场对新型产品的需求，又实现了海洋资源的高值化利用。在这一过程中，通过建立专业化的研发平台和中试基地，为新产品开发提供全流程服务支持，加快创新成果转化。

2. 依托航运物流优势，打造国际化首发平台

海洋经济发达的航运网络为创新产品开拓全球市场提供了便利条件。通过整合智慧港口、数字物流等新技术，构建高效的国际物流体系，确保创新产品能够快速进入全球市场。特别是在跨境电商快速发展的背景下，海运物流的优势更加凸显。同时，利用港口城市的国际化优势，打造产品首发展示中心；通过举办国际展会、新品发布会等活动，扩大创新产品的国际影响力。

3.利用海洋科技创新，构建首发经济生态圈

海洋科技创新为首发经济发展提供了强大支撑。通过建立产学研协同创新平台，推动海洋科技成果转化，加快新技术、新产品的研发和应用。在这一过程中，注重培育创新型企业，支持企业建立研发中心，开展关键技术攻关。同时，通过设立创新基金、构建创新服务体系等方式，为科技创新提供全方位支持。

这三条融合路径相互支撑、相互促进。资源驱动为创新提供基础，物流支撑助力市场拓展，创新引领驱动发展升级。通过这些路径的有机结合，推动首发经济与海洋经济深度融合，形成了"研发—生产—物流—市场"的完整产业链，为区域经济创新发展注入新的活力。

二、首发经济与海洋经济的深度融合，展现了区域经济创新发展的崭新图景

这种融合既激发了海洋资源的巨大潜力，更为经济发展注入了持久的创新活力。在数字化转型的浪潮中，海洋经济传统优势与首发经济创新属性的结合，正在重塑产业发展格局，开创经济增长的新模式。

随着科技进步的加速和产业变革的深化，两种经济形态的融合将更加紧密。人工智能、大数据、区块链等新技术在海洋经济领域的广泛应用，不断催生新产品、新业态和新模式。这种技术

驱动的创新，正在重构海洋产业链、提升产业附加值、推动传统海洋产业向价值链高端攀升。生物医药领域，海洋生物资源的创新开发将带来更多突破性产品；在海洋装备制造领域，智能化、数字化技术的应用将推动产业升级；在海洋服务业领域，新业态、新模式的不断涌现将创造更多市场机遇。

可持续发展理念的贯彻将确保这种融合发展模式的长期可持续性。要坚持生态优先，推动绿色创新；要注重协调发展，促进产业均衡；要加强国际合作，实现互利共赢。只有在可持续发展的理念指导下，首发经济与海洋经济的融合才能释放更大潜力，为经济高质量发展注入持久动力。

作为国家战略的重要组成部分，海洋经济的创新发展关系到海洋强国建设的全局。首发经济的融入为这一进程提供了新的发展思路和动力源泉。持续深化两种经济形态的融合，必将开创区域经济发展的新局面，为实现经济高质量发展做出更大贡献。在这场经济发展的新变革中，创新始终是核心驱动力。通过技术创新、模式创新、业态创新，首发经济与海洋经济的融合必将释放更大的发展潜力，为中国经济现代化建设谱写新的篇章。这既是一个充满机遇与挑战的新时代，也是一个充满希望与梦想的新纪元。

首发经济作为一种富有活力的新经济形态，通过与湾区经济、县域经济和海洋经济的深度融合，展现出强大的创新驱动力和发展潜力。在县域，激活内生动力，推动产业升级，促进城乡融合；在湾区，依托创新生态系统，催生新技术、新产品、新模式；在海洋经济领域，开拓创新空间，推动传统产业转型，培育新兴业态。

这种多维度的融合发展，不仅体现了经济发展的创新活力，而且展示了区域协调发展的新路径。随着科技进步的加速和产业变革的深化，首发经济的创新引领作用将更加凸显，其与不同经济形态的融合也将更加深入。

未来已来。这种融合发展模式必将在推动区域经济高质量发展、构建新发展格局中发挥更大作用。通过持续创新和深化合作，必将开创经济发展的新篇章，为中国经济现代化建设注入新的动力。

第十四章
首发经济的未来蓝图

　　随着技术的快速发展、消费模式的不断演变以及全球经济环境的深刻变化,首发经济正在进入一个全新的发展阶段。作为一种以创新为驱动、市场敏感度高、以跨界合作为核心特点的商业形态,首发经济既在当下展现出强大的活力,也为未来的经济生态构建提供了丰富的可能性和无限的想象空间。本章将从未来视角出发,探讨首发经济如何应对日益复杂的市场环境,以及它如何在未来的经济体系中占据更加重要的位置。

　　展望未来,首发经济将不局限于传统的产品首发和市场推广,它的内涵和外延将更加广泛和深刻。从智能化、数字化到绿色可持续发展,首发经济将在技术创新、产业融合、消费者需求等多个方面迎来新的突破。同时,首发经济的商业模式和生态链也将面临新的机遇与挑战。如何在全球竞争中脱颖而出？如何实现可持续增长？如何通过数据、平台和 AI 等新技术为消费者提供更加个性化和高效的服务？

本章将深入探讨首发经济的未来发展趋势，包括技术进步、全球化合作、消费变革等因素如何塑造未来的首发经济格局。我们还将重点分析企业如何在这个充满不确定性的时代进行战略布局，以适应市场的变化、创新的需求和新的消费趋势。此外，未来的首发经济如何能够在政策、社会责任和企业治理等方面实现更好的平衡，成为更加成熟和可持续的经济形式，也是本章讨论的重点。

通过对未来蓝图的系统性描绘，读者可以从全局视角思考首发经济的长远发展，并为企业和行业决策者提供有价值的参考，帮助他们在变幻莫测的商业环境中找到突破口，把握未来机遇。

首发经济的创新与技术升级

在全球经济格局快速变革的背景下，首发经济已经成为消费市场中的一股重要力量，其发展深度和广度在技术驱动下不断刷新传统认知。从技术应用到商业模式升级，首发经济既展示了如何通过创新满足消费者对品质、效率和个性化的全方位需求，也揭示了技术对消费生态的深远影响。

一、技术赋能首发经济：重塑消费者体验

随着技术的飞速发展，VR 和 AR 技术正在为首发经济带来颠覆性的变化。过去，新品发布的核心场景多集中在线下展示与试用，消费体验以"触摸真实产品"为前提。然而，在技术升级的推动下，消费者的体验边界被彻底突破，虚拟化和数字化成为首发经济的重要组成部分。

以 VR 技术为例，它为首发经济提供了全新的沉浸式消费体验。通过 VR 设备，消费者无须亲临现场即可在虚拟空间中体验产品的功能与特性。例如，在家具行业，品牌利用 VR 技术构建了虚拟家居空间，消费者可以轻松模拟不同家具的摆放效果，甚至调整颜色、材质和布局，从而完成个性化的"试用"。这种技术既提升了消费者的决策效率，也推动了首发经济的数字化转型。

与此同时，AR 技术进一步拉近了品牌与消费者之间的距离。消费者可以通过智能设备轻松完成与产品的虚拟互动，从化妆品的虚拟试妆，到汽车的全方位细节展示，再到服装的 AR 试穿，每一种体验都在重新定义"购物"这一行为的本质。在这样的技术支持下，首发经济不仅是一场新品的发布仪式，更是一场充满参与感和互动性的体验活动。

二、大数据与人工智能：驱动精准与高效

大数据和人工智能技术，为首发经济注入了新的生命力。这些技术既为产品设计和生产提供了科学依据，也在市场推广和客户服务中发挥了重要作用。在数据驱动的背景下，品牌能够以前所未有的精准度把握消费者的需求，从而优化新品的设计与发布流程。

在市场定位层面，大数据分析帮助品牌全面掌握消费趋势和偏好。例如，通过对社交媒体互动、历史销售数据和市场反馈的综合分析，品牌可以精准定位目标消费群体，并据此调整新品的功能设计与定价策略。在这种技术支持下，新品的市场契合度和发布成功率显著提高。

人工智能的应用则进一步提升了首发经济的效率。例如，AI技术被广泛应用于产品设计阶段，通过机器学习算法快速生成多种设计方案，并预测市场反应。这种方式既缩短了新品的研发周期，也降低了传统试错带来的高昂成本。同时，AI驱动的客户服务，如智能客服与推荐系统，能够在新品首发活动中实时为消费者提供个性化的支持与建议，显著提升了用户体验。

三、区块链技术：重塑信任与透明度

首发经济的快速发展也对信任机制提出了更高的要求。消费

者对新品的期望越大，品牌越需要在透明性和真实性上提供保障。在这一背景下，区块链技术的引入成为首发经济的重要变革点。

区块链技术的最大优势是去中心化和不可篡改，这使其在产品溯源和防伪领域具有巨大潜力。例如，在奢侈品行业，区块链技术可以实现对产品生产、运输和销售全过程的数字化记录。消费者只需扫描商品上的二维码，即可了解其完整的供应链信息，从而鉴定产品的真伪。这既增强了消费者对品牌的信任，也为整个市场的规范化发展提供了技术支持。

更重要的是，区块链技术还为首发经济中的二级市场交易提供了安全保障。在二手市场中，针对首发产品的真假争议屡见不鲜，而区块链的不可篡改特性能够为每一件商品生成独一无二的数字身份证，有效解决了信任问题。

四、首发经济技术创新的整体性影响

技术创新对首发经济的影响远远超出了单一领域的局限。VR和AR技术的应用重新定义了消费者的体验方式；大数据与人工智能的结合显著提高了市场精准度与研发效率；区块链技术为信任机制提供了前所未有的技术保障。这些技术相辅相成，共同构成了首发经济的技术驱动体系。

更宏观地看，技术升级推动的是首发经济本身的演变，并重塑全球消费市场的竞争格局。在技术的加持下，品牌能够在更短的时间内实现更高效的新品发布，消费者也能在更丰富的互动中获取满足感。这种"双向驱动"的模式，正在将首发经济带入一个全新的发展阶段。

对消费市场的深远影响

首发经济不仅是品牌创新和技术升级的产物，更是消费市场深刻变革的推动者。从消费体验到消费者观念，再到市场格局的重塑，首发经济所带来的影响超越了传统的市场营销模式，形成了对消费者、品牌以及整个行业生态的多重驱动力。这些变化既体现出消费市场的演进轨迹，也为未来商业模式探索提供了重要参考。

一、消费体验的全面升级

在首发经济的驱动下，消费者的购买体验正在从"商品导向"转向"体验导向"。传统的购物行为主要关注产品的功能性和性价比，而首发经济则通过一系列全方位、多感官的创新体验，改变了消费者与产品之间的关系，使消费过程更加具有互动性与沉浸感。

品牌在首发活动中往往需要投入大量资源，通过线下体验区、线上互动平台和技术支持，让消费者深度参与其中。例如，在电子产品的首发活动中，品牌设置了产品体验区，让消费者能够在专业指导下操作新设备，深入了解其功能和使用方法。这种方式不仅提升了消费者的产品认知度，而且增加了其购买的信心。据统计，这种体验式营销模式能够将购买转化率提升 30% 以上。

此外，个性化服务成为首发经济中的重要元素。越来越多的品牌在首发活动中引入定制化选项，满足消费者对独特性和个性化的追求。例如，服装品牌在新品发布时提供量身定做服务，让每件产品都更加契合消费者的需求。在家居领域，消费者可以通过数字化工具调整家具的尺寸、颜色甚至功能配置，获得完全符合个人需求的产品。

二、消费观念的转变：品质与个性化的崛起

首发经济的兴起既改变了消费方式，也深刻影响了消费者的价值观和决策模式。在频繁的新品发布与市场推广中，消费者对产品的需求从过去的"实用至上"逐渐向"品质、创新和个性化"转变。

以家居市场为例，消费者已经不再满足于传统的产品样式，而是更加倾向于选择具有独特设计或限量发行的首发产品。市场调研数据显示，2024 年，有 42% 的消费者表示愿意为具有创新设计的家具支付溢价[①]，这一比例比五年前提高了 15 个百分点。同样

---

① 《2024 家居品质消费趋势洞察报告》，优居视界，2024-10-22。

的增长趋势在其他领域也逐渐显现，如奢侈品、美妆、科技产品等，首发产品往往因其独特性与稀缺性而成为追求品质与个性化的消费者首选。

这种观念的转变还体现在消费者对品牌的期待上。过去，消费者更多地关注产品本身，而现在，品牌所传递的价值观、文化内涵以及创新能力，成为吸引消费者的重要因素。首发经济通过新品发布活动，为品牌提供了展示自我定位和核心理念的机会。这种附加价值的注入，使得消费者在购买产品的同时，也在认同品牌的文化与态度。

三、市场格局的重塑与细分加剧

首发经济既改变了品牌与消费者之间的关系，也对市场结构产生了深远影响。随着消费者需求的多样化和个性化转变，首发经济推动着市场的进一步细分，不同品牌针对特定消费群体推出的首发产品，使得每个细分市场都有了更加明确的定位与空间。

以母婴市场为例，这一领域的首发产品数量近年来呈现爆发式增长。从针对婴儿睡眠需求的辅助产品到专为幼儿设计的益智类玩具，各类新品层出不穷。这种高度细分的市场策略，使得品牌在更加精准地满足特定消费者需求的同时，也提升了市场的整体活跃度。

与此同时，首发经济还推动了竞争格局的重塑。在首发产品的引领下,小众品牌通过专注于细分市场和创新产品,逐渐获得了与传统大品牌抗衡的机会。这种"以小博大"的现象,既丰富了市场选择,也为行业注入了更多活力。

四、全球化浪潮中的消费新生态

首发经济的影响早已突破了地域和文化的限制,成为全球化浪潮中的重要力量。随着国际品牌加速布局全球市场,首发经济的全球化特征愈加显著。许多国际品牌选择将新品首发活动设立在具有战略意义的城市,如上海、迪拜、纽约等,通过这些全球化节点向不同地区传递品牌价值。

这种全球化趋势还推动了不同市场之间的联动。例如,新兴市场国家的消费能力迅速提升,消费者对国际品牌首发产品表现出浓厚兴趣,成为首发经济的重要增长点。数据显示,未来十年,新兴市场在全球首发经济中的份额预计从20%提升至35%。这种跨区域的消费互动,既为品牌提供了更加广阔的市场空间,也进一步深化了全球消费生态的融合。

未来的机遇与挑战

首发经济在技术创新和消费市场重塑的双重驱动下,展现出了蓬勃发展的活力。然而,机遇与挑战总是并存的。随着消费者需求的不断升级和市场竞争的日益激烈，首发经济需要在全球化、跨界合作和快速迭代的浪潮中抓住机遇，并直面竞争压力与市场不确定性的考验。

一、机遇：拓展边界的无限可能

1. 新兴市场的崛起

全球经济版图正在发生深刻变革，新兴市场国家消费能力的快速提升为首发经济创造了广阔的空间。从东南亚到中东，再到非洲，新兴市场消费者对国际品牌首发产品的兴趣持续升温。这些地区不仅具有巨大的消费潜力，还因人口结构年轻化而对创新和首发产品具有更高的接受度。例如，在东南亚，数字经济的迅猛发展推动了线上首发的快速普及，品牌可以通过直播、社交媒体等多种形式实现新品的全球同步发布。中东地区因其高消费能力和独特的文化氛围，成为奢侈品和高端消费品首发的重要目标市场。对于品牌而言，这些新兴市场意味着新的利润增长点，是其全球化战略布局的重要组成部分。

2. 跨界合作的拓展

跨界合作已成为首发经济的新趋势，不同行业之间通过资源整合和优势互补，创造出更多具有创新性的首发产品。例如，时尚品牌与科技公司合作推出智能穿戴设备，食品品牌与文创 IP 合作开发联名款产品。数据显示，2024年，跨界合作推出的首发产品销售额同比增长了20%，占整体首发产品销售额的15%。这种跨界合作既能够为品牌注入新鲜活力，也可以吸引不同消费群体的关注。以一家知名运动品牌为例，其与一家国际环保机构合作推出的首发环保跑鞋，在消费者中引起了强烈反响。通过这种方式，品牌既扩大了产品受众，又成功传递了自身的社会责任感。

3. 技术驱动的创新突破

技术的快速进步为首发经济开辟了更加广阔的发展空间，VR、AR、AI和区块链等技术的不断成熟，使品牌能够以更加创新的方式呈现产品和服务。例如，未来的首发活动可能会更多地采用元宇宙技术，通过虚拟化场景让消费者参与到品牌的创意设计和新品发布中。这种沉浸式的互动形式，既能够吸引年轻消费者的目光，又能够进一步提升品牌忠诚度。

二、挑战：不确定性与高竞争的考验

1. 市场竞争的白热化

首发经济的快速发展吸引了大量品牌参与，市场竞争日益激烈。在美妆、科技等竞争高度集中的行业，新品首发的成功率普遍不高。据统计，美妆行业新品首发的成功率仅为30%。要在众多品牌中脱颖而出，品牌需要投入大量的资源用于研发、营销和推广。这种高成本、高风险的特点，要求品牌具备卓越的创新能力和战略眼光。此外，首发经济的竞争不再局限于产品层面，而是延伸至品牌价值、用户体验和文化输出等多个维度。品牌需要通过提升综合实力，在日益复杂的市场中获得竞争优势。

2. 消费者需求的快速变化

消费者需求和偏好的变化速度正在加快，这对品牌的市场反应能力提出了更高要求。如果新品首发无法精准把握消费者的心理预期，就很容易导致市场反应冷淡。例如，某知名手机品牌因未能满足消费者对快充技术的高需求，其新品首发销量未达预期，实际销量比目标低了20%。在这一背景下，品牌需要提高对市场的洞察力，及时调整产品策略。同时，数据分析和消费者反馈的有效利用，也将成为应对快速变化的关键。

3. 技术与成本的平衡难题

尽管技术创新为首发经济提供了强有力的支持，但其高昂的研发成本和高技术门槛也成为品牌面临的重要挑战。例如，应用AR和VR技术需要复杂的技术支持和设备投入，而这些成本对于中小品牌而言可能是难以承受的。同时，技术的不成熟或适配度低可能会对消费者体验产生负面影响，从而影响首发活动的整体效果。

4.产业基础薄弱

部分城市在发展首发经济时,产业基础薄弱,产业链不完善。缺乏从原材料供应、产品研发设计、生产制造到市场销售的完整产业链条。例如,一些城市虽然有发展时尚品牌首发经济的意愿,但在面料研发、服装设计、生产加工等环节存在短板,难以满足品牌对产业链配套的要求,导致无法吸引高端品牌在此首发。

5.创新能力不足

创新是首发经济发展的核心动力,但目前许多城市的创新能力有待提升。企业作为创新主体的作用尚未得到充分发挥,研发投入力度不足,创新人才短缺。同时,城市的创新生态系统不完善,产学研用结合不够紧密,科技成果转化效率较低。这使得城市在首发产品与服务的创新方面存在不足,难以推出具有市场竞争力的首发项目。

6.市场推广与营销能力欠缺

首发经济的成功离不开有效的市场推广与营销。部分城市在宣传推广首发活动与产品方面存在不足,缺乏专业的营销策划团队与国际化的营销渠道。首发活动的宣传力度不够,知名度不高,无法吸引足够的消费者关注。同时,在营销方式上较为传统,未能充分利用新媒体、大数据等新兴技术手段,精准触达目标消费群体。

三、企业应对策略

创新是企业在首发经济中立足的根本。企业要加大研发投入力度，不断推出具有创新性的产品和服务。企业可以加强与高校、科研机构的合作，共同开展技术研发，提高产品的科技含量和附加值。例如某汽车企业与高校合作，研发出一款新型的电动汽车电池，续航里程比传统电池提高了50%，这款搭载新型电池的电动汽车首发后，迅速在市场上获得了竞争优势。

提升服务质量也是企业应对挑战的重要手段。优质的服务能够提高消费者的满意度和忠诚度，为企业赢得良好的口碑。企业要注重售前、售中、售后服务的优化，为消费者带来全方位的服务体验。在销售首发产品时，为消费者提供详细的产品介绍和专业的咨询服务；在产品交付过程中，确保高效、及时。同时构建完善的售后服务体系，及时解决消费者遇到的问题。例如，某高端家电品牌，为购买首发产品的消费者提供了24小时在线客服、免费上门安装调试、定期回访等优质服务，赢得了消费者的高度认可。

市场环境的变化对首发经济的未来发展有着深远的影响。随着消费升级的持续推进和数字化技术的不断进步，首发经济将迎来更多的发展机遇。消费者对高品质、个性化产品和服务的需求将不断增加，这将促使企业加大创新力度，推出更多具有创新性和差异性的首发产品。数字化技术的应用将更加广泛和深入，为首发经济的发展提供更多的创新模式和营销渠道。直播带货、虚拟现实体验等数字化营销手段将成为首发产品推广的重要方式。

  企业也需要密切关注市场环境的变化，及时调整发展战略。要不断适应消费者需求的变化，加强市场调研和分析，精准把握市场趋势。要积极应对市场竞争，提升自身的核心竞争力。在未来的发展中，只有那些能够不断创新、适应市场变化的企业，才能在首发经济的浪潮中取得成功。

尾声

首发精神：创新不止，探索不息

回望人类历史的长河，每一个时代的涌动与跃升都离不开创新的火花与探索的步伐。从工业革命开启的巨大生产力飞跃，到信息时代驱动的数字经济浪潮，创新与探索不仅改变了我们的工作和生活，更重塑了全球经济的格局和人类社会的面貌。

在这个充满不确定性的新时代，"首发经济"正以其独特的价值和无限活力，成为引领消费变革、产业升级和社会进步的核心力量。创新是唯一不变的法则，探索是通向未来的钥匙。这是每一位站在时代前沿的先行者所深知的真理。

首发经济正是创新精神的实践体现，它并非仅停留在技术突破与产品迭代上，而是在思维的碰撞和模式的重构中找到了突破的力量。它不像传统经济那样墨守成规，而是在不断试探未知边界的过程中，创造出更加广阔的空间。

成功是百分之一的灵感加百分之九十九的汗水。首发经济正是通过无数次的试验、探索和反馈，最终通过创新的不断深化与市场的不断验证，走向了更深、更广的未来。

首发经济的背后，既是技术的不断突破，更是人类对未知世界的渴望与追求。每一款新产品的首发，背后都是对未知的大胆探索。创新不是一蹴而就的奇迹，而是一个不断试错、不断改进的过程。在这一过程中，企业通过"小规模、低成本"的试点，验证新理念、新技术的可行性，降低市场的试错风险。

这种在有限资源和较高不确定性下的勇敢尝试，成就了无数令人惊叹的首发案例。创新来自敢于挑战常规，突破思维的极限。探索精神鼓舞着我们不断挑战传统、突破自我，在不确定的世界中找到通向未来的光亮。

然而，探索并非无畏而盲目。首发经济的成功，离不开制度与市场的良性互动。政府政策的支持、企业创新的勇气，以及消费者需求的推动，共同构成了首发经济的强大引擎。

这三者之间的互动，正是协同经济学的精髓所在，它让市场的引导力与消费者的选择权相得益彰，推动了创新与探索的良性循环。

市场的力量是无穷的，政策与企业共同努力能使这一力量发挥正向作用。首发经济正是政策、市场与需求三者协同作用的结果，不仅在消费层面打开了新的篇章，更在全球经济格局中展现了中国崛起的强大动力。

世界变化太快，唯有创新不息。首发经济的最大魅力，正是其具备在不确定的世界中持续创新的能力。在全球经济日益复杂、产业链不断重构的今天，首发经济既为中国经济提供了新的增长动能，也为全球经济注入了新的活力。它通过不断深化创新，从产品到服务，从消费场景到商业模式，每一次突破都彰显了前所未有的创造力。

这种创造力，不囿于物质的创新，而是深入到服务、体验和文化等领域。正如人类历史上每一次伟大的变革，都伴随着思想观念的巨大转变一样，首发经济既创造了新的消费产品，还在消费者的心智深处树立了"创新即未来"的理念。

然而，任何伟大的变革都离不开挑战与考验。在这条充满未知与风险的道路上，首发经济同样面临着诸多不确定性。从市场竞争的日益激烈到技术发展过程中的艰难困苦，再到消费者需求日新月异的变化，首发经济面临的挑战是前所未有的。

能够生存下来的物种往往不是最强的，而是最适应变化的。首发经济的本质就是对快速变化的市场和技术环境的适应，通过不断地学习与调整，迅速应对市场的变化，从而保持竞争力。正因为如此，首发经济才是当下的风口，更是未来经济发展的核心路径。

面对挑战，首发经济的可持续性正来源于其不断创新的动力与不懈探索的精神。它的成功既依赖于技术的突破，更在于对市场需求的深刻理解与敏锐把握。

尾声

每一次创新的背后，都是对市场变化的精确预判，每一次产品的首发，都是对消费者心理的精准把握。在不断创新的过程中，持续为未来铺设道路，而这条道路永远没有尽头。首发经济正是以这种开创性的眼光，突破时间与空间的界限，推动着消费市场不断前行。

未来，首发经济将继续保持其强大的创新能力和市场活力。随着技术的不断发展，数字化、智能化将为首发经济开辟出更加广阔的前景。虚拟现实、人工智能、区块链等新兴技术将为消费者打造更具沉浸感、更加个性化的体验；而全球化与本土化的完美结合，也将为品牌带来更多新的市场机遇。

首发经济将是中国经济的新增长极，更将成为全球经济格局中的重要参与者。在这个过程中，我们将看到更多颠覆性的商业模式诞生，更多创新性的消费体验落地，更多全球化战略的成功实现。

经济的根本动力是生产力的发展，而生产力的发展离不开创新。首发经济正是这一理念在当代的最佳体现。

首发精神的核心在于对创新与探索无止境的追求。这种精神体现在每一个细节、每一项技术、每一次产品发布背后的努力与汗水中。它塑造了当下的消费市场，而且将持续引领我们走向一个更加智能化、个性化、全球化的未来。

在这条没有尽头的道路上，首发经济将继续书写更加精彩的篇章。创新不止，探索不息，既是首发经济的力量所在，也是其不竭动力的源泉。

附录

附表一 "四力整合"新运行框架

整合维度	内涵	案例	作用体现
激发新质生产力	企业通过技术创新、产品创新和商业模式创新，实现生产力质的提升，推动产业转型升级	宁德时代首发麒麟电池，采用创新结构设计提升电池性能，引入智能制造技术提高生产效率；科大讯飞首发系列语音交互产品和解决方案，拓展人工智能技术应用场景，催生新产业形态和商业模式	推动产业技术进步，提升产品和服务竞争力，为产业规模化发展提供支撑，促进相关产业变革
赋能新智流通力	借助数字技术为传统流通体系全方位赋能，提升商品流通的智能化、高效化水平	阿里巴巴菜鸟网络利用数字技术构建智能化物流网络体系，优化物流配送；小红书通过用户生成内容实现商品信息快速传播和精准推荐	缩短产品从首发到市场的时间，提升消费者购物体验，提高商品流通效率和转化率
优化新制分配力	创新分配模式，实现经济发展中公平与效率的平衡，激发员工创新积极性，提升企业竞争力	华为采用员工持股制度，让员工分享项目收益，激发员工的创新热情；共享单车平台构建多方共赢的分配体系，实现资源的高效利用和价值共享	促进企业创新发展，实现企业与员工利益双赢，推动资源合理分配和经济高效运行
引领新挚消费力	聚焦满足消费者多元化、个性化消费需求，通过首发具有创新性、个性化的产品和服务引领消费潮流	戴森在智能家居领域推出系列首发产品，满足消费者对高品质生活的追求；故宫博物院推出文创产品首发活动，将传统文化与现代设计结合，引领文化消费新潮流	激发消费者购买欲望，提升消费者对高品质生活的追求，促进消费市场活力提升

附表二 "创领潮品"的相关指标

维度	指标分类	具体指标
创	创新投入指标	·城市研发投入占GDP的比重 ·科技研发资金中用于首发经济相关产业的比例
	创新产出指标	·每万人发明专利拥有量 ·首发经济领域新产品、新服务的年推出数量
	创新平台指标	·国家级、省级创新平台数量（首发经济相关产业） ·创新孵化载体数量及入驻首发经济相关企业的比例
领	产业引领指标	·特定首发经济产业的规模在全国或区域内的排名 ·该产业的龙头企业数量
	标准引领指标	·参与制定首发经济相关产业国家标准、行业标准的数量 ·城市自主创新的商业模式被其他地区借鉴的次数
	人才引领指标	·首发经济领域高端人才数量（如国家级人才计划入选者、行业领军人才数量） ·人才流入率
潮	时尚潮流指标	·举办国际、国内时尚潮流活动的频次（如时装周、设计大赛等） ·城市时尚品牌的国际知名度与影响力（如品牌在国际媒体的曝光度、国际时尚榜单排名）
	消费潮流指标	·新兴消费业态的发展速度（如直播电商、新零售等在首发经济中的应用与增长情况） ·消费者对首发产品的时尚敏感度与接受度（通过市场调研消费者对新颖产品的购买意愿与反馈评估）
	传播潮流指标	·首发活动在社交媒体上的话题热度（如微博话题阅读量、抖音视频播放量等） ·城市作为首发经济热点地区在国内外媒体的报道频次与正面评价率
品	产品品质指标	·首发产品的质量抽检合格率 ·产品质量认证情况（如获得国际知名质量认证、国家质量奖的产品数量）
	服务品质指标	·消费者对首发活动服务的满意度（通过问卷调查、在线评价等方式收集的数据） ·售后服务体系的完善程度（如退换货政策、客户投诉处理效率等）
	品牌品质指标	·城市拥有的知名品牌数量（包括国际品牌、国内驰名商标等） ·品牌价值增长率

后记

供需协同 助推"换道超车"

回首 2024 年,《低空经济:新质革命与场景变革》的付梓仿佛仍在昨日。那是一段对未知领域深度探索的旅程。在完成该书的过程中,笔者与众多新兴领域的拓荒者一样,努力挖掘低空经济的无限潜能,书写其从萌芽到兴起的每一个关键节点。

如今,2025 年春节刚过,又站在了《首发经济:中国消费变革新驱动》的成书节点。这两部专著聚焦不同的新经济领域,但均为其研究方向的全国首部,是名副其实的"首发"。其背后的精神内核,有着千丝万缕的联系。

在二十届三中全会审议通过的《中共中央关于进一步全面深化改革 推进中国式现代化的决定》中,"低空经济"和"首发经济"皆有一席之地。前者是"发展通用航空和低空经济",后者为

"积极推进首发经济"。

无论是以供给拉升的"低空经济",还是以需求牵引的"首发经济",都蕴含着对创新发展的执着追求,对未来趋势的深刻洞察。

一

不妨先来看低空经济。长久以来,人类对天空的探索目光大多聚焦于高空与太空,而低空空域这片"第四空间",虽近在咫尺,却在很长时间里被忽视。早期,热气球、滑翔机、飞艇等低空飞行器曾闪耀一时,但受技术与性价比等因素制约,人们未能充分挖掘低空的价值,低空空域开发程度较低。

直到21世纪,技术的飞速发展、法规的逐步完善,让通用航空和低空经济迎来了曙光。无人机的广泛应用成为低空经济崛起的重要标志,从最初在旅游业、工农业的探索,迅速拓展到物流、救援、交通等多个领域,极大地挖掘了低空空域的应用潜力。eVTOL的出现更是让人眼前一亮,将其视为未来城市和城际出行的新型交通工具,有望重塑城市交通格局,缓解地面交通拥堵的压力。

从产业角度看,低空经济打造了一条涵盖研发、制造、运营、服务等众多环节的庞大产业链。在研发制造端,涉及先进材料、智能控制、新能源等前沿技术的应用;在运营服务层面,包括低空物流、低空旅游、城市空中交通(UAM)等丰富多样的业态。

每一个环节都充满了机遇，吸引着众多企业和资本的涌入。

近年来，从中央到地方都在积极布局低空经济。一系列政策不断出台，从顶层设计到地方实施，全方位推动低空经济发展。这些政策既为低空经济蓄势腾飞提供了坚实保障，也为相关企业的参与和发展创造了广阔空间。

二

紧接着将目光转向首发经济，这同样是一个充满活力与机遇的领域。作为一种创新驱动的新经济形态，首发经济正以前所未有的速度加快发展。

首发经济始于"首店经济"，却又超越了单纯的店铺开设，演化为涵盖新品首发、品牌首秀、区域首店、行业首牌、模式首测、技术首展、设计首创、艺术首演、服务首推、体验首试等全链条发展的综合性经济模式，已成为多维度推动消费扩容提质、促进产业升级和激发市场活力的重要力量。

对消费者而言，首发经济精准把握了用户心理与体验需求；对企业来说，首发经济是获得市场先发优势的重要平台。通过首发活动，企业能快速抢占消费者心智资源，建立品牌认知，并在首发过程中收集市场反馈，优化产品和服务。许多新兴品牌借助首发经济的东风，迅速在市场中崭露头角，实现了跨越式发展。

在产业层面，首发经济有助于推动产业升级。首发产品往往代表着行业的最新技术和创新理念，可促进整个产业向高端化、智能化、绿色化方向发展。同时，首发经济还能促进产业链上下游协同创新，带动相关产业发展。

城市也在首发经济中受益良多。发展首发经济，不仅能提升城市的商业活力和知名度，还能吸引更多的人才、资本和资源。上海、北京等城市通过积极发展首发经济，成为国内外品牌首发的集聚高地，进一步巩固了其国际消费中心城市的地位。

三

以低空经济为代表的新兴产业，与首发经济看似处于不同领域，实则有着诸多共通之处。

创新是二者共同的核心驱动。在低空经济领域，从飞行器研发制造到运营模式创新，每个环节都离不开科技的创新与发展。eVTOL融合了先进的电动技术、智能控制技术和航空材料技术，为城市交通带来了全新的可能性；在物流配送、农业植保等领域，无人机的应用更是颠覆了传统的作业模式。

首发经济同样以创新为魂，不断推出新产品、新模式、新服务，满足消费者日益多样化的需求。从科技创新产品的首发，到文化创意与商业融合的新模式首秀，创新贯穿首发经济的始终。

两者都注重场景的打造与应用。低空经济通过打造物流、文旅、交通等新场景，将技术转化为实际经济价值和现实生活便利。

深圳至珠海的 eVTOL 航线，缩短了城市间的时空距离，为人们出行提供了新选择；在物流配送中应用无人机解决了"最后一公里"的难题，提升了物流效率。

首发经济则通过精心策划的首发活动，打造出独特的消费场景，激发消费者的购买欲望。时尚品牌的新品发布会，往往通过独特的场地布置、表演环节，将产品与时尚、艺术完美融合，让消费者沉浸其中；科技产品的首发体验活动，让消费者亲身体验产品的创新功能，提升其对产品的认知和认同感。

低空经济和首发经济，分别侧重于供需两端，重在协同发力，助推双轮驱动。

四

首发经济"首"字当先，蕴含其中的"首发精神"，为低空经济的发展提供了新动力和新思维。

首发精神，既是敢于创新、勇于突破的气魄，也是敏锐捕捉市场需求、迅速抢占发展先机的能力。低空经济等新兴产业领域，正需要这样的非凡精神来实现"换道超车"。

技术创新方面，首发精神鼓励企业加大研发投入力度，不断尝试新的技术和理念。目前，虽然低空经济在技术上已经取得了一定进展，但仍面临电池技术、飞行安全技术等方面的诸多挑战。相关企业以首发精神为引领，正在积极开展技术攻关，推出具有创新性和前瞻性的产品。

市场拓展方面，首发精神能帮助企业迅速打开市场。作为新兴产业，低空经济的市场认知度和接受度还需要进一步提高。企业可运用首发经济商业模式，通过举办新品首发活动、示范运营等方式，向市场展示低空经济的优势与潜力。

产业协同方面，首发经济强调产业链上下游协同合作，这对于低空经济同样重要。首发活动可促进产业链上下游企业之间的交流与合作，实现资源共享、优势互补，推动低空经济产业整体发展。

五

展望未来，低空经济等新兴产业与首发经济协同融合，都将拥有广阔的发展前景。

随着技术持续进步和市场不断成熟，低空经济将在城市交通、物流配送、旅游娱乐等领域发挥更加重要的作用，成为推动经济发展的新引擎。首发经济也将继续引领消费潮流，推动产业升级，为城市发展注入新的活力与动能。

为此，应将首发精神融入低空经济的发展中，以创新为驱动，以需求为导向，不断探索低空经济新模式、新场景。政府、企业和社会各界应共同努力，加强政策支持，加大研发投入力度，培养专业人才，完善产业生态。

政府可进一步优化首发经济发展政策，加大对相关技术研发的支持力度，鼓励企业创新；企业要勇于创新创造，积极开展技术研发和商业模式探索，加强与高校、科研机构的深度合作，提升自身的创新能力；社会各界应加强对首发经济的普及推广，提高公众对首发经济的认知度和接受度，营造良好的新经济发展氛围。

在此过程中，还要注重首发经济与其他产业的融合发展。首发经济与数字经济、人工智能、新能源新材料等新兴产业和未来产业交叉融合，将产生更多的创新业态与商业模式。

从"低空经济"到"首发经济"，两部专著见证了两种新兴经济形态的融合发展。尽管是面向不同经济领域的研究成果，但都寄托着更多的同道者对未来经济发展的美好期许。低空经济与首发经济交相辉映，提高了创新在经济发展中的重要性与主导力。

可以相信，在首发精神的引领下，在创新发展的助推下，低空经济等新兴产业必将实现"换道超车"，展翅腾飞；首发经济也将持续不断地创新升级，成为驱动消费变革和高质量发展的重要力量。

以创新为笔，以融合为墨，共绘中国经济新画卷，在新发展征程中求索前行，创造更加璀璨夺目的未来。